四川文化经济报告

(2018)

主编／谢梅

副主编／王世龙

REPORT ON SICHUAN CULTURAL ECONOMY (2018)

社会科学文献出版社

SOCIAL SCIENCES ACADEMIC PRESS (CHINA)

主要编撰者简介

谢 梅 女，1963 年生，文学博士，教授。四川省学术与技术带头人，成都市突出贡献专家。现任电子科技大学数字文化与传媒研究中心主任、四川省社会科学重点研究基地主任、国家新闻出版广电总局出版融合发展（四川新华）重点实验室首席科学家。研究方向为传播理论与实务、文化产业战略、大数据与文化产业。在"中文社会科学引文索引"来源期刊和其他权威杂志发表论文 50 余篇，出版著作《后工业社会与新闻形态的嬗变》《四川文化经济报告（2013）》《政府与媒体》《文化创意与设计》等多部。论著获得四川省哲学社会科学及各学会多项奖励。主持与完成国家省部级及横向科研课题 60 余项。

王世龙 男，1984 年生，管理学博士，四川文化创意产业研究院助理研究员，四川省文化强省智库专家组成员，四川省文艺评论家协会会员。自 2011 年始从事文化产业研究工作，先后主持主研 10 余项文化产业相关课题，其中主研省部级课题 2 项、在研国家级课题 1 项。发表论文 10 余篇，其中核心及"中文社会科学引文索引"来源期刊论文 5 篇。获四川省第六届中青年专家学术大会一等奖。参与起草四川省《推进文化创意和设计服务与相关产业融合发展专项行动计划（2014—2020 年）》等政策文件，部分研究成果被成都市、阿坝藏族羌族自治州相关部门采纳使用。

目 录

上编　四川文化经济指数报告

下编　专题报告

上编 四川文化经济 指数报告

第一章
四川文化经济发展指数总报告

前 言

为人民群众提供"更丰富的精神文化生活"，全面实现文化小康，提升文化自觉自信，扎实推进社会主义文化强国建设，是未来我国文化发展的重要战略目标，也是四川各项文化事业发展的重要依据。推动"文化产业"和"文化事业"融合发展，大力推进文化建设，带动经济结构转型升级，已成为我国各级政府施政的重要内容。

四川是我国西部的重要省份，在"一带一路"建设中具有举足轻重的地位。2017 年四川省 GDP 实现 36980.2 亿元，全国排名第七。伴随着四川经济的快速发展，四川全省 8600 多万人民群众在分享物质财富所带来的富足之余，其精神文化需求也呈相同比例增长。要满足作为全国文化资源大省的四川人民日益增长的精神文化需求，离不开文化产业和文化事业建设，提升文化资源转化为经济效益和社会效益的效率和质量。

文化产业强调把社会效益放在首位，经济效益和社会效益并重，在实践发展中，文化产业与公共文化服务、文化事业发展融合，呈现出文化与经济交叉、社会效益和经济效益交融的发展形态，这种发展形态，即为本报告所称的"文化经济"的内涵。我们采用这样的分析视角，一方面是基于当前四川文化建设状况、数据的呈现以及现实的管理，另一方面是基于四川未来文化发展的趋势、运行的措施与策略的选择。

发展文化经济，需要对文化经济的现状以及水平做出准确客观的评估，包括清晰掌握四川省及其各市（州）的文化产业、文化事业建设现状，全面了解四川省文化产业、文化事业中存在的发展瓶颈及新动能相关问题，对四川文化经济创新发展的影响因素进行全面系统的分析以及全面评估文化经济政策的执行效果等。这涉及相关的管理部门、政策、数据等客观因素，更与研究者对该问题的研究基点和研究角度有着密切的关系。开展对四川文化经济现状的评估，在什么理论的指导下去建立怎样的评估指标体系以及编制什么样的指数才能客观全面地反映出一个地区的经济发展状况是本研究首先要回答和解决的问题。

为了回答和解决以上问题，本研究在对文化经济发展的规律进行了深度分析后发现，这些规律是在一定的经济社会及支持政策等环境中发挥作用的，既包含文化资源的开发内涵，又包含经济业态的发展绩效。基于此，本报告根据生态化环境、资源开发内涵、经济业态绩效，分别设计了四川文化经济的文化资源资产化指标体系并编制了资源资产化指数、设计了经济业态创新化指标体系并编制了经济业态创新化指数、设计了环境生态化指标体系并编制了环境生态化指数。在此基础上，综合编制了四川文化经济发展指数。指数编制后，本研究进一步对所编制的指数的相关性进行了统计检验，探索本研究所设计的四川文化经济发展指数体系是否具有较高的逻辑一致性，为进一步评估分析四川文化经济的发展逻辑，提供了科学合理的考察。

一　指数体系的理论基础

文化经济作为消费结构升级下的一种特殊经济形态，主要是为了满足人民群众日益增长的精神文化需求，有着文化和经济双重特征，因此在开展四川文化经济发展研究过程中，需并重考量文化和经济两重属性。四川文化经济指标体系的设计科学合理与否，是一个有关本研究质量的关键所在，也是一个是否能科学反映四川文化产业和文化事业融合发展的重点所在，有必要对四川文化经济发展规律的相关理论问题进行深入分析，以避免在指标体系设计框架上产生偏颇。基于此，本研究率先对文化经济的相关研究成果进行对比分析，尤其是对国内外文化经济相关报告的指标体系进行细致的研究，以便为本报告指标体系的设计提供扎实的理论基础和科学依据，为四川文化经济指标体系的设计提供借鉴和参考。

（一）文化经济相关理论及其研究的梳理分析

本研究指标体系的建立，兼顾文化的价值导向和经济的效益导向，并没有将传统发展理论作为基础理论支撑。传统发展理论，如比较优势理论、产业竞争理论，因忽略文化经济的文化价值导向而不被采纳使用。在本研究中，就指标体系选择与设计而言，把社会效益放在首位，经济效益与社会效益并重，率先体现研究的价值理性，对研究的工具理性也未忽略。

在借鉴中国人民大学《中国省市文化产业发展指数报告》和上海交通大学《中国文化产业发展指数报告》所提出的指数框架的基础上，本报告以文化经济学、文化政策学和文化生态学作为理论基础。文化经济学作为一门交叉学科，有着文化发展与经济发展的双重特征属性，其研究对象是文化在生产、流通、消费等多个环节所表现出来的运行规律，以文化产品的运动形式表现出来。文化政策学，是公共政策领域的研究分支，探索的是政策制度框架的科学合理设计与优化，重视政策制定本身的规范和创新。文化生态学，强调的是文化经济与周围环境的交互作用，从发展实践来看，文化经济的发展过程本身也正是与周围环境因素不断交互作用的结果，可以说文化生态学是研究和支撑文化经济发展的系统科学（见图1-1）。

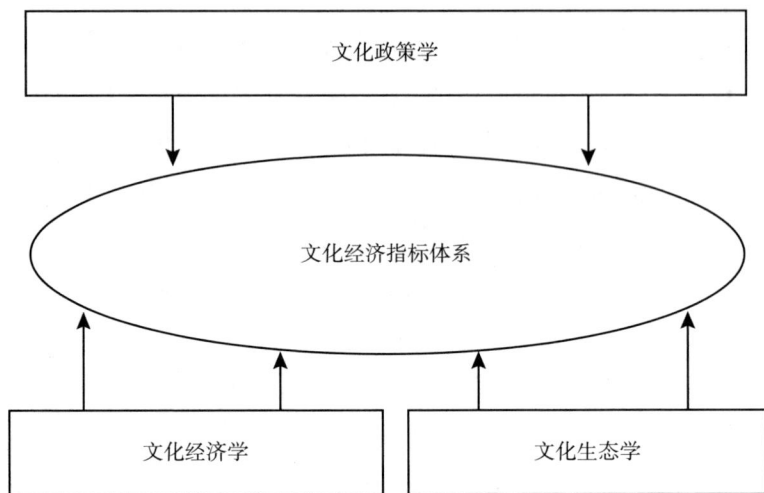

图1-1　文化经济指标体系构建的理论基础

本研究报告文化指标体系的设计与建立，以坚持价值导向为先行，并重经济属性和文化属性。在文化经济学、文化政策学和文化生态学的理论支撑下，以内外因基础理论为基础，贯穿文化生产、流通、消费全过程，借鉴产业发展实力、竞争潜力及环境支撑力的逻辑框架，建立三圈层的文化经济发展指数，第一层资源资产化、第二层业态创新化、第三层环境生态化（见图1-2）。其中，资源资产化主要是指文化经济资源开发转化为资产的生产过程，包括资源储备状况、开发主体规模、资产化成效；业态创新化主要指文化经济资源开发转化为产品资本的中介流通状况，包括研发投入能力、新兴业态规模、文化市场状况；环境生态化主要指文化经济产品的消费环境状况，包括经济社会水平、体制改革状况、规划及财税支持水平等。

（二）国内外文化经济相关报告指标体系的借鉴

文化经济指标体系的建立，既要符合文化经济发展的内在规律，又要符

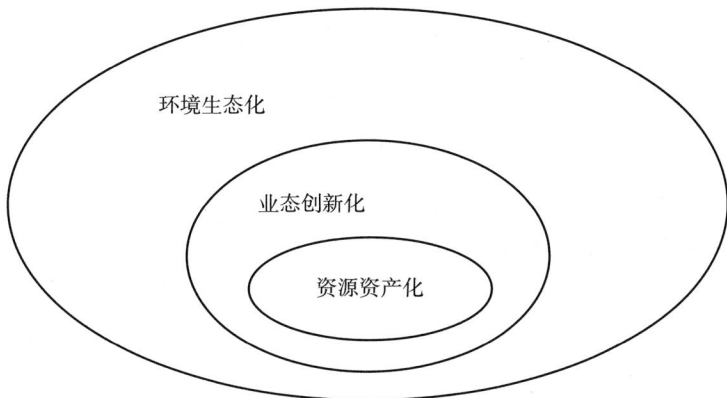

图 1 - 2 文化经济发展指数构建的逻辑框架

合四川省的省情。为科学、有效地建立文化经济指标体系，本研究对国内外的相关研究成果进行了借鉴参考，吸纳了优秀的科学的指标体系设计，并结合了四川地区的元素，具体情况如下。

从国际层面上来说，本研究指标体系借鉴了欧洲创意指数，也就是说在分析评估一个地区的文化创新发展潜力时，研发指标、创新指标等通过文化创新的投入产出元素指标进行衡量，从而对文化创新能力进行系统评估。在国内相关研究中，本研究指标体系借鉴了中国人民大学《中国省市文化产业发展指数报告》、上海交通大学《中国文化产业发展指数报告》、中国科学院《中国现代化报告 2009——文化现代化研究》等相关研究成果。在省区市这一层面，本研究也对北京、上海等地区的相关研究成果进行了借鉴参考。

二 指数编制方法

文化经济有着自身的发展规律，因此把握文化经济发展规律需要深入了解文化、经济与社会之间的交互作用，特别是文化经济内部各要素之间是如何相互作用的，进而促进系统发展。本研究设计了包含资源资产化、业态创新化、环境生态化三套体系的文化经济发展指标体系，有一级指标9个、二级指标25个、三级指标48个，从"多个层级多类指标"角度，对四川文化经济发展数据进行综合加权与评估。

其中，资源资产化指标分类由资源储备状况、开发主体规模、资产化成效3个一级指标组成。"资源储备状况"主要关注当地文化产业的文博及人才等资源的丰富水平；"开发主体规模"包括文化企业及产业园区基地等的规模；"资产化成效"主要用来衡量资源资产化的绩效状况。业态创新化指标分类由研发投入能力、新兴业态规模、文化市场状况3个一级指标组成。"研发投入能力"是一个地区对文化经济的研发投入力度；"新兴业态规模"则主要关注该地区文化经济的创新规模；"文化市场状况"主要评价该地区的文化市场生产及中介流通状况。环境生态化指标分类由经济社会水平、体制改革状况、规划及财税支持水平3个一级指标组成。"经济社会水平"是一个地区经济社会发展的综合状况；"体制改革状况"评价该地区对文化体制机制改革创新的推进情况；"规划及财税支持水平"则关注一个地区对文化产业和文化建设的政策推进力度。总体来看，文化经济发展指标由资源储备状况、开发主体规模、资产化成效、研发投入能力、新兴业态规模、文化市场状况、经济社会水平、体制改革状况、规划及财税支持水平9个一级指标组成，这9个一级指标反映出一个地区的文化经济的要素联动发展，反之，则犹如木桶效应所揭示的规律一样（一只木桶盛水的多少，并不取决于桶壁上最高的那块木块，而恰恰取决于桶壁上最短的那块），制约其发展。而文化经济的资源资产化、业态创新化和环境生态化三类指数相结合衡量，则可以更为全面地了解到一个地区的文化经济综合水平和能力（见图1-3）。

组成文化经济发展指数的9个一级指标中，文化资源储备水平主要包括文化经济发展所需要的文化遗产、公共文化设施、教育机构、文艺人才及金融资本五个方面的资源存量。文化创意产业开发主体规模，主要包括对文化产业的园区及基地、公共服务平台和地区文化产业企业的发展规模及发展水平的考量。资源资产化成效，主要包括对各地区文

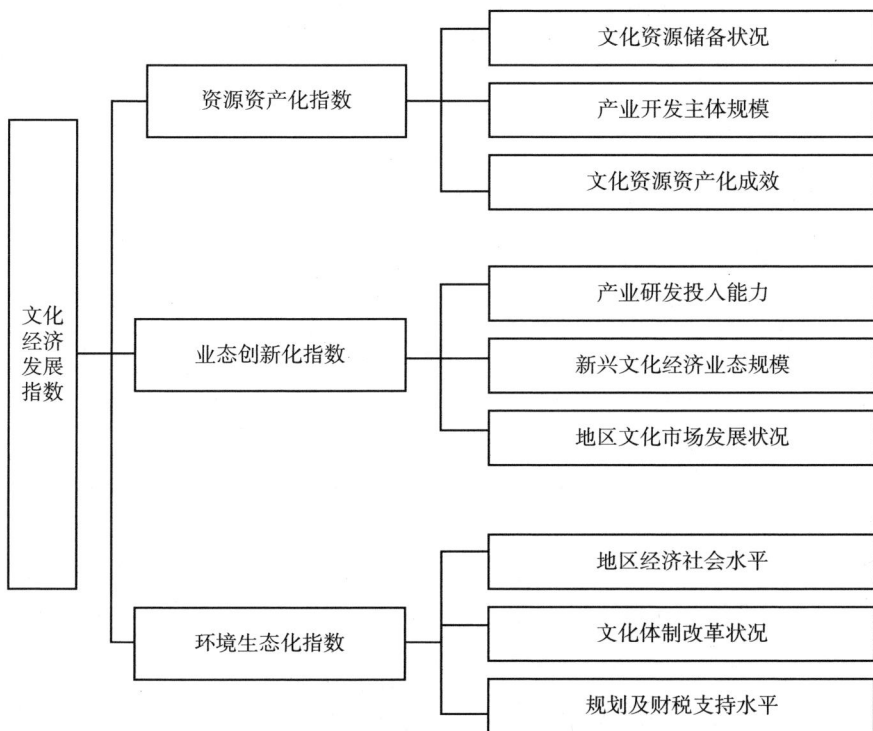

图1-3　四川文化经济发展指数指标体系框架

化及知识产权交易平台建设状况、地区文化产业发展增长水平状况的考量。产业研发投入能力，主要包括对地区研发投入主体规模、研发投入规模及投入成效状况的考量。新兴文化经济业态规模，主要包括对文化经济新兴业态发展规模水平、品牌化竞争力状况的考量。地区文化市场状况，主要包括对文化市场的消费规模、文化市场的运行成效、文化市场的流通状况三个方面的考量。地区经济社会水平，主要包括对地区产业发展结构功能、人口结构状况、地区经济发展水平三个方面的考量。文化体制改革状况，主要包括对文化体制改革政策状况、文化体制改革成效水平两个方面的考量，其主旨在于探索是否支持资源的开发。文化政策规划支持水平，主要包括对地方政府文化产业及园区发展的规划引导能力、地区财政支出能力两个方面的考量。

资源资产化、业态创新化、环境生态化指数包含的 9 个一级指标和 25
个二级指标，如表 1 - 1 所示。

表 1 - 1　文化经济指标体系

指数体系	一级指标	二级指标
资源资产化指数	文化资源储备状况	文化遗产资源存量
		公共文化设施存量
		文化艺术教育机构存量
		文艺人才存量
		产业金融资本存量
	产业开发主体规模	文化企业发展水平
		文化产业园区规模
		文化产业基地规模
		文化产业公共平台规模
	文化资源资产化成效	文化产权交易平台状况
		文化产业增长水平
业态创新化指数	产业研发投入能力	研发投入主体规模
		研发投入规模及成效
	新兴文化经济业态规模	新兴业态发展水平
		新兴业态品牌化能力
	地区文化市场发展状况	文化市场消费规模
		文化市场运行成效
		文化市场流通状况
环境生态化指数	地区经济社会水平	产业发展结构
		人口结构状况
		地区经济发展水平
	文化体制改革状况	文化体制改革政策
		文化体制改革成效
	规划及财税支持水平	文化产业规划能力
		财税政策支持能力

这 25 个二级指标的选取，以符合文化的价值导向和经济的效益导向为
标准，并选取了 48 个三级指标作为初始可操作化指标。

三　测评方法

（一）数据来源

本研究的 48 个三级指标数据采样，以 2016 年为基准数据采样年度。在指标数据确定过程中需对跨年度数据进行比率计算，以 2015 年度数据为比较数，为遵循客观原则，本研究数据来源主要包括以下三个类别。

第一类：统计部门的相关数据，如《2016 年四川统计年鉴》《2015 年四川统计年鉴》等。

第二类：四川省人民政府网站、四川省文化厅、市（州）的文广新局官方网站、四川省相关行业协会发布的报告数据、四川省相关科研机构所发布的数据、四川文化经济的相关年度报告、四川省各大报纸所发布的数据、相关行业分析报告材料等。

第三类：源于省知识产权局、科技厅、广电局、各市（州）政府等官方网站发布的信息，以及四川产业园区网、新华网等网站发布的信息。

（二）数据处理

本研究所搜集的各类初始数据，以数据归一化的方式来实现数据的标准化，计算分析如下。

给定数据 x_1，x_2，$\cdots$，x_n：

$$y_i = \frac{x_i - \min_{1 \le j \le n}\{x_j\}}{\max_{1 \le j \le n}\{x_j\} - \min_{1 \le j \le n}\{x_j\}}$$

新序列数据 y_1，y_2，$\cdots$，y_n 就是对原序列数据 x_1，x_2，$\cdots$，x_n 进行标准化后的数据。

少数指标属于反向指标，本研究在对其进行归一化处理后，用 1 减去归一化后的数值，再进行分析。

（三）权重系数的确定

确定权重系数的方法较多，主要可分为两类：主观权重系数法和客观权重系数法。这两类方法在实践应用中各有所长，本研究采用客观权重系数法，具体采用客观权重系数法中的变异系数法，公式如下：

$$V_i = \frac{\sigma_i}{\bar{x}_i} \qquad (i = 1, 2, \cdots, n)$$

式中：V_i 是第 i 项指标的变异系数也称为标准差系数；σ_i 是第 i 项指标的标准差；$\bar{x}_i$ 是第 i 项指标的平均数。

各项指标的权重为：

$$W_i = \frac{V_i}{\sum\limits_{i=1}^{n} V_i} \qquad (i = 1, 2, \cdots, n)$$

需要说明的是，上述权重系数的计算，既运用在对文化经济一级指标权重系数的确定中，又运用在文化经济资源资产化指数、业态创新化指数及环境生态化指数的权重系数的确定中。

（四）指数模型的构建

指数作为宏观经济的"晴雨表"或"报警器"，在多个行业盛行。本研究以中国科学院中国现代化研究中心发布的《中国现代化报告 2009——文化现代化研究》中的文化竞争力评价模型作为基础模型，编制文化经济发展指数、资源资产化指数、业态创新化指数及环境生态化指数。模型如下：

$$Ccj = 100 \times \left[(Tj - Tminj) / (Tmaxj - Tminj) \right]$$
$$Cs = \sum Csj / n$$
$$CEI = \sum (Wi \times Cs) / 100$$

其中，C 为指数，Ccj 为 j 号指标的指数，j 为指标编号，c 为类别编号，

Tj 为 j 号初始指标的实际值，$Tminj$ 为 j 号初始指标的最小值，$Tmaxj$ 为 j 号初始类指标的最大值，Cs 为中间层 s 类指标的指数，n 为中间层 s 类指标的初始指标个数，CEI（$Cultural\ Economic\ Index$）为文化经济的指数，$Ws$ 为中间层 s 类指数的权重。

四　测评结果分析

四川文化经济发展指数最终由文化经济资源资产化指数、业态创新化指数及环境生态化指数体系经算术平均计算而得，见表 1 – 2。在坚守客观性原则的前提下，本研究运用 SPSS Statistics 19.0 软件对四川省各地级市（州）进行了分层聚类分析。分层聚类分析法从样本数据自身出发，自动进行分类。

成都指数水平遥遥领先，故而本研究中只针对四川各地级市（州）进行层次聚类分析，四川各地级市（州）文化经济综合指数水平的聚类结果如图 1 – 4 所示。其中，绵阳、泸州、自贡、内江、南充、攀枝花六个城市聚合一类，属省内文化经济高综合水平区域；凉山、资阳、广安、甘孜、雅安、阿坝六个市（州）聚合一类，属省内文化经济综合水平偏低区域；剩余其他城市则处于中等水平。

结合表 1 – 2 和图 1 – 4 可得出以下认识。

成都文化经济具有显著的领先优势。成都的文化经济指数值以 93.5 居于四川文化经济发展指数排名的第一，遥遥领先于文化经济指数值 21.1、排名第二的绵阳，处于第一梯队。位于第二梯队的也只有绵阳、泸州、自贡、内江、南充、攀枝花 6 个城市。广元、德阳、遂宁、宜宾、达州、乐山、巴中、眉山 8 个城市居于第三梯队。广安、凉山、资阳、阿坝、甘孜、雅安 6 个市（州）均以文化经济发展指数值不高于 9.5 的排名，处于四川文化经济发展状况的第四梯队位置。

多个市（州）文化经济发展的资源资产化、业态创新化和环境生态化指数排名相对一致，构成了指标建构的合理依据。资源资产化指数、业态创新化指数和环境生态化指数之间既存在交互作用又相互独立，共同反映了文化经济内在运行的机理。由此，一个设计合理的文化经济指数体系，其资源资产化指数、业态创新化指数和环境生态化指数之间应存在着强相关关系。四川文化经济发展指数体系虽然是基于不同的原理，采用不同的角度构建资源资产化指数、业态创新化指数和环境生态化指数三套指数体系，但三套指数系统较为一致地反映了文化经济的总体发展状况。

表1-2　四川各市（州）文化经济发展指数

市（州）	文化经济发展指数		资源资产化指数	业态创新化指数	环境生态化指数
	指数值	总排名	指数值	指数值	指数值
成都市	93.5	1	98.7	99.1	82.7
绵阳市	21.1	2	23.1	14.5	25.8
泸州市	20.9	3	9.8	4.8	48.2
自贡市	20.3	4	18.4	8.7	33.8
内江市	19.8	5	17.5	7.4	34.6
南充市	18.0	6	19.8	10.1	24.1
攀枝花市	17.9	7	6.7	10.7	36.3
广元市	15.4	8	13.7	6.7	25.9
德阳市	15.0	9	9.0	8.2	27.8
遂宁市	15.0	10	9.7	6.8	28.4
宜宾市	14.9	11	11.5	7.6	25.5
达州市	14.6	12	12.6	3.4	27.8
乐山市	14.0	13	10.5	9.0	22.6
巴中市	13.5	14	8.8	1.8	30.0
眉山市	11.5	15	5.6	6.9	21.9
广安市	9.5	16	5.3	3.5	19.6
凉山彝族自治州	8.8	17	15.3	6.3	4.9

市（州）	文化经济发展指数		资源资产化指数	业态创新化指数	环境生态化指数
	指数值	总排名	指数值	指数值	指数值
资阳市	8.8	18	7.3	5.1	14.0
阿坝藏族羌族自治州	8.0	19	8.5	4.2	11.4
甘孜藏族自治州	7.6	20	12.5	3.3	7.1
雅安市	7.4	21	7.8	4.3	10.1

使用平均联接（组间）的树状图
重新调整距离聚类合并

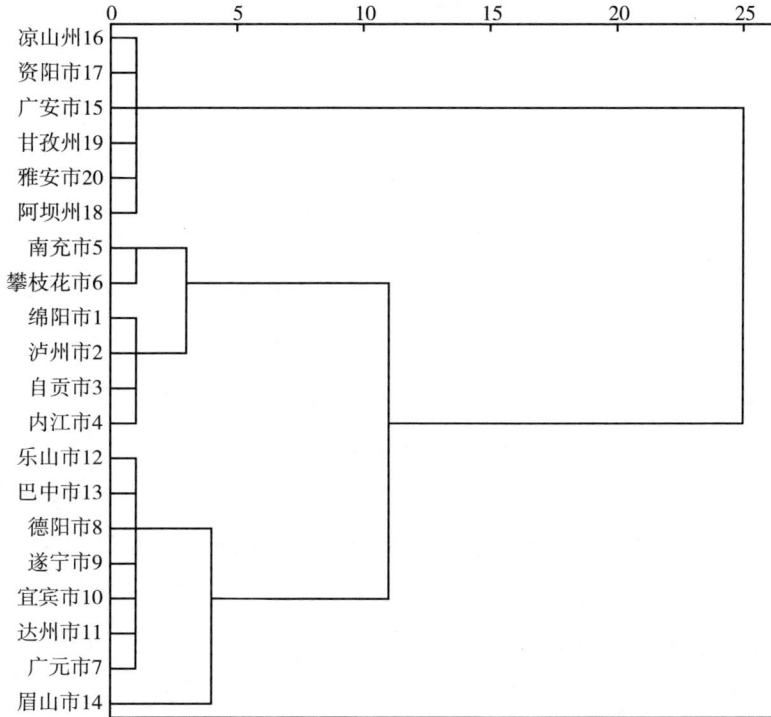

图 1－4　四川各市（州）文化经济发展指数聚类树状图

本研究对各市（州）的资源资产化指数、业态创新化指数和环境生态化指数进行了相关性分析，结果如表1－3所示。

表1-3　资源资产化指数、业态创新化指数和环境生态化指数的相关检验

		资源资产化	业态创新化	环境生态化
资源资产化	Pearson 相关性	1	0.979**	0.769**
	显著性（双侧）		0.000	0.000
	N	21	21	21
业态创新化	Pearson 相关性	0.979**	1	0.793**
	显著性（双侧）	0.000		0.000
	N	21	21	21
环境生态化	Pearson 相关性	0.769**	0.793**	1
	显著性（双侧）	0.000	0.000	
	N	21	21	21

注：** 表示在0.01水平（双侧）上显著相关。

检验结果显示，资源资产化指数、业态创新化指数相关系数为0.979，环境生态化指数和业态创新化指数相关检验显著，相关系数为0.793，这从关联影响角度上揭示出指标体系设计的合理性。

地区资源资产化指数、业态创新化指数和环境生态化指数的发展对比不均衡之处，揭示了该地区文化经济未来的发展思路。若一地区的资源资产化指数排名明显优于其业态创新化指数和环境生态化指数，则表明该地区的文化经济发展的支撑生态尚待完善，并有待于加强和充实该地区的文化经济新兴业态培育；若一地区的业态创新化指数明显优于其资源资产化指数和环境生态化指数，则表明该地区当下文化经济的创新活力活跃，后续发展潜力较大，尚须加大力度开发文化资产的市场潜力，提升生态环境的支撑功能，挖掘出文化经济的增长潜力；若环境生态化指数明显优于其资源资产化指数和业态创新化指数，则表明该地区对文化经济的发展十分重视，尚须理清发展思路，寻找好资源资产化的路径，提升新兴业态创新能力。

五　主要结论

通过对四川文化经济发展指数的结果测评，本报告发现四川文化经济发展状况如下。

（一）发展态势良好，文化产业结构优化

四川省文化产业快速发展，2016 年实现增加值 1400 亿元，比 2014 年增加值 1059.4 亿元增长 31%，年均增长 15%，这从总量上反映出四川文化产业的增长态势良好。同时，数据显示四川文化产业内部结构持续优化，2016 年，规模以上文化制造业营业收入比 2015 年增长 8.2%，文化批发零售业营业收入比 2015 年增长 28.9%，文化服务业营业收入比 2015 年增长 75.0%，文化服务业的增长速度远远快于文化制造业和文化批发零售业的增长速度。这揭示出，四川文化产业结构正在深度优化，供给侧结构性改革成效显著。从宏观经济的发展来看，文化产业作为朝阳产业、绿色产业，是高成长服务业的核心产业，日益成为培育经济新动能、促进优化升级的着力点所在。

（二）"一核多高"式分布，亟待一干多支联动发展

从四川省文化经济发展总体来看，成都文化经济发展水平遥遥领先于其他市（州）；绵阳、泸州、自贡、内江、南充、攀枝花等地区的文化经济发展水平相对较高，呈现出多个发展制高点；广安、凉山、资阳、甘孜、雅安、阿坝等地区，文化经济发展水平显著落后，呈现出不均衡局面。地区发展差距亟待缩小，特别是成都等地区人才洼地政策效用的发挥，会促使更多的文化经济人才聚集成都，推进发展。而文化经济发展滞后的地区，因对人才重视程度不够，相关政策对人才的吸引力偏弱，无法推进文化产业人才聚集，进而制约了后续的文化经济发展。

（三）新兴业态加速培育，文化科技融合潜力巨大

文化经济发展的新兴业态如动漫游戏、数字音乐、网络文学、3D 电影、虚拟视听及智能设备等发展迅速，已显著成为拉大不同地区文化经济发展指数差距的关键所在。根据本报告中的权重系数计算得知，文化经济的业态创新化占文化经济发展指数的权重高达 49.9%，成为主导要素。这揭示出，

一个地区的文化经济新兴业态发展得越好，该地区的文化经济总体发展水平就越高。同时，根据《"十三五"国家战略性新兴产业发展规划》，到"十三五"期末，全国数字创意产业产值规模达到8万亿元，这为文化科技的深度融合发展提供了良好的机遇，也为四川区域文化经济落后市（州）的弯道超车提供了方向指引。

（四）民营文化企业活跃，担当文化经济中流砥柱

官方统计的文化产业企业主体以规模以上企业为主。本报告发现，大量的规模以下中小文化企业虽未被纳入统计范围，但它们以量大体小为显著特征，以民营文化企业形式存在，对一个地区文化经济发展所发挥的功能不可缺少，并且贡献重大。这些民营文化企业、民营文化工作室、民营文化经纪机构、网络文艺社群等，独立于财政支持且充满活力，坚持交汇融合，孵化形成了各类文化创意产业园区聚落，如文艺＋旅游、文艺＋科技、文艺＋影视、文艺＋传媒、文艺＋康养等园区，已经成为四川文化经济发展进程中的中流砥柱。从政府层面，急需加大对这些民营文化企业的关爱支持力度，持续推进四川文化经济的繁荣发展。

（五）文化资源的资产化开发，呈现出清晰模式

本报告对文化资源的资产化绩效开展统计分析，结果显示（在P值为0.05时），一个地区的文化资源资产化成效受到"资源储备水平、研发投入能力、体制改革状况和新兴业态发展状况"四个方面的显著影响，当然，这并不是说其他经济社会因素对文化资源资产化没有影响，只是统计数据揭示出这四类因素发挥着显著性的作用。换言之，在其他经济社会因素同等作用下，这四类因素综合决定着一个地区的文化资源资产化成效。进一步分析可知，一个地区要开发文化资源，首先离不开文化体制机制改革创新，在此前提下，方可对储备的文化资源存量进行开发。但是，在诸多的开发方式中，加大研发投入和培育新兴业态是重中之重和方向所在，进而带动市场的认可，以经济效益回报文化资源的资产化

开发。四川省是一个文化资源大省，这为未来文化资源的资产化开发提供了模式指引。

（六）文化旅游深度融合发展，助力文化强省建设

四川各类型文化创意资源存量丰富，大力推进文化旅游融合发展大有可为。依托省内丰富深厚的文博资源，树立保护先行的理念，大力推进博物馆旅游、红色旅游、古镇古建筑古遗址游。依托文化创意产业园区（工业遗址），以参观、游乐、体验、购物等旅游活动为主要内容，促使文创园区带动旅游业发展。依托城市郊区的农业资源优势、景观景点景区优势、区位交通优势，形成一批协同性强的文旅休闲、创意农业类郊区文旅圈。依托乡村民俗文化、节庆活动、民间艺术资源，带动民俗旅游业、节庆旅游业、民宿旅游业发展，丰富乡村旅游体验。以"IP＋应用场景＋消费"模式，不断推进四川省文化旅游深度融合，为推进文化高质量发展和乡村振兴提供强力支持。

第二章
四川文化经济发展指数分报告

一 四川文化经济二级指数的构建意义

四川文化经济资源资产化、业态创新化、环境生态化指数体系是四川文化经济发展指数体系的重要构成部分，度量了四川各市（州）的文化产业和文化事业的内涵运行状况，包括资源储备状况、开发主体规模、资产化成效、研发投入能力、新兴业态规模、文化市场状况、经济社会水平、体制改革状况、规划支持水平九个方面。对四川文化经济二级指数的测评和分析具有如下意义。

第一，对比各市（州）文化经济的发展潜力水平。通过度量当地的文化资源资产化成效、新兴业态培育状况、研发创新能力等指标，可综合分析当地的文化经济发展创新水平，从而可判定各市（州）所处的相对发展阶段，为下一步发展文化经济决策咨询提供参考依据。

第二，清晰了解各市（州）文化经济对当地社会的影响。文化经济既包含经济属性，又包括文化属性，除为当地发展提供经济贡献外，更重要的是通过发展文化产业和建设文化事业，促进当地的社会文化消费能力，提高人们的幸福感，提升当地的文化形象，带动社会就业，提高社会人文发展水平。

第三，了解各市（州）的文化经济发展模式，促进当地经济朝着集约化方向发展。当前文化产业发展中的泡沫化、同质化以及资源依赖消耗的粗放型方式，直接制约着一个地区的文化经济发展。构建四川文化经济的资源资产化和业态创新化指标体系，测评"文化资源转换文化资产能力"和

"新兴业态培育能力"两项指标,可分析当地的文化经济发展模式,进而度量各市(州)文化经济发展的集约化水平。

二 四川文化经济资源资产化指数体系的构建测评及结果分析

四川文化经济资源资产化指数体系,衡量的是文化资源开发状况,如图2-1所示,它由3个一级指标、11个二级指标、24个三级指标组成。其中,3个一级指标从文化资源储备状况、产业开发主体规模、文化资源资产化成效三个维度来综合度量各市(州)的文化经济资源资产化指数,11个二级指标和24个三级指标则分别是对上一级指标的进一步细化。四川文化

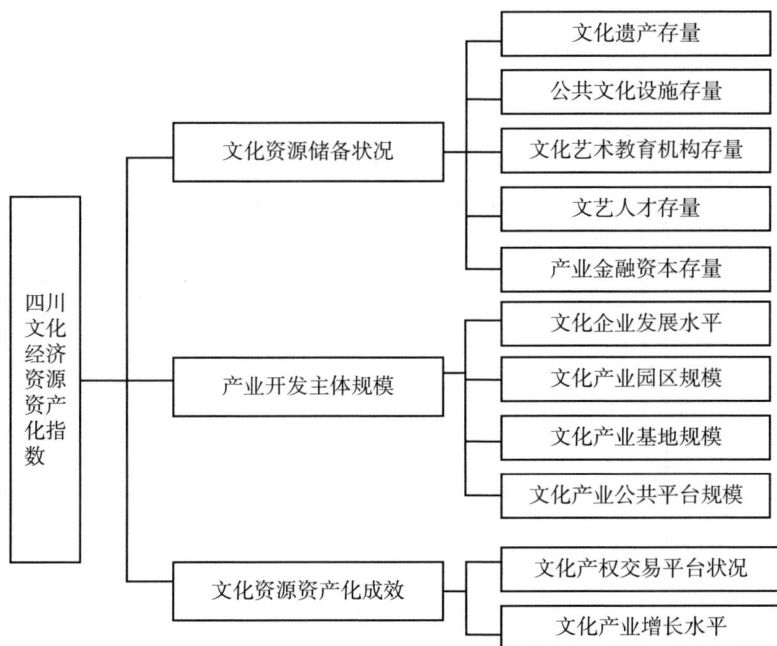

图2-1 资源资产化指数框架

经济资源资产化指数体系不仅度量了各市（州）的文化资源存量水平，而且也度量了文化资源开发主体状况和开发绩效，兼重对开发内涵和开发主体及开发结果的三重考量。

据图2－2和表2－1可知，成都文化经济资源资产化水平遥遥领先，各地级市（州）的文化经济表征水平普遍较低。SPSS层次聚类分析结果显示：绵阳、南充、内江、自贡四个城市聚合一类，属省内文化经济资源资产化水平偏高区域；凉山、广元、宜宾、达州和甘孜聚合一类，属省内文化经济资源资产化水平中等区域；其他城市则属于文化经济资源资产化水平偏低区域。

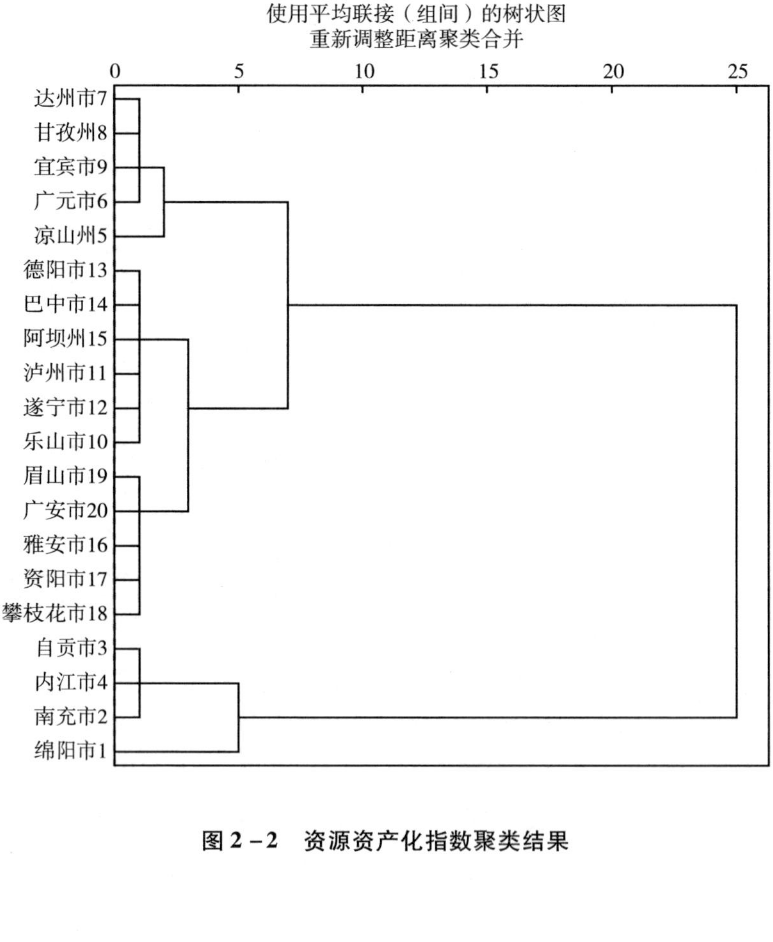

图2－2 资源资产化指数聚类结果

表 2 - 1　资源资产化指数

市（州）	资源资产化指数		市（州）	资源资产化指数	
	指数值	排名		指数值	排名
成都市	98.7	1	泸州市	9.8	12
绵阳市	23.1	2	遂宁市	9.7	13
南充市	19.8	3	德阳市	9.0	14
自贡市	18.4	4	巴中市	8.8	15
内江市	17.5	5	阿坝州	8.5	16
凉山州	15.3	6	雅安市	7.8	17
广元市	13.7	7	资阳市	7.3	18
达州市	12.6	8	攀枝花市	6.7	19
甘孜州	12.5	9	眉山市	5.6	20
宜宾市	11.5	10	广安市	5.3	21
乐山市	10.5	11			

（一）文化资源储备状况

文化资源储备状况一级指标由 5 个二级指标、13 个三级指标构成。从文化遗产存量、公共文化设施存量、文化艺术教育机构存量、文艺人才存量、产业金融资本存量五个维度来综合衡量一个地区的文化资源存量状况。层次聚类分析显示，成都的文化资源储备水平最高，绵阳、南充、达州、宜宾、凉山及甘孜六个地区的文化资源储备水平居中，其余城市则属于文化资源储备水平相对偏低的地区，尚须加大文化资源的集聚力度。

（二）产业开发主体规模

产业开发主体规模一级指标由 4 个二级指标、8 个三级指标构成。从文化企业发展水平、文化产业园区规模、文化产业基地规模、文化产业公共平台规模四个维度来综合衡量一个地区的产业开发主体状况。层次聚类分析显示，成都的文化产业开发主体状况最优，凉山、攀枝花、资阳、眉山、广安、巴中及内江七个地区的文化产业开发主体状况偏弱，其余城市则属于文化产业开发主体状况水平居中的地区。由此，凉山、攀枝花、资阳、眉山、广安、巴中及内江等地区尚须加大对文化产业开发主体的培育力度。

（三）资产化成效状况

资产化成效状况一级指标由 2 个二级指标、3 个三级指标构成。从文化产权交易平台状况、文化产业增长水平两个维度来综合衡量一个地区的文化资产化成效。层次聚类分析显示，成都的文化资源资产化成效最优，自贡、内江、绵阳、南充四个地区的文化资源资产化成效良好，其余城市则属于文化资源资产化成效偏低的地区。这揭示出，四川省多个市（州）尚须加大力度推进文化资源的资产化开发，提升开发绩效水平。

三 四川文化经济业态创新化指数体系的
构建测评及结果分析

四川文化经济业态创新化指数体系，衡量的是创新性特征，如图 2－3 所示，它由 3 个一级指标、7 个二级指标、14 个三级指标组成。其中，3 个一级指标从研发投入能力、新兴业态规模、文化市场状况三个维度来综合度

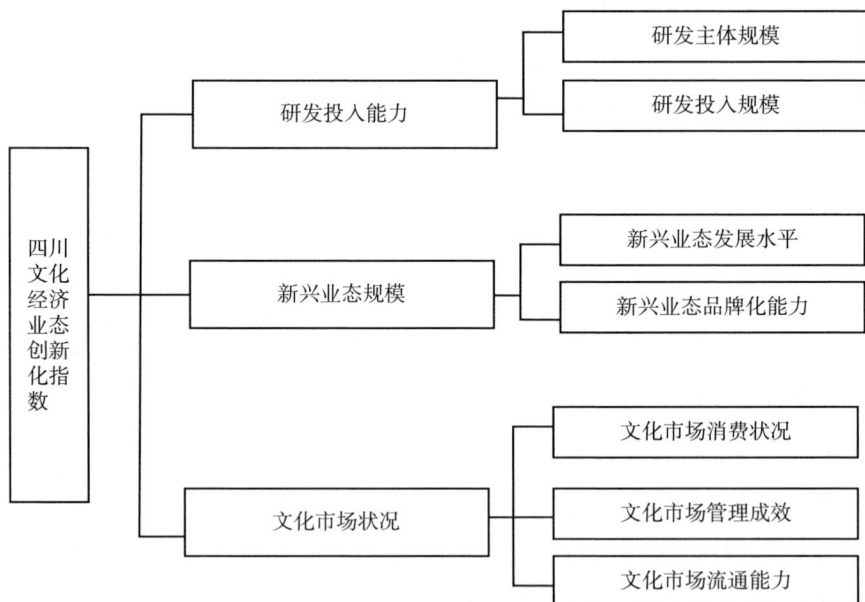

图 2－3 业态创新化指数框架

量各市（州）的文化经济创新状况，7个二级指标和14个三级指标则分别是对上一级指标的进一步细化。四川文化经济业态创新化指数体系不仅度量了各市（州）的文化经济创新发展水平，而且也度量了文化经济的新兴业态培育及市场状况，兼重对文化创新投入和新兴业态市场运行的双重考量。

四川各地级市（州）文化经济业态创新化状况的聚类结果如图2-4所示。

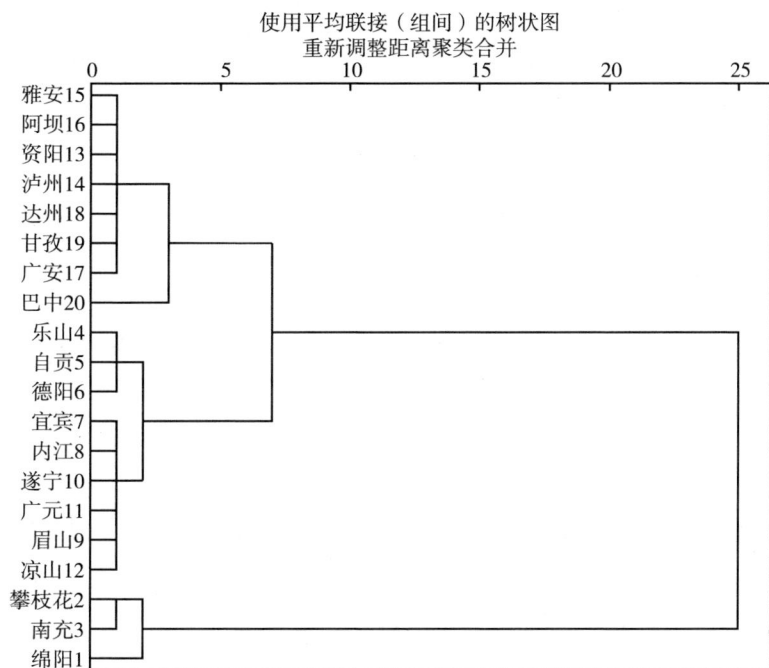

图2-4　业态创新化指数聚类结果

据图2-3、图2-4和表2-2可知，成都文化经济业态创新化水平遥遥领先于省内各地级市（州）的业态创新化水平，各地级市（州）的文化经济业态创新化水平普遍较低。SPSS层次聚类分析结果显示：绵阳、攀枝花、南充三个城市聚合一类，属省内文化经济业态创新化水平相对偏高区域；乐山、自贡、德阳、宜宾、内江、眉山、遂宁、广元、凉山九个市（州）聚合一类，属省内文化经济业态创新化水平中等区域；其余市（州）聚合一类，属省内文化经济业态创新化水平较低的区域。

表2-2 业态创新化指数

市（州）	资源资产化指数		市（州）	资源资产化指数	
	指数值	排名		指数值	排名
成都市	99.1	1	广元市	6.7	12
绵阳市	14.5	2	凉山州	6.3	13
攀枝花市	10.7	3	资阳市	5.1	14
南充市	10.1	4	泸州市	4.8	15
乐山市	9.0	5	雅安市	4.3	16
自贡市	8.7	6	阿坝州	4.2	17
德阳市	8.2	7	广安市	3.5	18
宜宾市	7.6	8	达州市	3.4	19
内江市	7.4	9	甘孜州	3.3	20
眉山市	6.9	10	巴中市	1.8	21
遂宁市	6.8	11			

综合衡量一个地区的文化经济业态创新化水平，既包括对当地文化经济研发投入能力的衡量，又包括对当地文化经济新兴业态规模的衡量，还包括对当地文化经济市场消费规模状况的评估。

（一）文化经济研发投入能力

文化经济研发投入能力一级指标由2个二级指标、3个三级指标构成。从研发投入主体规模、研发投入规模两个维度来综合衡量一个地区的文化经济研发投入能力水平。层次聚类分析显示，成都的研发投入能力水平最高，自贡、攀枝花两个地区的研发投入能力水平居中，其余城市则属于研发投入能力相对落后的地区，仍须加大文化经济研发投入力度。

（二）新兴业态规模

文化经济新兴业态规模评估一级指标由2个二级指标、4个三级指标构成。从新兴业态发展水平、新兴业态品牌化能力两个维度来综合衡量一个地区的文化经济新兴业态发展状况。层次聚类分析显示，成都的新兴业态发展水平最高，绵阳、乐山、眉山、德阳、内江、攀枝花、南充七个地区的新兴业态发展水平居中，其余城市则属于新兴业态发展相对落后的地区，仍须加大对文化经济新兴业态的培育力度。

（三）文化市场发展状况

文化市场发展状况一级指标由 3 个二级指标、7 个三级指标构成。从文化市场消费状况、文化市场管理成效、文化市场流通能力三个维度来综合衡量一个地区的文化市场发展水平。层次聚类分析显示，成都的文化市场发展状况最优，绵阳、乐山两个地区的文化市场发展状况居中，其余城市则属于文化市场发展相对滞后的地区，仍须在文化消费市场培育、文化市场流通、文化市场环境管理等方面加大支持力度，促进当地文化消费市场规模的扩大，促进当地文化市场流通环境的塑造。

四 四川文化经济环境生态化指数体系的构建测评及结果分析

四川文化经济环境生态化指数体系作为四川文化经济发展指数体系的重要组成部分，衡量的是四川文化经济发展的支撑性特征，如图 2-5 所示，它由 3 个一级指标、7 个二级指标、10 个三级指标组成。其中，3 个一级指标从经济社会基础、体制改革状况、规划支持水平三个维度来综合度量各市（州）文化经济发展的支撑环境状况，7 个二级指标和 10 个三级指标则分别

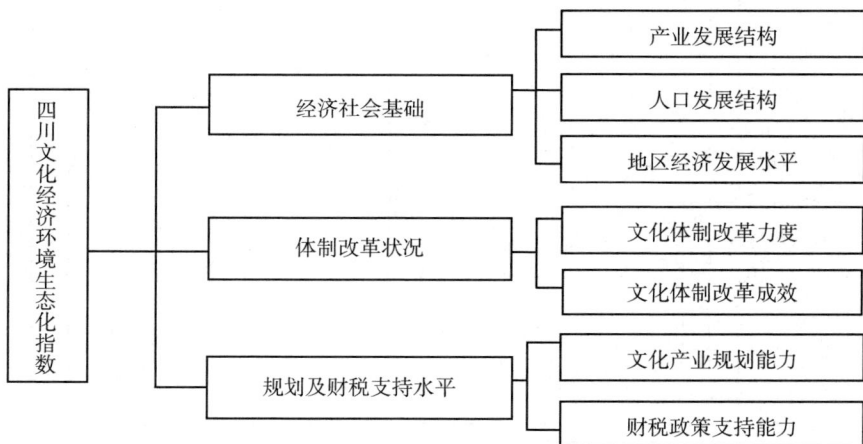

图 2-5 环境生态化指数框架

是对上一级指标的进一步细化。四川文化经济环境生态化指数体系不仅度量了各市（州）的文化经济发展所依赖的经济社会基础，而且也度量了文化体制机制改革及政策支持状况，兼重对文化经济发展基础环境和文化经济运行调控环境的双重考量。

对四川省各地级市（州）文化经济环境生态化状况的分类比较，本研究同样采用 SPSS Statistics 19.0 软件对四川省各地级市（州）的文化经济环境生态化状况水平进行了层次聚类分析。

成都文化经济环境生态化指数遥遥领先各地级市（州）的环境生态化指数水平，故单列一类，不把其数据列入 SPSS 层次聚类分析中去。四川各地级市（州）文化经济环境生态化状况的聚类结果如图 2-6 所示。

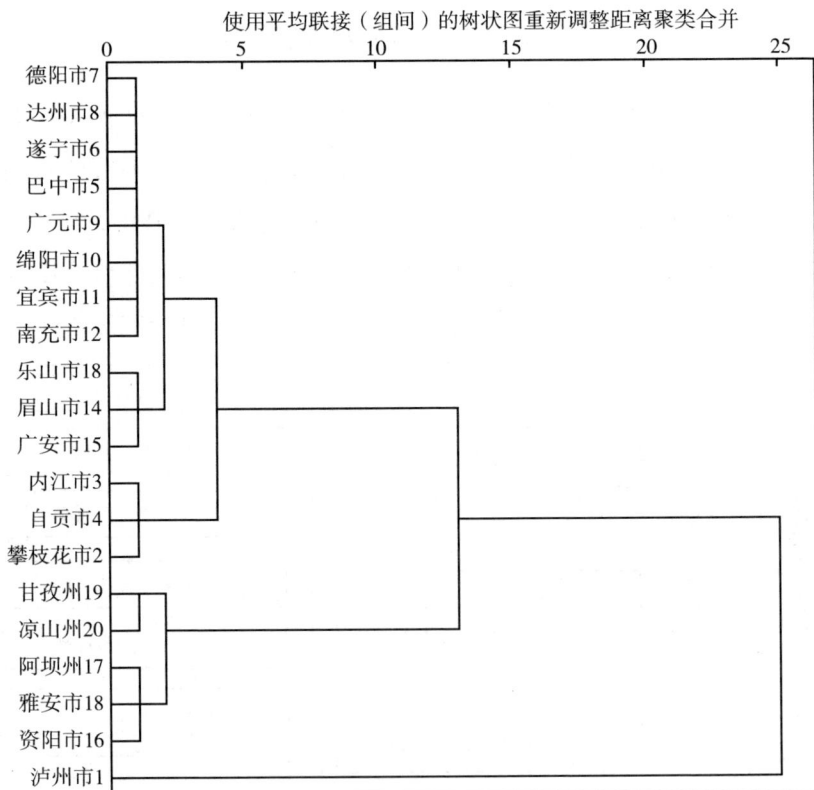

图 2-6　环境生态化指数聚类结果

据图2-6和表2-3可知，成都文化经济环境生态化水平遥遥领先于省内各地级市（州）的环境生态化水平，各地级市（州）的文化经济环境生态化水平相对偏低。SPSS层次聚类分析结果显示：泸州、自贡、内江、攀枝花四个城市聚合一类，属省内文化经济环境生态化水平相对较高区域；广元、巴中、达州、南充、广安、遂宁、德阳、眉山、乐山、宜宾十个市（州）聚合一类，属省内文化经济环境生态化水平中等区域；甘孜、凉山、阿坝、雅安、资阳五个市（州）聚合一类，属省内文化经济环境生态化水平较低的区域。

表2-3 环境生态化指数

市（州）	资源资产化指数		市（州）	资源资产化指数	
	指数值	排名		指数值	排名
成都市	82.7	1	宜宾市	25.5	12
泸州市	48.2	2	南充市	24.1	13
攀枝花市	36.3	3	乐山市	22.6	14
内江市	34.6	4	眉山市	21.9	15
自贡市	33.8	5	广安市	19.6	16
巴中市	30.0	6	资阳市	14.0	17
遂宁市	28.4	7	阿坝州	11.4	18
德阳市	27.8	8	雅安市	10.1	19
达州市	27.8	9	甘孜州	7.1	20
广元市	25.9	10	凉山州	4.9	21
绵阳市	25.8	11			

综合衡量一个地区的文化经济环境生态化水平状况，既包括对当地经济社会发展水平的衡量，又包括对当地文化体制机制改革状况的衡量，还包括对当地文化产业规划及财税支持政策的评估。

（一）经济社会发展水平

文化经济的经济社会发展水平一级指标由3个二级指标、4个三级指标构成。从产业发展结构、人口发展结构、地区经济发展水平三个维度来综合衡量一个地区的经济社会基础状况。层次聚类分析显示，成都的经济社会发展基础状况最优，绵阳、攀枝花、自贡、乐山、德阳五个地区的经济社会发展基础状况居中，其余城市则属于经济社会发展基础水平相对偏低的地区，仍须加大当地经济社会的统筹发展。

（二）文化体制改革状况

文化体制机制改革状况一级指标由2个二级指标、3个三级指标构成。从文化体制改革力度、文化体制改革成效两个维度来综合衡量一个地区文化体制机制改革状况。层次聚类分析显示，成都的文化体制机制改革状况最优，泸州、内江、自贡三个地区的文化体制机制改革成效居中，其余城市则属于文化体制机制改革相对滞后的地区，仍须加大当地文化体制机制改革的力度，加大制度创新，破除文化产业和文化事业发展的制度藩篱，促进文化经济活力的释放。

（三）规划及财税支持水平

规划及财税支持水平一级指标由2个二级指标、3个三级指标构成。从文化产业规划能力、财税政策支持能力两个维度来综合衡量一个地区的文化产业规划及财税支持状况。层次聚类分析显示，成都、泸州、遂宁、巴中的文化产业规划及财税支持状况较优，眉山、阿坝、雅安、攀枝花、甘孜、凉山六个地区的文化产业规划及财税支持薄弱，其余城市则属于文化产业规划及财税支持中等水平区域。眉山、阿坝、雅安、攀枝花、甘孜、凉山六个地区仍须加大当地文化产业规划力度，加强财税政策对文化经济的支撑，引导文化经济有序发展。

五　主要结论

（一）骨干文化企业存量偏少，且实力相对偏弱，需重点培育骨干文化企业

文化企业规模较小，2015年规模文化企业单位数量仅占全社会文化

企业单位总数的 4.0%，仍然呈现"小散陈弱"的特征；集团骨干企业较少，2015 年四川省营业收入超过 10 亿元的骨干文化产业企业法人单位数量，仅占全部规模以上法人单位的 1.3%。骨干文化企业的多少直接反映一个地区文化软实力的强弱，因此，培育骨干型文化产业企业，是四川发展文化产业和增强文化软实力的重点内容之一。需着力扶持规模以下文化企业，对规模以下的文化企业，可通过资金扶持、税收减免等优惠政策加大对其的扶持力度，争取依法纳入规模以上文化企业统计范围。同时，通过机制创新和资源整合，充分利用自身的比较优势，成立核心能力强的文化产业龙头企业，从行政层面直接干预文化产品生产向以资本为纽带的联合方式转变，从文化企业国家或省属独资向全社会多元投资和资本运作方式转变。

（二）文化经济的创新能力普遍偏低，需推动区域联动和创新发展

四川省文化经济创新能力普遍偏弱，除成都、绵阳、南充、攀枝花四个城市之外，省内其余 17 个城市的文化经济创新能力普遍偏低。四川文化资源丰富、自然景观千姿百态，但地区发展对文化产品和服务创新的认识不足，在一定程度上既阻碍了各地区文化产品和服务的品牌创立，又体现出了文化经济创新不足所带来的危害和弊端。科学技术含量是企业的核心竞争力，要继续鼓励企业增加自有资金用于创新研发活动，加快转型升级；要呼吁各级政府创新研发经费向文化产业倾斜，保障重大文化产业科技基础研究与应用研发项目稳步推进，提升全省文化创新实力；要大幅提升社会资本、风险投资以及境外资金等用于创新研发活动的比例，增加创新研发经费来源。

（三）重点业态优势明显，但产业事业融合不足

四川文化产业中的数字创意产业、创意设计业、文化旅游业等业态有着独特的禀赋优势。其中，就数字创意产业而言，四川数字创意产业人才资源

丰富，四川大学和成都大学等近20所高校都开设了有关数字创意的学科专业，每年输出大量专业技术人才，吸引着全球数字产业巨头扎堆成都，譬如仅在成都高新区扎堆动漫游戏的企业就超500家，成都在网络游戏、手机游戏、电子竞技、视频游戏、动画漫画等产业领域的市场规模居全国第三，占全国市场份额的10%，四川成为继北京、上海之后全国第三大动漫游戏产业中心。四川的创意设计业名列西部地区前茅，据调查统计，目前四川省工业设计实现产值过亿元，产业规模在西部地区处于领先地位。四川文化旅游业规模在国内独占鳌头，并且以"一带一路"为引领，以集约化方式在持续扩大规模中。但同时，四川的文化事业产业融合深度不够。一方面，公共文化的不均衡等问题仍然存在，亟待运用数字文化等业态予以有效解决，以文化创意产业发展来深入构建公共文化服务的全新体系，提供更多更好的文化服务；另一方面，文化创意产业发展中面临精品原创内容短缺等难题，亟待公共文化服务体系实施供给侧结构性改革以丰富文化内容的供给。随着科技的快速发展和广泛应用，四川文化建设需从全新视角进行重新认识，文化事业产业尚须进一步融合发展，以更好地服务于小康社会目标的实现。

（四）深化文化金融合作，支持文化产业发展

四川是西部地区金融机构数量最多、种类最齐全、开放程度最高的省份。四川省组建了四川文化产业股权投资基金、成都文化产权交易所、文创小贷公司等金融平台和工具，形成了较为完备的文化金融"供给链"。文化金融合作发展也已成为经济社会发展的必然趋势。要加强政府财政的投入力度，通过设立文化产业基金同直接投资结合起来，用于扶持重点项目的发展，更有效地发挥资金的作用，对一些新兴的、技术附加值高的小微文化企业给予税费优惠或减免，以使它们能快速扩大规模，要鼓励和引导金融机构对文化产业的信贷支持。针对文化产业的特点，通过创新文化产业融资方式对企业进行支持，组建文化银行，为小微文化企业提供金融支持。

下编　专题报告

第三章
文化金融

一　文化金融发展概况

（一）文化金融概念的厘清

文化金融是一个新兴的概念，兴起于中国文化产权市场发展之后[①]，但并非文化和金融两个词简单相加的概念。作为一个整体性的概念，文化金融属于产业金融的范围，根据相关政策及意见，文化金融是指发生于文化资源的开发、生产、利用、保护、经营等相关活动中的所有金融活动[②]，所有与文化产业、文化事业相关联的金融业务都是文化金融，简单来说文化金融就

[①]　陈琛：《文化金融的发展现状及前海对策》，《前海金融城邮报》2017年7月12日。

[②]　王帅：《文化产业金融支持体系现状与对策研究——以山东省为例》，山东大学硕士学位论文，2013。

是文化产品和价值的金融化。[①] 文化金融区别于其他金融形式的根本原因是其资源的新特质，即资源的非标准特性、复用性、消费过程的增值性和价值的复合性。文化金融就是在发现价值、整合价值、实现价值这三个节点上寻找文化与金融的对接点。[②]

国内经济环境与产业机构的进一步调整为文化金融提供了巨大的发展空间，文化产业逐渐成为资本追逐的焦点。[③] 根据国家对文化金融的分类，其主要包括以下几个方面（见图 3-1）。[④]

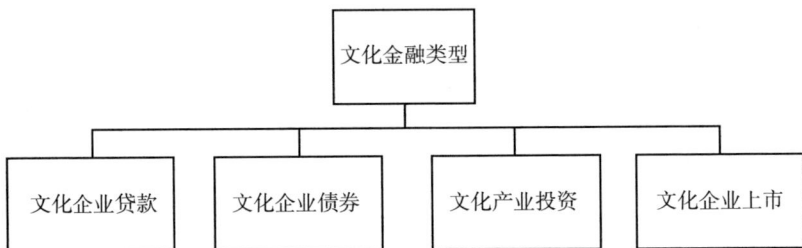

图 3-1　文化金融的分类

（二）中国文化金融的发展

促进文化的大发展大繁荣是"十三五"开局之年的发展方向。[⑤] 同时将文化产业打造成为国民经济发展的支柱性产业也是全面建成小康社会的必要举措。我国文化产业经过一段时间的发展，已经取得了不错的成绩。然而文化产业在前期发展过程中存在大型文化企业垄断、中小型文化企业发展不规范等问题，使金融行业难以介入文化产业的发展。自 2007 年始，国家实施

---

① 姜延容：《文化与金融的融合之路》，《经济》2017 年第 7 期。
② 西沐：《文化金融：文化产业新的发展架构与视野》，《北京联合大学学报》（人文社科版）2014 年第 1 期。
③ 徐海峰：《提升文化产业核心竞争力的思路——以辽宁为例》，《党政干部学刊》2012 年第 1 期。
④ 陈琛：《文化金融的发展现状及前海对策》，《前海金融城邮报》2017 年 7 月 12 日。
⑤ 胡鞍钢：《文化建设"十三五"前瞻——推动文化大发展大繁荣，建设社会主义文化强国》，《人民论坛·学术前沿》2015 年第 1 期。

了一系列的改革，国民对于精神文明建设需求的增长，也促进了文化产业的急速发展，这使得文化产业自身对金融服务的需求增加（见表 3 - 1）。

表 3 - 1 文化金融相关政策、法规

名称	关键词	颁布时间
关于金融支持文化产业振兴和发展繁荣的指导意见	开启文化与金融融合发展之路	2010 年
鼓励和引导民间资本进入文化领域的实施意见	民间资本进入文化产业	2012 年
文化产业发展专项资金管理办法	改革文化发展专项资金	2012 年
关于深入推进文化金融合作的意见	文化金融成为热点	2014 年

近几年，四川秉持"走出去""引进来"的发展战略，积极推动境外资本注入四川文化产业，推动四川文化走向国际市场。在资金上，积极推动四川文化产业上市融资，通过产业基金和银行信贷给文化产业提供资金上的支持。2015 年，四川省政府出资 1.5 亿元并联合四川省内几大产业资本巨头和金融企业成立了四川文化产业股权投资基金，融资规模 50 亿元，全面助力全省文化金融的发展。据统计，2017 年四川省文化产业收入达 2000 亿元以上（数据来自四川省统计局）。

（三）四川金融业发展源远流长

交子，是世界上最早使用的纸币，最早出现于四川地区，发行于北宋前期（1023 年）的成都。最初的交子实际上是一种存款凭证（见图 3 - 2）。北宋初年，有的商人生意庞大，需要巨大的资金往来，而将大量现金携带在身十分不便，因此便有人专门为这些商人提供现金保管业务，同时给予商人一个凭证作为日后取款的依据，并收取存钱数额一定比例的服务费，这种临时填写存款金额的楮纸券便是交子，而四川成都也成为交子这一"金融存取业务"的发源地。

随着商品经济的进一步发展，越来越多的商人意识到交子的便利性，因

图 3-2　官交子

此出现了众多商人联合经营的现金存取业务的交子铺。为了方便各地的商人，交子铺也逐渐出现了在各地分设店铺的情况。交子因为便利，逐渐成为商人交易时的支付方式。交子经营者在不涉及交易信誉的基础上推出了统一标准的交子，此类交子数额与格式都是固定的。交子的不断流通，使其逐步具备了纸币的流通功能和信用货币特征，最终成为真正的纸币。

到了近代，四川金融业发展仍为中国金融业发展探索之先驱。在 20 世纪 90 年代初，"红庙子"是成都市青羊区一条狭窄的小街，这里曾经是中国最大的"一级半"市场，也被称为"世界上最大的股票黑市"。由于四川省第一家上市公司——四川盐业化工股份有限公司的股票曾在"红庙子"

摆摊发行，所以此后股票、股权证、企业债券等证券拥有者便自发地聚集在这里交易。虽然从盛到衰不过短短两年多，但是"红庙子"对推动企业股份制改革，普及股票知识起到了重要作用，也对推动柜台交易纳入立法，以及此后的多层次资本市场建设有着深远的影响（见图3-3）。

图3-3 20世纪90年代红庙子街

（四）四川文化金融的类型

四川的文化金融类型与上述文化金融分类相同，主要有文化产业基金、文化产权交易所、文化产业商会等。在文化企业上市这一块缺乏专门的机构运作，这是未来四川文化金融发展的一个着力点。

1. 四川文化产业股权投资基金①

四川文化产业股权投资基金是由四川省政府发起成立的，2015年12月30日完成注册。

在首期注册的6.8亿元中，四川省政府出资1.5亿元。这是四川省由财政出资引导成立的首支文化基金。从规模上看，四川文化产业股权投资基金

---

① 四川省人民政府网站，2016年1月1日，http://www.sc.gov.cn/10462/10464/10797/2016/1/1/10363892.shtml。

也是四川省目前规模最大的省级文化产业股权投资基金（见表 3 - 2、
表 3 - 3）。

表 3 - 2　四川文化产业股权投资基金构成

单位：亿元

基金募集总规模	首期规模	首期注册
50	10	6.8

表 3 - 3　四川文化产业股权投资基金出资人及时间明细

主要出资人	基金首期存续期	投资期	退出收回期
四川出版集团、四川省投资集团、四川日报报业集团、峨眉电影集团、鼎祥股权基金、成都高新技术产业开发区	6 年	3 年	3 年

该基金投资重点为符合国家文化产业政策且具有发展前景的未上市的文
化企业，旨在加快四川文化产业的发展（见表 3 - 4）。

表 3 - 4　四川文化产业股权投资基金投资领域

关键词	投资领域
政府出资引导 市场化运作 专业化管理模式	新闻出版发行、文化艺术、影视娱乐、文化旅游、网络动漫以及互联网、移动互联网、文化产业融合发展的各类新兴文化业态以及相关细分领域

作为文化产业间接融资渠道的投资基金近来受到了文化企业和金融资本
的重视。除了政府主导的产业股权投资基金，还有民间资本主导的文化产业
投资基金，以期达到各方资本投资四川文化产业的效果。其中"名轩一号"
就是以民间资本为主的文化产业投资基金（见表 3 - 5）。

与"名轩一号"相同类型的另一民间资本"川港文化产业基金"，是立
足四川文化市场，以香港和海外的资本为优势，对四川出版、电影、网络游
戏等文化产业进行投资的基金。

表 3 - 5　"名轩一号"文化产业投资基金概况

相关内容
四川信托有限公司、四川明天文化艺术投资有限公司、四川文轩艺术投资管理有限公司等联合发起
首期面向艺术市场融资 6000 万元
四川金融资本介入艺术品类文化市场的标志

2. 成都文化产权交易所

成都文化产权交易所①是一个由政府主导、市场化运作的交易平台，在中国西部文化产权交易中扮演着极其重要的角色（见表 3 - 6）。

表 3 - 6　成都文化产权交易所的原则及交易对象

原则	交易对象
公平	文化物权
公正	文化债权
公开	文化股权
规范	知识产权

成都文化产权交易所是西部地区唯一的综合性版权交易平台，具有场内和网络两种交易方式。成都文化产权交易所是按照《文化产业振兴规划》及四川省政府关于文化产业发展的政策意见建立的，以促进该区域的文化产业发展为主要目标，也促进了西部文化产业的振兴（见表 3 - 7）。

表 3 - 7　成都文化产权交易所服务一览

服务内容	评价
政策咨询、信息发布、产权交易、项目推介、投资引导、项目融资、权益评估、并购策划	是集文化产权交易、投融资服务、文化企业孵化、文化产业信息交流和人才培训于一体的综合服务平台

---

①　详见成都文化产权交易所网站，http://www.cdcee.com/index.aspx。

成都文化产权交易所成立时间早，目前已做到西部第一、全国第三的位置。但整个西部地区都缺少与之相竞争的文化产权交易所，对其发展而言并不是好事，这也表明四川省文化产业发展的一个短板即专业性的产权交易所数量和规模都不足。

3. 四川省文化产业商会

四川省文化产业商会①是一个非营利性的行业组织。该组织是全省从事文化创意产业的企业自发组成的行业性团体，2005 年成立，现今已发展成为 4A 级社会组织（见表 3 - 8）。

表 3 - 8　四川省文化产业商会概况

办会宗旨	投资领域
搭建平台、整合资源、运作项目、壮大队伍	影视投资、图书出版、音像制作、演艺娱乐、广告发布、创意设计、媒体传播、博物收藏、动漫游戏、数字娱乐

四川省文化产业商会在促进四川文化产业"走出去"战略中发挥了积极的作用，一大批文化精品产品如《康定情歌》《文成公主》等走出国门，走向世界。同时四川省文化产业商会注重发展动力的开发，每年主办或承办"四川文化消费节""文博会"等活动，邀请各界专家学者前来为四川文化产业发展指明道路。

作为一个全省性的文化产业综合服务平台，四川省文化产业商会还存在一些问题，在促进文化与金融融合发展的问题上仍处于"摸着石头过河"的阶段，不敢大胆做出尝试，在全省文化行业的影响力也需要提升。

（五）金融在市场资源配置中发挥着重要作用

金融从本质上讲就是一种货币信用经济，它的运行表现为价值流导向实物流，货币资金运动导向物质资源运动（见表 3 - 9）。

---

① 详见四川省文化产业商会网站，http：//www. sccita. org。

表3-9　金融的相关内容

金融的地位	金融的运行表现	金融的作用
在现代经济中居于核心地位，对资源配置发挥着基础性作用	价值流导向实物流，货币资金运动导向物质资源运动	货币资金的筹集、融通和使用充分而有效 社会资源的配置合理，促进国民经济走向良性循环

现如今一切经济活动几乎都离不开货币资金运动，而货币资金的运动也促成了一个行业的产生——金融业。金融业对于资本的积累和生产的集中具有巨大的推动作用。在与国民经济的关系上，金融业对国民经济有着重要影响，金融业发展的健康与否直接关系着国民经济基础是否稳固。从1978年开始，我国的金融体制改革不断发展，已与市场越来越协调，金融业也逐步成为国民经济的核心产业。不可否认，虽然我国在金融业上的改革取得了很大的成绩，但是改革过程中依然不可避免地存在很多问题。

（六）金融在文化产业发展中发挥着重要作用

文化产业作为提供产品或服务的行业，其最重要的就是知识产权。文化产业对能源的损耗非常小，同时对和谐社会的构建也有着积极的意义。与其他投资相同，高收益的文化产业依然伴随着高风险和高投入。这也是限制文化产业发展的一个重要原因。文化产业的前期投入很高，但一旦形成规模，其生产成本会大大降低。也可以利用网络传播等营销手段进行进一步的产业链升级和完善。"内容为王"在文化产业中依然行得通，但全球化的市场和完善的产业链是文化产业发展的两个最重要的方面。然而开拓市场、提升产业链都需要资金的支持，因此金融业的助力是文化产业发展成功的关键。

当前，文化产业作为国民经济的重要组成部分，在保增长、扩内需、调结构、促发展中发挥着重要作用，成为国民经济新的增长点；而金融是现代经济的核心，在引导资源配置、调节经济运行、服务经济社会等方面具有重要作用。[1] 对文化产业内部融资模式的升级和融资结构的完善是金融业在文化产业上的主要用力点。金融业以银行信贷手段和资本市场主导为文化产业提供相关支持，使间接金融、直接金融、内部需求、外部供给有效衔接，最终达到金融业支持文化产业发展的目的。通过金融业对文化产业的助力，促进文化产业由量到质的转型升级。

二 四川文化金融发展的现实依据

（一）四川文化产业中小微文化企业活跃，资金需求强烈

四川文化产业发展中，中小微文化企业活跃。以成都市为例，2016年末从事文化创意产业活动的（营利性）法人单位共有15133个。[2] 其中，文化创意产业企业中营业收入过亿元的共有 350 个，占比 2.31%；规模（限额）以上企业[3]法人单位 1552 个，占比 10.3%。这也就意味着，成都市从事文化创意产业的市场主体中，有 87.4% 的市场主体为中小微法人单位（见图 3−4）。可以说，中小微文化企业也是四川文化经济领域的市场活跃主体，在增加就业机会、稳定社会秩序、保持经济增长势头等方面有重大贡献。

中小微文化企业的主力是民营企业，经营者往往缺少中长期的战略规划，在一些项目上，盲目投资。同时，中小企业存在资金短缺的问题，在收益方面更倾向于高风险、短期限的收益，对于需要时间投入的新产品则少有

---

① 《关于金融支持文化产业振兴和发展繁荣的指导意见》，《内蒙古金融研究》2012 年第 5 期。
② 事业法人单位和其他非营利性法人单位 311 个。
③ 本报告中"规模（限额）以上企业"是指规模以上制造业企业、限额以上批发和零售企业、规模以上服务业企业和有资质的建筑业企业。规模以上文化及相关产业的统计范围为《文化及相关产业分类（2012）》所规定行业范围内年主营业务收入在 2000 万元及以上的工业企业；年主营业务收入在 2000 万元及以上的批发企业或主营业务收入在 500 万元及以上的零售企业；从业人数在 50 人及以上或年营业收入在 1000 万元及以上的服务业企业，其中文化和娱乐服务业年营业收入在 500 万元及以上。

营收过亿元企业
2.3%

规模（限额）以上企业
10.3%

中小微企业
87.4%

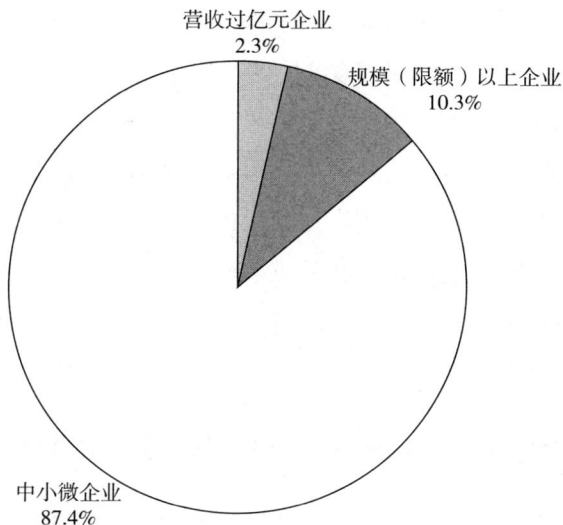

图 3 - 4　成都市文化企业规模示意

涉及。一旦产品销售不畅，易引发资金短缺的危机。此外，中小企业往往处于产业供应链的中间环节，通过产品的流转增值获得利润，同时通过应收应付获得资金保障，缺少产业供应链的话语权①，忽略经营活动净现金流量作为企业动脉的重要意义，也是造成资金短缺的一个重要原因。在竞争日趋激烈的情况下，客观上要求中小企业重视市场调查环节从而做出准确的市场预测，但是相当大一部分企业经营者往往不去调查市场，这是资金短缺的根本原因。

（二）中小微文化企业的轻资产属性，限制资产证券化流通

在其他行业，将企业的有形资产作为抵押获得融资，是常见的方式，然而文化企业的核心是无形的知识产权，无法像其他行业一样拿出来抵押，而人作为知识产权的承载体，具有不稳定性。这也就表明，文化产业的发展十分依赖人才，人才一旦流失，文化企业就会像失去了发动机的汽车，不能正

---

① 《关于金融支持文化产业振兴和发展繁荣的指导意见》（银发〔2010〕94 号）。

常运转。房产、机床、矿山尚可用来抵押，而文化企业无法把人才及其大脑抵押给银行。正是由于人的变数过大，已经超出了资本市场的风险控制能力，长期以来，文化创意企业始终难入资本市场的"法眼"，为数不多的传媒上市公司也是靠广告发行业务来换取市场的认可。① 就中小微文化企业而言，企业的版权等无形的知识产权难以被估值，同时监管的缺失和难以变现等问题也是文化企业资产证券化的难点。这些难点使中小文化企业难以通过债券发行、融资等渠道解决自身问题，出于以上原因银行也对中小文化企业的贷款请求存在诸多顾虑。

（三）中小微文化企业实力不足以获得贷款资格

一是中小微文化企业存在的问题从根本上制约着银行的信贷投入。二是国内文化产业起步较晚，沿袭国外的商业模式却不契合国内市场的特性，市场规制缺乏。三是产品设计、受众偏好、市场规模等因素均会对销售情况产生影响，因此文化产品收益具有很多不确定性。据调查，遵化市有近60%的中小微文化企业处在亏损或微利的边缘，这些企业存在后续生产研发经费短缺、资金积累机制不健全等问题，使得银行出于坏账风险考虑拒绝这些企业的信贷支持请求。而这些问题同样会影响企业的进一步发展。除此之外，中小微企业规模较小、企业内部设置不完整、缺乏专门的财务制度，同时信用风险极高、银行与企业信息不对称等因素都是中小微文化企业融资、贷款的拦门砖（见表3-10）。

表3-10 中小微文化企业存在的金融问题

金融问题
资本原始积累不足、资金池小
技术水平薄弱、产业链不完整、风险预知能力差
所占市场份额小、产品盈利少、扩投风险大

---

① 曹光哲：《金融支持文化产业发展的"组合拳"》，《广西日报》2010年5月3日。

（四）金融体制及宏观环境制约金融对中小微文化企业的支持

金融体制及政策上的失衡直接制约中小微企业的融资渠道。[①] 目前，几大国有银行依旧在金融机构中占大头。在金融业务方面，出于垄断的考虑，这些金融机构更倾向于放贷给国有企业，从而在一定程度上制约着中小微文化企业的发展。同时，特别是美国次贷危机引发的全球金融危机爆发以后，随着经济增长速度换挡期、结构调整阵痛期、前期刺激政策消化期"三期叠加"效应的逐步显现，经济进入新常态，企业融资成本居高不下，融资难问题愈加突出。国家加大对金融市场的管理，紧缩的金融市场态势对中小微文化企业直接融资这一途径更增添了诸多的困难。上述金融体制及宏观经济环境因素，均制约着金融对中小微文化企业的支持。

（五）金融产品的发展与中小微文化企业发展不相协调

金融产品创新不仅是金融业对产品进行的完全自主的原创性的开发，还需立足原有产品，对原有产品进行更新换代。结合文化产业而言，金融产品创新缺乏中小微文化企业发展支持的针对性，一些银行在创新过程中只图规模，以提高自身知名度为主要目标，并非为了满足中小微企业的信贷需求。这些创新往往立足于银行自身的利益，创新的结果依然是既没有考虑到中小微企业的特点也不能满足中小微企业的要求。同时，由于我国文化金融产品起步较晚，文化金融行业缺乏创新精神，习惯于照搬西方模式，其创新往往是低级的、已有的，而非真正意义上的行业创新。此类创新并不能有效地满足文化产业的金融需求，也存在文化金融服务的广度和深度不够，无法满足中小微文化企业融资需求的情况。

---

①　刘晶晶：《我国小微企业的融资环境问题及对策研究》，吉林大学硕士学位论文，2012。

三 四川文化金融创新发展的政策依据

（一）国务院《关于推进文化创意和设计服务与相关产业融合发展的若干意见》[1]

近年来，随着我国新型工业化、信息化、城镇化和农业现代化进程的加快，文化创意和设计服务贯穿在经济社会各领域各行业，呈现出多向交互融合态势。文化创意和设计服务具有高知识性、高增值性和低能耗、低污染等特征。推进文化创意和设计服务等新型、高端服务业发展，促进与实体经济深度融合，是培育国民经济新的增长点、提升国家文化软实力和产业竞争力的重大举措，是发展创新型经济、促进经济结构调整和发展方式转变、加快实现由"中国制造"向"中国创造"转变的内在要求，是促进产品和服务创新、催生新兴业态、带动就业、满足多样化消费需求、提高人民生活质量的重要途径。[2]

为推进文化创意和设计服务与相关产业融合发展，意见指出，建立完善文化创意和设计服务企业无形资产评估体系，支持符合条件的企业上市，鼓励企业发行非金融企业的融资工具，如公司债、企业债等。支持金融机构选择文化创意和设计服务项目贷款开展信贷资产证券化试点。鼓励银行业金融机构支持文化创意和设计服务小微企业发展。鼓励金融机构创新金融产品和服务，增加适合文化创意和设计服务企业的融资品种，拓展贷款抵（质）押物的范围，完善无形资产质押和收益权抵（质）押权登记公示制度，探索开展无形资产质押和收益权抵（质）押贷款等业务。[3] 建立社会资本投资

---

① 《关于推进文化创意和设计服务与相关产业融合发展的若干意见》（国发〔2014〕10号）。

② 中国工程科技发展战略研究院：《中国数字创意产业发展的现状、机遇与挑战》，《中国科技》2017年第4期。

③ 李满春：《文化创意产业发展的战略、策略和路径》，《沈阳工业大学学报》（社会科学版）2016年第4期。

的风险补偿机制,鼓励各类担保机构提供融资担保和再担保服务。鼓励保险公司加大创新型文化保险产品开发力度,提升保险服务水平,探索设立专业文化产业保险组织机构,促进文化产业保险发展。[①] 政府引导,推动设立文化创意和设计服务与相关产业融合发展投资基金。积极引导私募股权投资基金、创业投资基金及各类投资机构投资文化创意和设计服务领域(见图3-5)。[②]

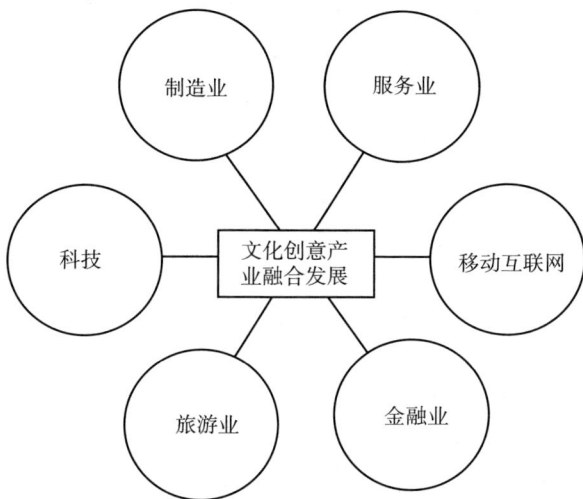

图3-5 文化创意和设计服务与相关产业融合发展示意

(二)中宣部等九部门《关于金融支持文化产业振兴和发展繁荣的指导意见》[③]

中宣部、中国人民银行、财政部、文化部、国家广电总局、国家新闻出版总署、中国银监会、中国证监会、中国保监会九部门于2010年联合出台《关于金融支持文化产业振兴和发展繁荣的指导意见》,提出了20点指导意见(见表3-11)。

---

① 朱超棣:《保险护航 文化远扬——发展文化产业保险的若干思考》,《文化月刊》2015年第13期。

② 陈劼:《厦台发展文化创意产业的政策支持比较研究》,《台湾研究集刊》2015年第3期。

③ 《关于金融支持文化产业振兴和发展繁荣的指导意见》(银发〔2010〕94号)。

表 3-11　《关于金融支持文化产业振兴和发展繁荣的指导意见》中的 20 点指导意见

意见	关键词	具体内容
文化产业迫切需要金融业支持	资本流通	①文化产业是中国社会主义市场经济发展新的经济增长点,促进现代生活方式的进步 ②金融业需要促进经济的发展,将推动文化产业发展作为新的工作目标
推动多元化和多层次的信贷产品的开发和创新	多元化 多层次	①扩大对文化企业的支持范围,传统文化行业和新兴文化产业广泛涵盖 ②对生产效益好、发展前景优的企业优先给予信贷支持 ③金融机构建立无形支持评估体系
积极探索适合文化产业项目的多种信贷模式	辛迪加 联户联保	①对资金、信贷需求大的文化企业采用辛迪加贷款模式 ②对中小微文化企业采取联户联保贷款模式
完善利率定价机制合力确定贷款期限和利率	利率定价	①根据文化企业的不同需求制定不同的贷款期限和贷款利率 ②对国家重点扶持的文化项目,适当放开信贷要求和还款期限
建立科学的信用评级制度和业务考评体系	信用评级	①建立完善合理的信用评估体系和信用评分标准 ②针对文化产业设立专属的金融服务考评机制
进一步改进和完善对文化企业的金融服务	金融服务	①金融机构积极为文化企业解决资金贷款问题 ②在资格审查和审批过程中,对重点企业和项目给予便利 ③不同发展阶段的文化企业有不同的金融方式与之适应
积极开发文化消费信贷产品,为文化消费提供便利的支付结算服务	文化消费	①针对消费者,提供文化消费方面的信贷产品 ②文化行业的产品都能进行分期付款或先消费后付款的模式 ③借鉴支付宝、微信等付款方式,完善文化消费付款方式
继续完善文化企业外汇管理,提高文化产业贸易投资便利程度	文化外贸	①扩大国外市场,促进中国文化企业走出去 ②简化外汇业务流程,提高外汇业务效率
推动符合条件的文化企业上市融资	企业上市	①对于效益好、发展稳定的文化企业鼓励其在主板上市 ②对已上市的文化企业,鼓励强强联手 ③注重对有发展潜力的中小微文化企业的培养
支持文化企业通过债券市场融资	债券融资	①鼓励文化企业发行企业债、集合债等进行融资 ②鼓励中介机构采取适当的中介费用、发行直接债券、融资等方式支持中小微文化企业的发展

续表

意见	关键词	具体内容
鼓励多元资金支持文化产业发展	多元支持	①在风险可控的前提下,鼓励保险公司投资文化企业的债权和股权 ②引导符合条件的保险公司参与文化产业投资 ③鼓励风险投资基金、私募股权基金等风险偏好型投资者进入新兴文化业态
进一步加强和完善保险服务	保险服务	①开发与文化产业或文化产品配套的保险服务 ②给予重点文化企业适当的优惠政策
推动保险产品和服务方式创新	保险产品创新	保险产品与文化产业相配套,满足文化产品的多样性需求
推进文化企业建立现代企业制度,完善公司治理结构	完善企业制度	①完善文化企业的现代化企业标准,改变小作坊式生产经营方式 ②建立完善的财务机制,培养合适的财务人员 ③提高中小微文化企业的金融意识
加大中央和地方对文化产业的财政补贴	加大财政补贴	①对有资格、符合条件的文化企业给予财政上的支持 ②建立专项资金扶持文化产业进一步发展
建立多层次的贷款风险分担和补偿机制	风险机制	鼓励各类有资质的信托、风险机构为文化产业提供担保或资金注入
完善知识产权法律体系,切实保障各方权益	产权意识	①加强文化行业从业人员的版权意识,加强对知识产权的管理,切实保护文化企业的权益 ②设立文化产品的维权机构,保障消费者权益
加强信贷政策和产业政策的协调	协调发展	①对《文化产业投资指导目录》定期补充修订 ②对《文化产业投资指导目录》中的重点项目优先予以信贷支持 ③对"限制类"文化项目,加强审查和审批
建立多部门信息沟通机制,搭建文化产业投融资服务平台	加强沟通	①建立文化企业投融资优质项目数据库 ②加强文化项目和金融产品的宣传,促进银、政、企合作 ③对获得推荐的优质项目给予重点支持
加强政策落实督促评估	加强监管与评估	①制定和完善金融支持文化产业发展的具体实施意见或办法 ②加强对文化产业贷款的统计与监测分析 ③建立金融支持文化产业发展的专项信贷政策导向效果评估

（三）文化部、中国人民银行、财政部《关于深入推进文化金融合作的意见》[①]

为贯彻落实党的十八届三中全会"鼓励金融资本、社会资本、文化资源相结合"的要求，巩固扩大中国人民银行、财政部、文化部等部门《关于金融支持文化产业振兴和发展繁荣的指导意见》（银发〔2010〕94号）的实施成果，深入推进文化与金融合作，推动文化产业成为国民经济支柱性产业，特出台《关于深入推进文化金融合作的意见》（见表3－12）。

表3－12　《关于深入推进文化金融合作的意见》的有关内容

相关条例	具体内容
文化金融合作发展	①各级政府部门发挥政策指引和组织协调作用，推动文化产业和金融业全面对接 ②金融机构积极开拓文化产业市场，创新文化金融服务 ③文化企业积极主动运用金融手段实现自身发展，完善现代企业制度 ④促进各类社会资本积极投入文化产业，形成多元化文化产业投融资体系
文化产业的作用日益凸显	①人民精神文化生活需求的新变化对文化产业发展提出了新要求 ②全面深化改革为文化金融发展提供了新机遇 ③坚持创新驱动，加强政策协调配合 ④加大对重点文化产业项目的金融支持，完善文化产业薄弱领域的金融服务，引导文化企业科学投资经营 ⑤优化文化产业投融资结构，促进文化产业的发展
文化金融服务组织形式	①鼓励金融机构建立专门服务文化产业的机构、支行、服务团队 ②支持发展文化类小额贷款公司，探索金融服务新模式 ③支持具备条件的民间资本依法发起设立中小型银行
文化金融中介服务体系	①支持有条件的地区建设文化金融服务中心 ②推动文化产业的知识产权评估与交易，加强文化产业方面的各类服务 ③建立完善的融资性担保体系，为文化企业融资提供增信服务
探索文化金融合作实验区	①创建文化金融合作实验区，探索建立地方政府、文化、金融等多部门沟通协作机制 ②集中优质资源先行先试，探索符合地区特点的文化金融创新模式

---

① 《关于深入推进文化金融合作的意见》（文产发〔2014〕14号）。

续表

相关条例	具体内容
推动适合文化企业特点的信贷产品与服务方式	①扩大融资租赁贷款、应收账款质押融资、产业链融资、股权质押贷款等信贷产品的创新 ②推动文化金融服务模式创新,整合银行业务、零售业务、资产负债业务等 ③综合运用统贷平台、集合授信等方式加大对中小微文化企业的融资支持 ④鼓励银行、保险等机构联合采取投资企业股权等形式为文化企业提供综合性金融服务
完善文化企业信贷管理机制	①鼓励银行业金融机构建立和完善针对文化企业或文化项目的融资信用评级机制 ②完善文化贷款利率定价机制和风险管理机制,根据文化企业的特点,实行差别化定价,合理确定贷款期限和还款方式
加快推进文化企业直接融资	①支持具备高成长性的中小文化企业集合债券、私募债等拓宽融资渠道 ②支持文化企业通过资本市场上市融资、再融资、并购重组 ③加强对文化企业上市的辅导培育,对不同的文化企业分类指导 ④鼓励文化企业并购重组,实现文化资本跨地区、跨行业、跨所有制的整合 ⑤支持文化企业通过股份转让系统和区域性股权交易市场实现股权融资
加大金融支持文化消费力度	①鼓励金融机构开发支付结算系统 ②鼓励第三方支付机构发挥优势,提升文化消费水平 ③探索开展艺术品等资产托管,鼓励发展文化消费信贷 ④鼓励文化类电子商务平台与互联网金融相融合,促进文化领域信息消费
推广适合对外文化贸易特点的金融产品	①推进文化贸易投资的外汇管理和结算便利化 ②探索个人资产质押等对外担保模式 ③积极发挥文化金融在各类国家重点项目建设中的作用
推动文化产业和相关产业的融合	①推动互联网金融业务与文化产业融合发展 ②鼓励电子商务平台类机构发挥优势为文化产业提供特色金融服务
创新文化资产管理方式	①推动符合条件的文化信贷项目资产证券化,形成文化财产管理 ②鼓励资产管理机构和金融机构市场化 ③提高文化类不良资产的处置效率
建立文化金融合作部门会商机制	①加强对文化金融工作的组织机构领导,密切政银合作,加强银企对接 ②发挥政府部门的组织协调优势,在各个方面不断探索实践 ③金融机构要不断提升服务水平,完善文化金融工作机制 ④文化企业要提高自身管理经营和财务运行水平,提升文化企业和金融机构的议价能力

续表

相关条例	具体内容
加强文化金融公共服务	①研究开展文化产业融资规模统计 ②探索制定文化金融服务标准 ③编制文化产业重点融资项目目录,完善融资项目的推荐机制 ④探索建设文化金融社会化服务组织
加强财政对文化金融的支持	①安排专项资金加大对文化金融合作的扶持力度 ②建立财政贴息信息共享机制

　　根据上述指导意见，文化金融的主要任务有以下 10 个，包括文化金融服务组织的创新、文化金融中介服务体系的完善等（见图 3 - 6）。

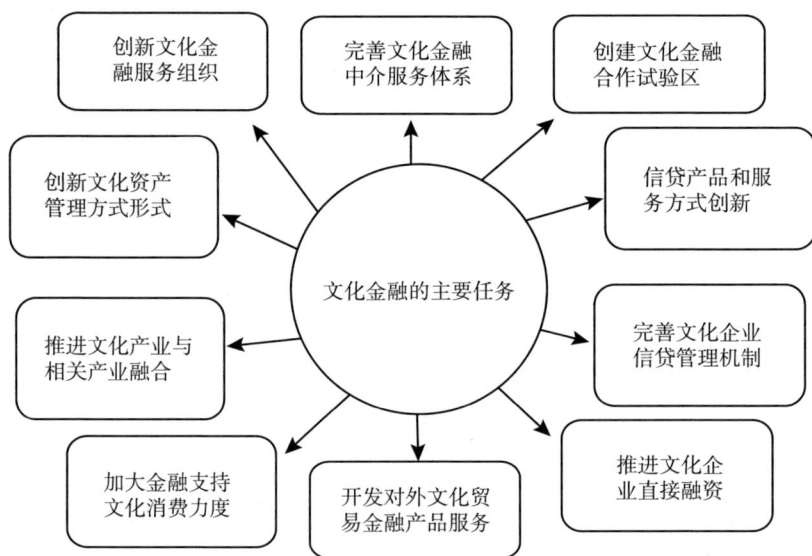

图 3 - 6　金融合作任务分解

（四）四川省文化厅等部门《关于落实〈文化部 中国人民银行 财政部关于深入推进文化金融合作的意见〉的实施意见》

　　为贯彻落实《文化部 中国人民银行 财政部关于深入推进文化金融合作的

意见》，深化文化与金融合作，积极引导四川金融业加大对四川文化产业发展的支持力度，推动文化产业成为四川省国民经济支柱性产业，加快推进文化与金融融合发展，四川省文化厅、中国人民银行成都分行、四川省财政厅联合发布《关于落实〈文化部　中国人民银行　财政部关于深入推进文化金融合作的意见〉的实施意见》①。四川文化金融合作的主要任务见表 3 – 13。

表 3 – 13　四川文化金融合作的主要任务

任务类型	重点任务条目
推进金融业与文化产业的有效对接	大力创新和开发适合四川文化产业特点的融资产品和融资方式
运用财政资金支持文化金融合作	建立和完善金融支持文化产业发展的配套机制,搭建高效的文化企业融资平台
加强对重点文化企业的融资支持	对纳入《四川省重点文化企业名录》(省级重点文化企业认定实行动态管理)的文化企业,同等条件下优先给予信贷支持
加强对重点文化产业项目的融资支持	对融资规模较大的文化产业项目给予支持,鼓励商业银行通过联合贷款、银团贷款、发行债券等方式提供金融支持
加强对示范园区(基地)的融资支持	鼓励省内各级文化产业相关专项资金重点支持文化产业示范园区(基地)建设
探索创建文化金融合作试验区	通过创新区域内财政资金投入方式,引导和促进金融机构创新金融产品和服务模式,搭建文化金融服务平台
创新文化金融服务组织形式	支持发展文化类小额贷款公司,探索支持小微文化企业发展和文化创意人才创业的金融服务新模式 支持具备条件的民间资本依法发起设立中小型银行,为文化产业发展提供专业化的金融服务
创新中小文化企业融资产品和服务	全面推动文化金融服务模式创新,支持金融机构根据文化企业的不同发展阶段和金融需求,提供一揽子服务
加快推进直接融资	支持具备高成长性的中小文化企业通过发行集合债券、区域集优债券、行业集优债券、中小企业私募债等拓宽融资渠道

① 《四川省文化厅　中国人民银行成都分行　四川省财政厅关于落实〈文化部 中国人民银行 财政部关于深入推进文化金融合作的意见〉的实施意见》(川文发〔2014〕29 号)。

任务类型	重点任务条目
探索建立符合文化企业特点的信用评级制度	开展文化企业信用体系建设，依托小微企业信用信息数据库、信用信息服务网和银企融资对接平台（一库一网一平台），采集和共享文化企业信用信息，试点建立"企业 – 信息服务机构 – 商业银行"合作长效机制
研发扩大文化消费相关金融产品	鼓励金融机构根据文化消费特点，创新消费信贷产品，积极开发分期付款等消费信贷品种。鼓励文化类电商平台与互联网金融相结合
创新文化"走出去"金融服务产品	对列入《国家文化出口重点企业名录》、在国际文化市场上有竞争力和发展前景的重点项目和重点企业优先给予贷款支持
完善文化金融合作政策支持模式	鼓励设立文化产业投资引导基金，支持以股权、可转换债券及法律法规允许的其他方式对文化产业进行投资
建立文化金融合作长效机制	省文化厅、中国人民银行成都分行、省财政厅建立文化金融合作厅际会商机制，共同推动文化产业政策与金融政策、财政政策的制定和实施
加强文化金融公共服务平台建设	推动设立文化产业创业投资基金、股权投资基金、产业基金等
建立健全融资市场资源支持体系	推动文化金融合作信贷项目库建设，完善项目准入、退出机制，确保入库项目质量

四　四川文化金融创新发展的经验依据

（一）北京文化金融经验：强化细则实施，释放大量政策红利

1. 市文资办设置"投融资处"等业务处室

北京市"投融资处"与"文化融合发展处"具体职责见表3 – 14。

表3 – 14　北京市"投融资处"与"文化融合发展处"具体职责

部门	职责
北京市"投融资处"	引导监管文化企事业单位面向资本融资
	指导文化创意产业进行投资、对担保资金等的设立和管理
北京市"文化融合发展处"	指导监管文化企事业单位建立技术创新体系
	促进新科技创新成果的转化和高新技术的运用
	提高文化产业的自主创新能力

2. 出台相关指导意见及管理办法指导北京文化产业的发展

北京市出台的相关指导意见及管理办法见表 3 – 15。

表 3 – 15　北京市出台的相关指导意见及管理办法

名称	具体内容
关于金融支持首都文化创意产业发展的指导意见①	发挥金融对文化创意产业发展的指导作用 培育首都金融业的核心竞争力,建立适合被禁产业特点的信贷机制 深入调研文化创意产业的信贷需求
北京市文化创意产业发展专项资金企业项目征集评审管理办法(试行)②	具体规定了专项资金使用范围 具体指出专项资金禁用范围
北京市文化创意产业创业投资引导资金管理暂行办法③	规定创业投资引导资金主要用于引导创业机构投资符合条件的文化创意产业 表明创业投资引导资金的来源 表明引导资金以参股方式运作
北京市文化创意产业发展专项资金管理办法	规定北京市文化创意产业贷款贴息资金来源于市文化创意产业发展专项资金 规定贷款机构仅限于注册地在北京的商业银行,政策性银行 申请项目贷款贴息支持的,需满足项目形象进度和已完成投资均不低于20%等条件
北京市文化创意产业担保资金管理办法(试行)④	规定专业担保机构仅限于注册地在北京的融资性担保公司(含独立在北京注册经营的分支机构) 为北京市文创类项目担保额累计不低于5亿元 上一完整会计年度中文创类项目数不低于总数的20% 申请项目贴保支持的,需满足项目形象进度和已完成投资均不低于20%等条件
北京市文化创意产业发展专项资金项目贴租实施细则(试行)⑤	融资租赁机构仅限于注册地在北京的融资租赁公司(含独立在北京注册经营的分支机构,金融租赁机构除外) 在上一完整会计年度融资租赁业务中北京市文创项目数占比不低于20% 为北京市文创企业融资金额累计不低于5亿元 项目形象进度和已完成投资均不低于20% 同一项目最多允许申报三次贴租支持

续表

名称	具体内容
北京市文化创意产业发展专项资金项目奖励实施细则（试行）⑥	制定北京市文化创意产业发展专项资金项目补助实施细则 规定不同申报项目的最高支持金额 确定项目补助采用推荐征集方式 制定资金支持的总体原则

注：①《关于金融支持首都文化创意产业发展的指导意见》（银管发〔2009〕144号）。
②《北京市文化创意产业发展专项资金企业项目征集评审管理办法（试行）》（京文资发〔2016〕1号）。
③《北京市文化创意产业创业投资引导资金管理暂行办法》（京文创办发〔2009〕7号）。
④《北京市文化创意产业担保资金管理办法（试行）》（京文创发〔2009〕3号）。
⑤《北京市文化创意产业发展专项资金项目贴租实施细则（试行）》（京文资发〔2016〕5号）。
⑥《北京市文化创意产业发展专项资金项目奖励实施细则（试行）》（京文资发〔2016〕3号）。

3. 其他举措

除了出台诸多相关指导意见及管理办法指导北京市文化产业的发展，北京市也采取了其他措施来促进文化产业的发展（见表3-16）。

表3-16　北京市促进文化创意产业发展的其他举措

名称	内容
财政出资设立北京市文化创新发展专项资金	规定专项资金的获取,采取申报及审核制度 规定专项资金的使用形式 明确专项资金的文化产业使用范围
北京银行举措体系	设立50亿元文创专项授信额度 推出国内首个文化专属金融品牌 设立首家文化创意特色支行

截至2017年6月末，北京银行文化金融贷款余额超530亿元，累计发放贷款1500余亿元，支持5000余户文创企业实现长足发展。自有文化金融分类统计以来，市场份额始终位居北京市榜首，在中国银行业推出产品最早、小微贷款最多、支持项目最全，见证并推动了中国文化产业的繁荣发展、全国文化中心建设的光荣征程。

关于文化金融的发展，还有更多方面值得关注。第一个是文化"走出去"，这是中国文化发展的动力，且能避免对外文化贸易融资"又难又贵"

的情况。第二个是"信息不对称"。文化企业应该明确自身产品针对什么市场，满足何种用户需求。第三个是提升银行、保险、担保机构等对文化产业的参与程度。第四个是成立公共服务平台，实现商务、文化等相关部门之间的信息交流与共享。

（二）江苏南京文化金融经验：建设文化服务平台提供文化产业发展方案

1. 南京文化金融合作相关的运行机构状况

南京市文广新局产业处只有三个工作人员，仅文件起草及相关会议就把主体时间给占去了，故而相关文化产业工作（文化金融业务），主要还是依托公司来做，采取合作、委托及授权的方式，包括先行先试与重点推进相结合、线上与线下相结合、奖补结合等方式，让公司来为公司提供服务与管理，从而支持文化企业发展。

在具体实施过程中，主要采取了颁发相关实施意见的方式，包括《南京市文化产业投融资体系建设计划》等，实施意见里面包含了三个关键点（见表3-17）。

表3-17　南京市文化产业投融资体系建设计划

名称	建设计划
南京市文化产业投融资体系	建设"南京文化产业融合公共服务平台"
	成立以市主要领导为负责同志的领导小组
	解决资金来源和渠道

2. 出台《南京市文化产业投融资体系建设计划》

南京市委宣传部、南京市金融发展办公室、南京市财政局、南京市科学技术委员会、南京市文化广电新闻出版局、中国人民银行南京分行营业管理部等部门联合印发了《南京市文化产业投融资体系建设计划》。

《南京市文化产业投融资体系建设计划》的总体原则见表3-18。

表 3 – 18　《南京市文化产业投融资体系建设计划》的总体原则

文件	总体原则
《南京市文化产业投融资体系建设计划》	政府引导:加强政府在产业推动等方面的引导功能
	市场驱动:充分发挥市场在配置文化产业金融资源中的基础性作用
	资源整合:建立健全金融服务体系
	平台搭建:搭建支持文化创新创意的投融资综合服务平台
	多方共赢:金融机构和文化企业能够风险共担、利益共享

在上述原则的指导下，以表 3 – 19 中的具体举措促进南京市文化产业的发展。

表 3 – 19　促进南京市文化产业发展的具体举措

具体举措	具体举措
遴选"文化银行",引导金融机构加大文化信贷力度	发挥国有文化投融资服务主体的作用
组建总规模不少于 10 亿元的南京文化产业发展基金	继续加大财政资金对文化产业的扶持力度
支持文化类小额贷款公司发展	建立文化信贷风险补偿机制
鼓励多元资金支持文化企业发展	建立文化信贷利息补贴机制
建立文化企业数据资源库	建立全市金融支持文化产业发展工作领导小组
建立全市重点文化企业征信体系	建立科学合理的考核评估机制
建立市文化金融服务中心	

3. 南京文化产业的发展现状和金融支持框架

南京文化企业以中小企业为主，占了整个文化企业的 80% ～ 90%，这些中小企业具有旺盛的贷款需求。由于贷款困难，自 2013 年开始，南京市政府从顶层设计着手，与市委宣传部、市文广新局等 6 部门联合成立调研组，调研走访了包括南京银行等在内的多家金融机构，为南京市文化金融发展提供决策依据。最终成立了南京市文化金融服务中心（见表 3 – 20）。

表 3 - 20　南京市文化金融服务中心服务链

机构名称	服务链
南京市文化金融服务中心	文化银行
	文化小贷公司
	文化交易所
	文化产业担保公司
	文化保险公司
	文化版权评估公司
	天使基金
	风投基金

南京市对中小文化企业的金融支持，主要有两种方式（见表 3 - 21）。

表 3 - 21　南京市对中小文化企业的金融支持方式

方式名称	运作方式
各类基金等金融机构的项目贷款	做大基金池
	扶持初创期的文化企业和领军人才
	引导社会资本进入
政策扶持金融机构的信用贷款	利息补贴

4. 文化银行的遴选和财政补贴性贷款扶持

南京市文化金融服务中心成立后，通过遴选，将南京银行、交通银行等4 家支行作为南京市首批"文化银行"。"文化银行"的成立大大助益了南京市中小文化企业的发展，相当多数量的中小文化企业通过文化金融服务中心获得了文化银行等融资机构的资金支持。

5. 文化银行的信用评估方式和风险补偿额度

南京市设立了专门的文化银行金融评估体系，以此作为南京市文化银行信用评估和风险补偿设置的参考标准。

南京市文化产业增值情况见图 3 - 7。

南京市文化银行金融评估体系组成见图 3 - 8。

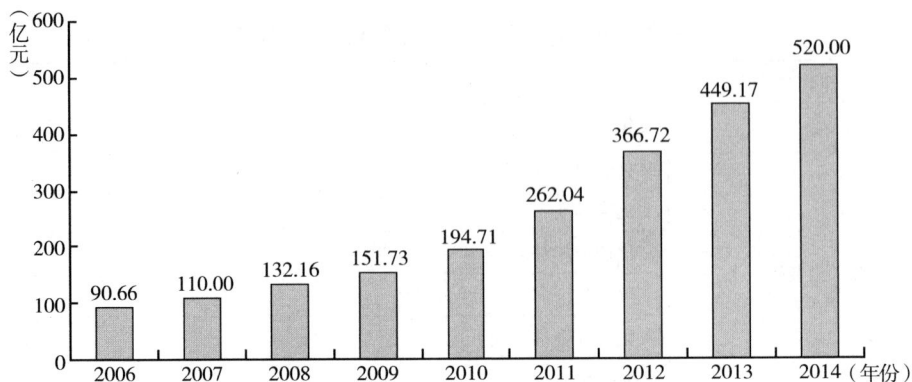

图 3 - 7 南京市文化产业增值情况

资料来源：2014 年南京文化产业及相关产业分析报告。

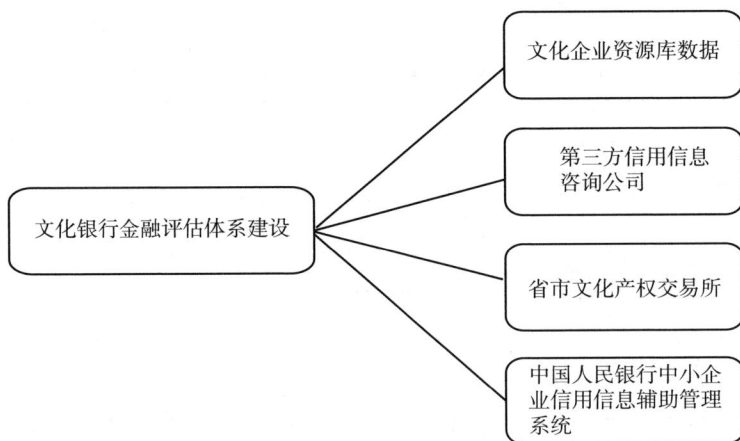

图 3 - 8 南京市文化银行金融评估体系组成

　　南京市从四个方面着手构建南京市文化银行的信用评估体系和风险补偿方式。值得一提的是第三方信用信息咨询公司所提供的大数据增信方式，此方式利用大数据分析，向文化银行提供文化企业的增信报告，由文化银行进行增信评估后决定是否放贷。这一举措大大降低了文化银行对文化企业放贷坏账的风险。

　　文化银行放贷主要采取两种方式（见表 3 - 22）。

表 3-22　文化银行放贷的两种方式

放贷方式	利息方式	贷款额度	资金来源
信贷利息贴息	基准利率	500 万元	南京市文化产业信用保证专项资金
风险补偿方式	7:3	未定	

其中风险补偿方式中的利息 7:3 指的是南京市文化企业产生的实际风险损失，由南京市文化产业信用保证专项资金与所授牌的文化银行以 7:3 的比例进行分摊。同时市级和区级财政部门也按一定比例分摊一部分损失。

6. 文化小贷公司的运行定位和金融服务券设置

南京市文化产业中存在诸多中小型的文化企业，这些企业或没有信贷资质或质押不足，无法在所授牌的文化银行获得贷款，因此江苏省金融办批准成立了南京市金陵文化科技小额贷款有限公司。这个公司 7 成的资金是面对文化产业发放的，但由于坏账的风险较高，公司贷款的利率高于所授牌的文化银行贷款利率。这个全省首家以文化产业和高新科技产业为主要服务对象的融资公司，解决了中小型企业贷款难的问题，是一次非常有益的尝试。

为了进一步促进南京市文化金融的发展，南京市政府多部门合作，推出了小微文化企业金融服务券（见表 3-23）。

小微文化企业金融服务券的贴息是有限额的（见表 3-24）。

对于小微文化企业金融服务券贴息的具体数额也是有相关规定的（见表 3-25）。

表 3-23　南京市小微文化企业金融服务券细则

发放对象	申领条件	服务券兑现
《关于大力支持小微文化发展的实施意见》中所提到的行业	合法经营并有良好的发展潜力	出具至少一期的还贷凭证
《中小企业划型标准规定》中的小微企业	进入南京市文化企业资源库	按照总额控制原则，按时间顺序进行兑付
南京市"321"文化创业人才创办的小微文化企业优先	—	—

表 3 – 24　小微文化企业金融服务券的贴息限额

利率	限额
高于挂牌利率	≤2 个百分点，全额补贴超出利率
	>2 个百分点，按贷款总额的 2% 乘以还贷期限予以补贴
等于或低于挂牌利率	不予以补贴

表 3 – 25　小微文化企业金融服务券贴息的具体数额

贷款额度上限	贴息
文化银行贷款额度上限为 300 万元	贴息不超过 6 万元
文化小贷公司贷款额度上限为 150 万元	贴息不超过 3 万元

对于恶意骗取贴息，非法获利的文化企业，将依法追回所骗资金，并视情节轻重追究法人的法律责任。将有此行为的文化企业列入南京市"黑名单"，在往后的发展中不再予以政策和资金扶持。

（三）江苏苏州文化金融经验：风险补偿资金撬动信贷资本大投入

1. 出台《苏州市金融支持文化产业发展的实施意见》[①]

为贯彻落实中宣部、中国人民银行、财政部、文化部、国家广电总局、国家新闻出版总署、中国银监会、中国证监会和中国保监会九部门发布的《关于金融支持文化产业振兴和发展繁荣的指导意见》，充分发挥金融在支持文化产业发展中的重要作用，推进苏州文化产业进一步发展，苏州市结合实际制定了《苏州市金融支持文化产业发展的实施意见》（见表 3 – 26）。

[①]　《苏州市金融支持文化产业发展的实施意见》(苏办发〔2010〕104 号)。

表 3 - 26 苏州市金融支持文化产业发展的实施意见

关键词	具体内容
对接	金融业与文化产业有效对接
政府投入	建设苏州市文化产业发展资金
政策导向	加大对符合产业政策导向的企业的引导
重点文企	加强对重点文化企业的信贷支持
重点项目	加强对重点项目和园区(基地)的信贷支持
中小文企	加强对中小文化企业的信贷支持

2. 出台《苏州市文化产业发展资金管理办法》[①]

结合苏州市实际,制定《苏州市文化产业发展资金管理办法》,并成立了苏州市文化产业发展资金(见表 3 - 27)。

表 3 - 27 苏州市文化产业发展资金概况

资金组成	资金作用	资金管理
苏州市文化产业发展专项扶持资金 苏州市文化产业担保基金 苏州市文化产业投资基金	促进苏州市文化产业跨越式发展	苏州市文广新局 苏州市财政局

在资金运作方面,文化产业发展领导小组需要根据《苏州市文化产业投资指导目录》中所提的资金使用方向和重点支持方向,完成年度项目申报指导,作为文化企业申请文化发展资金的依据。为了更有针对性地使用文化产业发展资金,这三类资金构成各有侧重(见图 3 - 9)。

3.《苏州市文化创意产业投资引导基金管理办法(试行)》[②]与产业投资引导基金共同作用

根据《关于金融支持文化产业振兴和发展繁荣的指导意见》《财政部关于印发〈政府投资基金暂行管理办法〉的通知》《苏州市人民政府关于印发〈苏州市文化产业发展资金管理办法〉的通知》等文件精神和有关规定,设

---

① 《苏州市文化产业发展资金管理办法》(苏府办〔2010〕268号)。

② 《苏州市文化创意产业投资引导基金管理办法(试行)》(苏文规字〔2016〕8号)。

苏州市文化产业 发展专项扶持资金	苏州市文化产业担保基金	苏州市文化产业投资基金
· 奖励与上级专项扶持 资金配套使用的方式 · 重点扶持创意设计、 文化旅游、动漫游戏 和会展节庆等产业	· 充分发挥财政资金的 杠杆作用，放大资金 倍数 · 通过担保公司取得银 行贷款的文化企业， 为其支付实际担保费 用30%，不超过100万 元的补贴	· 按市场化方式独立运 作 · 单个项目投资不超过 基金注册资本的20%

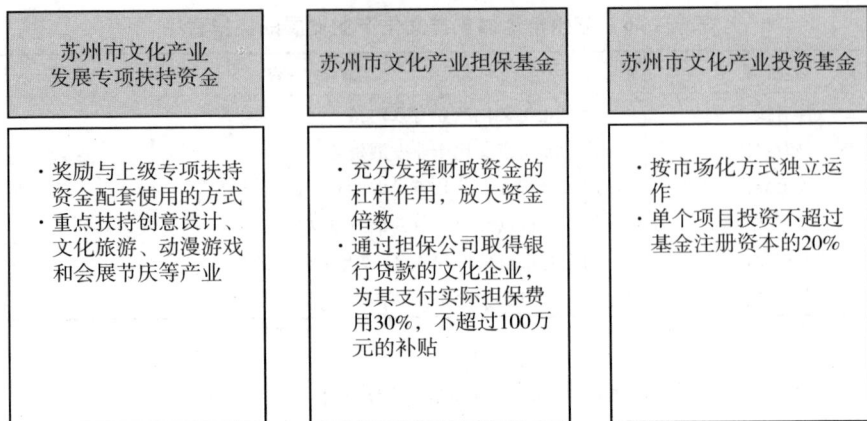

图3-9 苏州市文化产业发展资金构成及其特点

立苏州市文创产业投资引导基金（以下简称"引导基金"），并制定《苏州市文化创意产业投资引导基金管理办法（试行)》（见图3-10）。

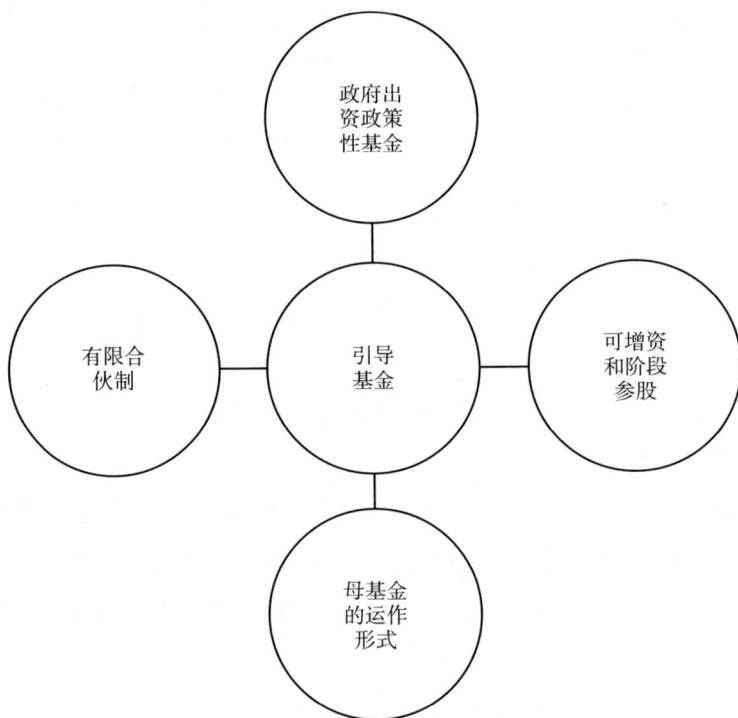

图3-10 苏州市文创产业投资引导基金说明

苏州市文创产业投资引导基金由苏州市文广新局和苏州市财政局共同监管，同时政府也承担与出资额相同的责任。在运作方式上，母基金通过投资文化产业的创业投资企业，并引导其进行投资（子基金），在权利与责任上也遵照出资比例享受相同的权利，承担相应的责任。

4. 出台《"文贷通"苏州市文化产业企业贷款担保基金实施细则》①

为贯彻落实《苏州市文化产业担保基金管理办法》文件精神，特制定《"文贷通"苏州市文化产业企业贷款担保基金实施细则》。

"文贷通"是为文化企业提供银行贷款的一种形式（见表 3 – 28）。

表 3 – 28 苏州市"文贷通"

申请程序	担保基金来源	风险体系
①担保公司进行担保 ②交由主管部门与文广新局审核 ③银行向符合条件的文化企业发放贷款	苏州市文化产业发展基金 担保公司认缴资金 文化企业出资 其他企业出资 担保公司在银行的存款收益	业务中产生的不良贷款先由担保公司实行全额代偿，最后经双方确认的代偿损失由担保公司和担保发展基金按 1:1 的比例分摊

5. 设立风险补偿专项资金作为信用保障资金并配以相关政策（《苏州市文化产业中小企业信贷补偿专项资金实施办法》）保障其正常运行

苏州市设立的风险补偿专项资金是一个专门针对中小文化企业的贷款项目，并为文化企业在贷款时产生的损失进行相应的补偿，为文化企业承担一部分责任（见表 3 – 29）。

表 3 – 29 苏州市风险补偿专项资金概况

运营	文广新局与财政局职责
文化产业金融服务中心负责运行	定期向相关部门报告风险补偿专项资金实施情况
专款专用、专户管理	建立风险补偿专项资金评审机制
根据苏州市文化产业企业名录库规定使用重点	按规定拨款并负责风险补偿专项资金的监管和考核等

---

① 《"文贷通"苏州市文化产业企业贷款担保基金实施细则》(苏文规字〔2014〕5号)。

6. 出台《苏州市文化产业中小企业信贷风险补偿专项资金操作细则》[1]，辅助风险补偿金的实施

为了更好地使用风险补偿专项资金，苏州市出台了《苏州市文化产业中小企业信贷风险补偿专项资金操作细则》，辅助风险补偿金的实施。

为进一步发挥风险补偿专项资金的放大效应和导向作用，积极鼓励金融机构加大对苏州市文化产业中小企业（以下简称"文化企业"）贷款的支持力度，风险补偿金在促进苏州市中小文化企业贷款、缓解中小文化企业融资压力等方面有重大作用。同时为了在申请贷款过程中方便文化企业，特选取了金融机构作为合作机构为文化企业提供贷款便利。合作金融机构专为文化企业提供贷款服务，简化了贷款的审批流程，按相关规定降低了贷款门槛。在为文化企业提供贷款的时候除了贷款利息之外不再额外收取费用。针对中小文化企业贷款的风险，由风险补偿金和合作金融机构共同承担。

（四）美日英文化金融合作经验：体系化与社会化的金融支持

除了国内几个文化产业发展良好的城市为四川文化金融发展提供经验外，国外几个文化金融产业发展良好的国家的经验也值得借鉴，如美国多层次多元化合作模式、日本创新知识产权质押融资、英国完善的政策引导和中介服务（见表3-30）。

表3-30　美、日、英三国文化金融发展借鉴

美国多层次多元化合作模式	日本创新知识产权质押融资	英国完善的政策引导和中介服务
①国家艺术基金会向非营利性文化产业提供资金	①政府加大对文化产业的财政投入	①地方、中央及欧盟联合拨款支持文化产业发展
②商业银行为大中型文化企业提供信贷支持	②建立私募资金吸引民间资本投资文化产业	②给予中小文化企业资金和减税支持

[1] 《苏州市文化产业中小企业信贷风险补偿专项资金操作细则》（苏文规〔2014〕3号）。

续表

美国多层次多元化合作模式	日本创新知识产权质押融资	英国完善的政策引导和中介服务
③非营利性中介组织为小型文化企业和个人融资提供估值方面的服务	③将知识产权及技术一并质押,方便中小型文化企业融资	③文化企业获得外部支持,则政府以1∶1的比例给予配套资助
④大量私募基金参与文化产业投资	④调整税收,以低息贷款的方式发展文化产业	④鼓励资本市场对文化企业的直接融资
⑤锁定文化资产的预期收益,发行相关债券	⑤鼓励所有金融机构为文化企业提供知识产权质押信贷服务	⑤完善融资服务和信息支持,由政府牵头制定相关手册,指导文化金融发展

五　四川文化金融创新发展的政策建议

文化金融创新是文化创新发展的关键动力。选择城市以创建文化金融试验区为契机,以制度和政策创新为突破口,以产业基金、担保基金、风险补偿资金等为抓手,大力撬动社会资本进入文化创意产业领域,依托文化金融服务中心,搭建文化金融公共服务平台,构建文化金融合作的支撑体系,引领金融产品创新和金融服务能力提升,扶持中小文化企业发展,做大做强文创重点企业,促进文化创意产业快速发展,带动文化创意产业与商业、旅游业的融合发展(见表3-31)。

表 3-31　四川文化金融创新发展的政策建议

建议举措	关键词	具体内容
出台文化金融合作体系建议	文化金融合作	建立文化金融领导小组 设立文化产业发展专项资金 设立文化创意产业投资引导资金 针对中小微文化企业进行信贷贴息 鼓励大中型文化企业上市、挂牌 建立文化金融服务中心 完善文化企业数据库 完善文化企业信贷机制 建立科学的文化金融机构考核机制

续表

建议举措	关键词	具体内容
出台文化创意产业专项资金管理办法	规范资金使用	明确文化创意产业专项资金使用 构建现代文化创意产业体系 扶持中小微文化企业做大做强 打造骨干文化企业和文化航母
出台文化创意产业投资引导基金管理办法	规范基金使用	以纯市场化方式运作这一政策性基金 采用子母基金的形式进行运作 以股权投资的方式与创业投资机构合作
出台文化创意产业专项资金企业项目征集评审管理办法	规范资金管理	对通过申报审核的文化项目予以支持 对文化创意产业加大扶持力度 专款专用，禁止擅用此资金
出台文化创意产业贷款贴息的实施细则	规范贷款贴息	贴息仅用于文化企业在贷款时的利息 规定贴息的上限及申请贴息的条件 禁止非法套利、骗取贴息等违法行为
出台文化创意产业专项资金项目的贴保、贴租实施细则	完善贴保、贴租	贴保与贴租都需满足相关机构注册地在本地的条件且超过20%的业务与文化产业相关 禁止非法套利和骗取贴保、贴租等行为

中小微文化企业与大型文化企业相比，有不同的金融需求，因此针对中小微文化企业，应制定适合中小微文化信贷需求的相关政策，包括出台中小微文化企业信贷风险补偿专项资金实施办法等（见表3-32）。

表3-32　四川中小微文化企业文化金融创新发展政策建议

建议举措	关键词	具体内容
出台中小微文化企业融资信息管理办法	信息支撑	通过平台化和机制化建设公开并规范中小微文化企业的融资信息 加强完善银行征信体系防范中小微文化企业信贷风险
出台中小微文化企业信贷风险补偿专项资金实施办法	保障资金安全	以信用保障资金作为风险补偿资金,推动金融产业对中小微文化企业的贷款支持 建立文化产业企业名录库 完善对金融机构的评审机制,配合做好绩效考核工作 设立风险补偿专项资金监管部门,监督风险补偿金使用情况

建议举措	关键词	具体内容
出台中小微文化企业筹备上市管理办法	借力融资	建立挂牌上市后备企业名录,对此类企业进行分类指导并提供针对性服务 对重点中小微文化企业简化银行贷款流程 明确优惠政策,在中小微文化企业发展的不同阶段给予相应的融资优惠
出台文化创意产业中小微企业信贷风险补偿专项资金实施办法	规范风险补偿专项资金使用	建立文化金融服务中心,并负责专项资金的评估和审核工作 风险补偿专项资金由文化金融服务中心具体负责运行,专款专用,专户管理 信贷风险由风险补偿资金与合作金融机构共同承担,信贷风险补偿最高额度以合作协议确定存入合作金融机构专户中相应风险补偿资金为限

除了上述措施,为了更好地推动文化产业及文化创意产业的发展,还应出台文化创意产业孵化器、文化企业及示范项目的奖励实施细则。

文化创意产业孵化器、文化企业及示范项目奖励资金来源为文化创意产业专项资金。为规范文化创意产业发展专项资金在创业孵化器、文化企业及示范项目的奖励使用,制定文化创意产业专项资金企业项目征集评审管理办法,制定文化创意产业孵化器、文化企业及示范项目的奖励实施细则。

文化创意产业孵化器在申报文化创意产业专项资金奖励支持时,已经建成并正式运营一年以上,在孵企业不低于30家,且至少有3家(含)以上成功孵化案例。已经获得相关主管部门资质认定的国家或省市级大学科技园、科技企业孵化器和创客空间新型孵化器,其在孵文创企业比例不低于在孵企业总数的60%。

文化企业在申报文化创意产业专项资金奖励支持时,奖励的对象限定于注册地和主要工作地在本地的上市、挂牌和并购的文化企业,奖励额度从40万元到100万元不等。实施细则中所称的境内上市是指在沪市、深市的主板、中小板和创业板等公开上市;所称的境外上市是指在港交所、纽交所、纳斯达克及其他国家或地区的交易所公开上市；所称的挂牌是指在全国中小企业股份转让系统（新三板）挂牌；所称的并购是指纳入中国证监会相关部门管理，或通过本地文化产权交易中心实施的兼并收购。

项目奖励是指对已完成并取得良好社会效益和经济效益的文化创意产业项目进行资金奖励。申报项目应在申报时已全部完工，在开发新型文化资源、培育文化品牌、扩大文化市场规模、推动文化创新、促进创意产业园区升级发展和文化"走出去"等方面具有示范带动性。[①] 资金支持总体原则：项目支持额度原则上不超过项目核定总投资的 30%，且不超过申报单位的申请额度。其中，申报项目核定总投资高于 1000 万元的支持金额最高不超过 100 万元；申报项目核定总投资不高于 1000 万元的支持金额最高不超过 50 万元。

参考文献

《北京市文化创意产业创业投资引导资金管理暂行办法》（京文创办发〔2009〕7 号）。

《北京市文化创意产业担保资金管理办法（试行）》（京文创发〔2009〕3 号）。

《北京市文化创意产业发展专项资金企业项目征集评审管理办法（试行）》（京文资发〔2016〕1 号）。

《北京市文化创意产业发展专项资金项目奖励实施细则（试行）》（京文资发〔2016〕3 号）。

《北京市文化创意产业发展专项资金项目贴租实施细则（试行）》（京文资发〔2016〕5 号）。

曹光哲：《金融支持文化产业发展的"组合拳"》，《广西日报》2010 年 5 月 3 日。

陈琛：《文化金融的发展现状及前海对策》，《前海金融城邮报》2017 年 7 月 12 日。

陈劼：《厦台发展文化创意产业的政策支持比较研究》，《台湾研究集刊》2015 年第 3 期。

[①] 《北京市文化创意产业发展专项资金企业项目征集评审管理办法（试行）》（京文资发〔2016〕1 号）。

《关于金融支持首都文化创意产业发展的指导意见》（银管发〔2009〕144号）。

《关于金融支持文化产业振兴和发展繁荣的指导意见》（银发〔2010〕94号）。

《关于金融支持文化产业振兴和发展繁荣的指导意见》，《内蒙古金融研究》2012年第5期。

《关于深入推进文化金融合作的意见》（文产发〔2014〕14号）。

《关于推进文化创意和设计服务与相关产业融合发展的若干意见》（国发〔2014〕10号）。

胡鞍钢：《文化建设"十三五"前瞻——推动文化大发展大繁荣，建设社会主义文化强国》，《人民论坛·学术前沿》2015年第1期。

姜延容：《文化与金融的融合之路》，《经济》2017年第7期。

李满春：《文化创意产业发展的战略、策略和路径》，《沈阳工业大学学报》（社会科学版）2016年第4期。

刘晶晶：《我国小微企业的融资环境问题及对策研究》，吉林大学硕士学位论文，2012。

四川省人民政府网站，2016年1月1日，http：//www. sc. gov. cn/10462/10464/10797/2016/1/1/10363892. shtml。

《四川省文化厅　中国人民银行成都分行　四川省财政厅关于落实〈文化部　中国人民银行　财政部关于深入推进文化金融合作的意见〉的实施意见》（川文发〔2014〕29号）。

《苏州市金融支持文化产业发展的实施意见》（苏办发〔2010〕104号）。

《苏州市文化产业发展资金管理办法》（苏府办〔2010〕268号）。

《苏州市文化产业中小企业信贷风险补偿专项资金操作细则》（苏文规〔2014〕3号）。

《苏州市文化创意产业投资引导基金管理办法（试行）》（苏文规字〔2016〕8号）。

王帅：《文化产业金融支持体系现状与对策研究——以山东省为例》，山东大学硕士学位论文，2013。

《"文贷通"苏州市文化产业企业贷款担保基金实施细则》（苏文规字〔2014〕5号）。

西沐：《文化金融：文化产业新的发展架构与视野》，《北京联合大学学报》（人文社科版）2014年第1期。

徐海峰：《提升文化产业核心竞争力的思路——以辽宁为例》，《党政干部学刊》2012年第1期。

中国工程科技发展战略研究院：《中国数字创意产业发展的现状、机遇与挑战》，《中国科技》2017年第4期。

朱超棣：《保险护航　文化远扬——发展文化产业保险的若干思考》，《文化月刊》2015年第13期。

第四章
文化消费

一 厘清文化消费

（一）文化消费的概念及内涵

"文化"与"消费"本是两个具有独立含义的词。"文化"是一个涵盖内容和意义十分广泛的概念，因此难以给其准确定义，但总的来说，文化是相对于政治、经济而言的人类全部精神活动及其产品。"消费"对应"生产"，是指社会产品满足人们各种需要的过程。"文化"与"消费"如何能联系在一起？我们可以对其进行简单理解：当文化或文化产品成为一种商品时，在具有一定运行规律的市场上进行生产和销售，消费者交换这些商品满足了需求。一方面，文化消费可以理解为消费的一种类型，相对于一般的物质消费而言；另一方面，文化消费是文化的社会调节功能。

关于文化消费，学者们大都赞同如下定义：文化消费是利用文化产品或服务来满足人们精神需求的一种消费。[①] 也有一种阐释更为详尽的定义，认为文化消费主要体现为在一定社会人文环境、政治上层建筑和经济基础的支撑下，人们基于自身信仰和意识形态而形成的对精神产品的习惯性消费。这个定义能让我们跳出现有的社会、政治、经济等形态，去理解文化消费的含义。首先，文化消费作为一种消费，原动力是人们需要，正如马

---

① 薛华：《我国文化消费的非均衡性及其发展路径》，《文化产业研究》2014 年第 2 期。

斯洛需求层次理论所展示的，人类最基本的需要是生理需求，如温饱等需求，其次才是对社会环境的需要，对实现自我价值的精神层面的需要。因此，文化消费的需求具有人类需求的层次性。其次，在市场经济社会，文化资本、社会资本、经济资本决定了文化消费情况，同时也影响文化消费本身的形态和内容，甚至产生新的文化消费内涵。因此，文化消费随着社会变迁以及人的发展而变化。但无可否认，在有劳动生产的社会形态中，就可能存在文化消费，只是每个时代文化的内容和表现形式不同，人们对文化消费的期待和认同会随着社会政治、经济、文化等的变化而变化。

学者对文化消费进行了广义和狭义的区分。广义的文化消费是指能满足人的精神需要的文化产品和服务的消费，包含了许多内容，譬如教育消费、体育消费中文化方面的消费甚至也属于文化消费；而狭义的文化消费则是指单纯的文化产品的消费。[①] 由于文化消费不同于一般物品的消费，更多包含"看不见，摸不着"的精神层面消费，因而在对其进行测定和认识时，只能通过狭义的文化消费如具体的图书、影像、动漫游戏等文化产品及服务的消费进行测量和认识，区分广义、狭义文化消费能帮助我们在分析文化消费的具体问题时，有更为清晰的认识。

随着改革开放的进行，我国居民收入情况和消费支出结构发生了变化。1979～1984年，以消费经济学创始人尹世杰为代表的学者，对中国消费经济领域进行了大量研究，这个过程不可避免地涉及精神文化消费的问题，在1985年的全国消费经济研讨会上，文化消费（cultural consumption）一词被正式提出，并作为一项重大的国家课题。[②] 在我国，较早进入文化消费领域进行研究的学科就是经济学，主要关注文化消费行为和需求问题。

社会学则主要关注文化消费背后的文化和阶级差异问题。西方学者从社

---

① 薛华：《我国文化消费的非均衡性及其发展路径》，《文化产业研究》2014年第2期。
② 司金銮：《我国文化消费与消费文化研究之概观》，《兰州大学学报》2001年第6期。

会学领域关注文化消费相关的问题成果较为丰富。西方国家的崛起，社会生产力水平大幅度提升，人们的文化消费需求越来越大，引起了学者的关注。社会学家通过定性和定量分析，研究文化消费的环境影响因素等。其中，鲍德里亚作为消费社会研究的集大成者，关注到了消费社会的符号消费。布尔迪厄则为文化消费的产生寻找根源，他认为，社会差异化进程产生了文化消费，并以此分析了当代资本主义社会的文化消费，将资本分为经济资本、文化资本和社会资本。布尔迪厄所揭示的阶级惯习与人们在消费实践中表现出来的品位之间的关系，对中国目前正在经历的社会阶层结构分化状况还是具有启示意义的。[①]

总的来说，文化消费属于典型的跨学科议题，涉及政治学、社会学、经济学等，其研究也应该是综合性的。同时我们也意识到，文化消费的形态和内容会随着科学技术等的发展而变化，呈现出形态多样、内容丰富的发展趋势。另外，我们在研究文化消费理论时，既要借鉴西方理论成果，也要结合中国自身的社会发展特点。

（二）"文化消费"与"消费文化"

当我们搜索关于文化消费的文献时，会出现与文化消费相近的词——消费文化。那么，文化消费和消费文化有没有区别？有什么区别？我们对二者进行了学理上的简要辨析。从字面上看，消费文化可理解为一种特定的文化形态，如同亚文化、大众文化一样，消费文化是由消费这种现象形成的文化形态。在前面我们介绍了文化消费的概念，其内涵强调文化消费是精神文化层面的消费，而消费文化虽然可以理解为一种特定的文化形态，但它包含了精神文化的消费和物质文化的消费。[②] 因此，二者指向不同，但彼此交叉。

[①] 李辉：《论西方文化消费理论研究的范式与主题》，《山东师范大学学报》（人文社会科学版）2018 年第 3 期。

[②] 秦开凤：《宋代文化消费研究》，陕西师范大学博士学位论文，2009。

尹世杰认为，消费文化"是消费领域中人们创造的物质财富和精神财富的总和，是人们消费方面创造性的表现，是人们各种合理消费实践活动的升华和结晶。消费文化包括优美的自然环境、人文环境，人们精心创造的实物生活资料和精神文化产品，以及富有创造性的有利于人的身心健康的消费行为"。① 尹世杰对消费文化的阐述，强调消费所发挥的社会创造性功能，并且是一种在社会发展中处于理想状态的消费文化。事实上，消费本身涉及对资源的消耗，西方学者在研究文化消费时，从环境生态学的角度出发，认为过度消费导致资源枯竭，环境破坏，发展难以持续，主张人与自然和谐共处，提出适度消费，可持续性消费，对生态环境负责任的消费理念。他们认为文化消费是一种能源消耗低、环境影响微弱、可持续性强的消费，并且能够满足人的精神需求。② 从这个意义上说，消费这种文化被带到文化消费上，才可能更加积极健康地发展。此外，王宁认为："所谓消费文化，就是伴随消费活动而来的，表达某种意义或传承某种价值系统的符号系统。"③ 我国关于文化发展的理念，以文化自信和文化传承作为宗旨，这里我们要提一下西方马克思主义的法兰克福学派关于文化消费的观点，西方马克思主义者坚持了马克思主义批判的立场和方法，重点关注在消费社会条件下，资本主义如何让异化超越生产领域，进入消费领域，借助于文化消费来施展权力，控制文化消费者，让消费者异化，变成了被动的、单向度的人。④ 当然，消费者的被动性如何应另外考察，但这些学者为我们发展和研究文化消费提供了一些经验和思考。通过以上辨析，我们能从更深层次上理解文化消费及相关内容的含义，从学理上认识文化消费的内涵和外延。

---

① 尹世杰：《加强对消费文化的研究》，《光明日报》1995 年 4 月 30 日。
② 李辉：《论西方文化消费理论研究的范式与主题》，《山东师范大学学报》（人文社会科学版）2018 年第 3 期。
③ 王宁：《消费社会学——一个分析的视角》，社会科学文献出版社，2001。
④ 李辉：《论西方文化消费理论研究的范式与主题》，《山东师范大学学报》（人文社会科学版）2018 年第 3 期。

（三）文化消费的特点与功能

1. 文化消费的特点

据学者们总结，文化消费具有以下特点。一是文化消费与经济发展具有相关性。文化消费在某种程度上以经济发展程度为前提，同时，文化消费也可以促进社会经济的发展。四川虽拥有丰富的文化资源，但文化消费总量仍然很低，"一高一低"正好说明四川文化产业发展空间巨大，通过相应的文化产业发展促进地区文化消费，从而促进经济发展。二是文化消费的需求弹性系数大。经济学家认为，人们对商品的需求随着拥有量的增加而递减，如果这种递减非常缓慢，人们对这种商品的需求就大，在价格下降时，就会大量购买。需求弹性规律能够为我们制定文化消费方案提供参考，通过了解消费者的需求，提供文化产品及服务。三是文化消费具有一定的"模糊性"，表现为"提供"和"享受"不可分，"继承"和"创造"不可分。这种所谓的模糊性也是由于文化属于人类特有的精神与物质创造结合的产物，"创造"和"再创造"又能在文化生产、消费的链条中不断产生。四是文化消费具有层次性。这一特点突出文化消费的差异化，说明人的惯习、继承、价值观、审美、社会环境、宗教信仰都会影响人的文化消费。这一特点的根源可以追溯到布尔迪厄关于社会差异化的论述。同时，在构建文化消费体系指标时，可参考文化消费的内在特征和逻辑进行指标体系构建。五是可根据投入文化消费的时间了解地区文化消费水平。需要说明的是，文化消费时间长度可以帮助我们了解地区文化消费的水平，如有时间但无文化消费，或者效率不高，无时间但期待文化消费。

2. 文化消费的社会功能

首先，文化消费突出的社会功能是给人启蒙或使人获得教育，从而获得更多文化资本；其次，文化消费能够帮助人们获得不同层面的社交需求，满足人的更丰富的社会需求，从而获得社会资本；再次，文化消费可以促进人的身心发展，通过适当文化消费获得享受、益智及个性化发展；最后，文化消费还能扩展消费市场，即在文化消费特点中提到的促进经济发展（见表4-1）。

表 4 – 1 文化消费的特点及社会功能

文化消费的特点	文化消费的社会功能
以经济为基础	启蒙或获得教育
需求弹性大	社交
价值边界模糊	享受、益智、个性化发展
消费层次差异化	扩展消费市场

二 四川文化资源及开发现状

（一）文化类别

文化类别的划分可依据不同的层次、不同的维度。如按照时间维度，可分为传统文化和现代文化；按照社会阶层维度，可分为大众文化和精英文化。当然，划分没有绝对的标准。

不同的文化类别决定文化消费所产生的功能不同。如，流行文化是大众文化的代表，它会给人带来及时的精神体验，但随着时间的流逝很快就会消失，而诸如书籍这类文化产品，能带给人更为长久的精神体验，甚至内化为文化资本或外化为新的社会文化资源，因此，不同的社会文化生产，决定了不同的文化消费内容，也决定了不同的文化社会功能。

我国文化消费存在文化资源与文化产业发展不对等的问题。我国有五千多年文明史，全国各地遗留着丰富的文化资源，四川省的历史文化资源也极其丰富，但文化消费仍然表现出形式、内容单薄的特点。四川省是藏羌彝文化聚集地，民族文化丰富多彩，仅国家级非遗名录就达 139 项，就民间文学来说，拥有大量经典的神话、史诗，这些神话史诗内容精彩，内涵丰富，却没能得到很好的开发利用。而在 1998 年上映的美国迪士尼动画片《花木兰》，便改编自我国众人皆知的民间传说，其电影的二次创作受到人们的喜爱。因此，如何将本土优秀的文化资源有效保护开发，成为新的社会生产动力，让优秀文化得以传承，让社会受益，成为当下文化产业研究的重要议题。①

（二）文化资源类别

文化资源既泛指一切与文化活动有关的生产和生活，又指具体的人们能够直接或间接接触并产生关联的具有精神文化的内容。文化资源以具体的精神实体为对象，为文化产业在产品的培育和扶植上提供"原生点"。② 四川文化资源是发展四川文化事业、文化产业的重要动力，其特点是丰富多元、特色鲜明，是中华文化的重要组成部分，有效保护和开发四川文化资源，以丰富人们的精神物质生活，促进社会和谐发展，是中国"文化自信、文化传承"精神内核的深刻体现。我们根据四川现有的本土文化资源，进行了以下分类。

1. 历史文化资源

从夏商时代的神权文明，到西周至春秋战国的礼乐文明，巴蜀之地是文明的热土。秦统一巴蜀后，巴蜀文化逐步转型为秦汉文化的一支重要地域亚文化。在历史发展的进程中，巴蜀人无不参与，无不创造。从汉魏时期成为道教的发源地，到隋唐五代成为文学繁荣之地，佛教也在这里取得了令人瞩目的成就。经济文化高度繁荣的宋代，全世界最早的纸币"交子"就诞生在四川。巴蜀科技先进，都江堰水利工程闻名于世，种植技术、盐井技术、青铜冶炼技术发达，天文学、数学、医学等成就巨大。③

2. 巴蜀特色文化资源

四川作为巴蜀文化的主要地区，区域文化自成体系，并且呈现鲜明特色。四川语言文化、戏曲文化、茶文化、酒文化、饮食文化、织锦文化、盐文化等都具有浓郁的地方风格，四川方言、川剧、川茶、川酒、川菜、川药及蜀绣、蜀锦等文化品牌都带有强烈的地方特色。其中，川菜系中国八大菜系之一，五

① 谢梅、王世龙：《文博资源转化与利用——以四川省为例》，科学出版社，2018。
② 谢梅、王世龙：《文博资源转化与利用——以四川省为例》，科学出版社，2018。
③ 四川省人民政府办公厅：《四川年鉴》，四川年鉴社，2016。

粮液等川酒为国宴珍品，竹叶青、蒙顶茶、峨眉毛峰等名茶享誉全国。[①]

3. 民族风情的藏羌彝文化

四川是全国最大的彝族聚居区，第二大藏族聚居区，唯一的藏羌自治州和唯一的羌族自治县所在地，民族文化以藏、羌、彝、汉为主体。同时，四川地理位置特殊，西处青藏高原东部，连接藏文化，只要跨出盆地，便与楚文化、秦陇文化、滇文化、夜郎文化、藏彝文化区域路途相接，促成了与四方经济文化的交流渗透，成为藏羌彝文化走廊的核心地带。

4. 红色革命文化资源

红色文化是指中国共产党领导中国各族人民在革命斗争中所形成的伟大革命精神及其载体[②]，红色文化资源包含红色物质文化、红色精神文化、红色制度文化、红色行为文化等。[③] 关于四川红色文化资源开发的研究成果丰硕，马丽指出四川红色文化资源主要有三个板块：一是以红军长征为主线的历史记忆与文化圣地，二是众多革命前辈的故里及他们的丰功伟绩与崇高精神，三是作为苏区的川陕革命老区。[④] 四川红色文化资源主要分布在川东地区和川西地区，红色文化覆盖四川省80%的市（州）。

5. 其他文化资源

其他文化资源包括以汶川地震及重建为代表的重建文化资源。在重建中形成的精神内核，带给人们独一无二的精神体验，围绕专题展览、纪念展开的精神文化活动，意义不仅在于凝聚人心，促进经济发展，更在于传递一种坚强不屈、团结互助的精神。

以上分类并不完全独立，而是相互交叉渗透，比如红色文化常和自然风光、民俗文化相互交融，在开发利用这些文化资源时，应做到综合考虑。

---

① 四川省人民政府办公厅：《四川年鉴》，四川年鉴社，2016。

② 冉燕：《红色旅游的理论及实践研究——以四川红色旅游开发为例》，四川大学硕士学位论文，2005。

③ 马丽：《红色文化资源对增强中国近现代史纲要课程吸引力的意义与路径——以四川地区红色文化资源为例》，《教书育人》（高教论坛）2015年第27期。

④ 马丽：《红色文化资源对增强中国近现代史纲要课程吸引力的意义与路径——以四川地区红色文化资源为例》，《教书育人》（高教论坛）2015年第27期。

（三）文化资源保护开发的政策支持

四川有良好的文化基础，国家高度重视并相继出台有关政策。如"十二五"时期文化部、财政部联合出台了我国首个区域文化产业专项规划《藏羌彝文化产业走廊总体规划》，规划在规划引导、资金扶持、项目建设、展示推介、人才培养等方面不断加大支持力度，鼓励和支持各地实施一批文化资源有效保护与产业转化项目，培育特色文化产品和品牌，在促进文化产业与民族文化传承保护、生态、旅游等融合发展方面发挥了积极作用。[①] 之后，四川省又发布了首个藏羌彝文化产业走廊行动计划——《藏羌彝文化产业走廊四川行动计划（2018—2020年)》，行动计划提出未来3年将重点实施文化旅游融合工程、文化创意精品工程、市场主体壮大工程、市场要素优化工程、文化品牌传播工程。[②] 随着相关政策的出台，四川文化产业发展将得到强有力的支持和保障，四川文化资源将得到全面、充分、合理的开发利用。

（四）文化资源利用状况及开发主体

1. 文化资源状况

古蜀文明延续积淀而形成丰厚的文化资源，构成了四川文化资源。根据《四川年鉴》2017卷的数据[③]，四川拥有世界遗产5处，分别是世界自然与文化双遗产——峨眉山、乐山大佛，世界文化遗产——都江堰青城山，世界自然遗产——九寨沟、黄龙；拥有博物馆238个；文物保护管理机构177个；全国重点文物保护单位230处，省级文物保护单位969处，市县级文物保护单位6565处；国家级非物质文化遗产名录139项，省级非物质文化遗产名录522项；中国历史文化名城8座，省级历史文化名城26座。2018年9月，四川省召开建设世界名城大会，提出将成都建设成世界文化名城，省

---

① 苏丹丹：《文化部、财政部发布〈藏羌彝文化产业走廊总体规划〉》，《中国文化报》2014年3月7日。

② 吴梦琳：《我省首个藏羌彝文化产业走廊行动计划发布》，《四川日报》2018年11月2日。

③ 四川省人民政府办公厅：《四川年鉴》，四川年鉴社，2017。

级历史文化名镇 24 座，其他人文景点 200 多个。广汉三星堆和成都金沙遗址出土的大量金器、铜器、玉器和陶器都属文物精品。其中，金沙遗址出土的"太阳神鸟"经国家文物局批准成为"中国文化遗产"标志。[①]

2. 文化资源开发主体

截至 2017 年末，四川省共有文化系统内艺术表演团体 51 个，艺术表演场所 45 个，公共图书馆 204 个，文化馆 207 个，美术馆 40 个，文化站 4578 个。国家级文化产业示范园区 1 个，国家级文化和科技融合示范基地 2 个，国家文化消费试点城市 2 个，国家级动漫游戏基地 1 个，国家级文化产业示范基地 15 个，省级文化产业示范园区 11 个，省级文化产业试验园区 5 个，省级文化产业示范基地 59 个。广播电视方面，共有广播电视台 166 座，中短波发射台和转播台 36 座，广播综合覆盖率 97.4%，电视综合覆盖率 98.5%，有线电视用户 1029 万户。相比往年，新增了许多公共文化设施。公共文化设施对提高消费者文化消费意识，提升消费者文化消费能力起到重要作用。[②]

（五）四川文化消费方式

1. 本土文化产品消费

文化产品消费主要包括博物馆文化产品、纪念品开发、特色小吃、地方特产，传统手工艺品、民族服饰等。有调查发现，目前四川省文化产品开发还处在起步阶段，处于销售同质化阶段，开发意识薄弱。[③] 与之对应的文化消费品在内容形式上也呈现单一特点。

2. 本土文化旅游消费

四川省文化旅游包括博物馆旅游，历史文化名城、名镇、名村旅游等，

① 四川省统计局：《2017 年四川省国民经济和社会发展统计公报》，四川省统计局官网，2018 年 2 月 28 日，http://www.sc.stats.gov.cn/sjfb/tjgb/201802/t20180228_254426.html。

② 四川省统计局：《2017 年四川省国民经济和社会发展统计公报》，四川省统计局官网，2018 年 2 月 28 日，http://www.sc.stats.gov.cn/sjfb/tjgb/201802/t20180228_254426.html。

③ 谢梅、王世龙：《文博资源转化与利用——以四川省为例》，科学出版社，2018，第 22~27 页。

是一种将文物与自然景观、特色旅游结合在一起，并带动餐饮、住宿、产品消费的文化消费方式。

3. 大众文化消费

大众文化消费包括通过广播电视、出版物、互联网等进行的文化产品和服务的消费，也是覆盖面最广的文化消费内容。

三　文化消费评价

（一）文化消费评价体系

文化消费统计的目的是把握文化消费现状和发展趋势，为政府文化产业和文化消费政策的制定提供依据。但由于文化消费不同于其他消费，具有抽象、价值差异特征，很难用一个完整且标准化的指标进行测量。我们尽可能在现有的科学统计指标的基础上对其进行内涵外延的综合分析，搭建指标体系。

一是关于我国消费情况的统计指标的构建。国家统计局 2017 年公布的城乡居民消费支出数据，将消费数据分为八类：食品烟酒、衣着、居住、生活用品及服务、交通通信、教育文化娱乐、医疗保健、其他用品及服务。

二是文化消费指标体系的构建。上述，我们通过对文化消费的概念进行辨析，进一步明确其内涵。本报告中，关于四川省的文化消费多数情况是指狭义上的文化消费，即文化产品或文化服务如文娱、教育、旅游等的消费，这样定义的目的是使研究对象具象化。

韩冲根据国家统计局相关参数，对文化消费支出进行了划分①，我们在此基础上增加了网络相关的文化消费，这是由于近年来信息技术迅猛发展，对文化消费支出结构产生了影响（见表 4 - 2）。

---

① 韩冲：《杭州居民文化消费现状及宏观影响因素分析》，浙江工商大学硕士学位论文，2013。

表 4 - 2　居民文化消费支出及范围

支出分类	文化娱乐用品支出	文化娱乐服务支出	教育支出
指标解释	用于购置家庭文娱耐用消费品和其他文娱用品的支出	与文化服务活动有关的各种服务支出	与"按一定的目的要求,对受教育者的德育、智育、体育、技能等诸方面施以影响的活动"直接相关的支出
支出范围	彩色电视机、手机及配件、家用电脑及配件、摄像机、照相机、乐器及配件、健身器材、书报杂志、纸张文具、其他文娱用品	网费、电话电视费、会员费、团体旅游、自驾游、健身活动、其他文娱活动支出	教材、参考书、教育软件、学杂费、(网络)培训班、其他教育支出

由于文化产业的范围是一个随着社会发展而变化的概念,学者对文化产业的划分一直存在差异,因此,我们对文化消费的范围和划分也只能综合参考学者的观点,但在具体操作中,要根据一个地区的情况适当进行调整。之所以选择表 4 - 2 的划分,是因为该划分从较为中观的层面,为我们构建四川省文化消费支出的测量指标提供了参考价值。

国凤兰、刘庆志运用综合设计法和层次分析法,对文化消费指标体系进行构建。该指标体系分为总指标、一级指标、二级指标、三级指标。其中,总指标设定为文化消费度,一级指标包括文化消费环境、文化消费时间、文化消费水平、文化消费支出、文化消费群体、文化消费品、文化消费服务等,如表 4 - 3 所示。

表 4 - 3　文化消费统计指标

总指标	一级指标	二级指标
文化消费度	文化消费环境	文化产业地位
		经济发展水平
		文化消费法律法规完善度
	文化消费时间	文化消费时间占用
		文化消费时间分配
		文化消费时间利用质量

续表

总指标	一级指标	二级指标
文化消费度	文化消费水平	文化消费质量统计
		文化消费成熟度统计
	文化消费支出	文化消费支出量
		文化消费结构
		文化消费价格变动
	文化消费群体	文化消费群体年龄结构
		文化消费群体职业结构
		文化消费群体学历结构
	文化消费品	文化消费耐用品
		文化消费设施
	文化消费服务	文化消费服务业规模
		文化消费服务设施分布

资料来源：国凤兰、刘庆志：《文化消费统计指标体系的设计》，《统计与决策》2015 年第 8 期，第 36～40 页。

参考以上不同维度的指标，可以合理地对文化消费统计指标体系进行完善，也是研究当下文化消费情况的重要前提，根据地域差异、人口结构差异、经济差异、文化差异等，设计、制定适合当地情况的全面的文化消费指标体系。

（二）四川文化消费概况

目前还没有根据四川状况制定的文化消费指标体系，但根据其他一些指数报告，我们可以从宏观上对四川文化消费状况进行了解。

一是四川文化消费综合指数入围全国前十。从中国人民大学文化产业研究院发布的《2017 中国文化产业系列指数》可以看出，文化消费综合指数中，四川省进入全国前十行列，并且西部省份中，仅四川省 2016 年和 2017 年连续两年进入全国前十。综合指数由生产力指数、影响力指数、驱动力指数构成。其发布的文化消费一级指数中包含消费环境、消费意愿、消费能力、消费水平、消费满意度五个维度。此外，该报告还进行了城乡文化消费对比，性别文化消费综合指数对比，年龄阶段文化消费综合指数对比，学历差异的文化消费综合指数对比，文化产品偏好分析，历年文化消费所占消费支出的比例分析，文化消费成长空间分析等。

二是四川消费环境良好。《四川省 2017 年度消费者满意度指数报告》显示，2017 年四川省消费者消费环境满意度为 80.9%。其中，市场环境满意度、消费创新满意度、市场监管满意度分别为 82.5%、80.9%、79.3%。[①] 四川省消费者消费环境满意度指数高于该省消费者满意度总指数，表明四川的消费环境良好。但与文化消费有关的消费如服务消费满意度排在后三名，说明四川省人民物质生活水平提高的同时精神文化生活的需求还不能同步跟上。

四 文化消费案例

（一）2017 年四川文化消费节：提高文化消费意识

2017 年 1 月 11 日，第七届"四川文化消费节"正式启动，以"特色中国年，文化新体验"为主题，在四川省多地开展文化灯会、大庙会、书画艺术展览、民间音乐交流、社交舞蹈表演、图书大展、国际婚庆、原创音乐、特色艺术品展销、大学生文创大赛、民俗演艺等一系列文化消费活动。[②]

据不完全统计，连续六届参与四川文化消费节的各类商家超过 15000 家，销售额突破 35 亿元，极大地拉动了城乡居民的文化消费，影响也越来越大，该项目还被列入《四川省"十二五"文化改革发展规划》。

2017 年的文化消费节采取"一节多季""一节多地"的运作模式。消费节主会场的"南丝绸之路文化旅游节"在成都城北锦门举办，以新春、南丝绸之路、传统民俗、成都记忆以及国际元素等为主题，融入美食品

---

① 刘忠俊：《2017 年度四川消费者满意度总指数为 80.5》，中国新闻网，2018 年 3 月 15 日，http://www.chinanews.com/m/cj/2018/03-15/8468398.shtml。

② 吴梦琳：《2017 四川文化消费节启动》，《四川日报》2017 年 1 月 12 日。

尝、非遗展演、文艺表演等一系列活动，打造具有浓烈川味的迎春文化旅游节。

自贡市荣县"首届中国荣县佛文化灯会"，也是重要的分会场活动之一，灯会观灯面积达 6 万多平方米。此外，龙泉 321 创意园、东郊记忆、金牛区 436 国家级众创空间、德阳绵竹年画村、攀枝花中国苴却砚博物馆、都江堰离堆公园、达州巴山大剧院、遂宁观音故里等地，都设置了文化消费节会场，举办内容丰富、形式多样的文化活动。

举办文化消费节从宣传教育的方式出发，提升人们的文化消费意识，以引导人们更好地进行文化消费活动。

巴赫金曾这样描述"节日"的存在：消弭了等级阶层的主体之间自由自在、不拘形迹的相互理解、交往和对话。文化的消费是一种身心的放松和舒展，它需要从日常世界里森严的等级和沉重的规约桎梏中解脱出来。在节日里，人人都摘下了为应付生计而不得不戴起的面具，轻松闲适地交流和消遣，得到了精神上的极大满足。因此，四川文化消费节可看作人们在完成了物质层面的生产和消费水平提升后，转而寻求精神上的丰富和愉悦的一种广泛的社交活动。这从一个侧面标志着四川当地实现了经济的繁荣和生产力水平的进步，具有重要的社会意义。

（二）探索"文化消费卡"：政策辅助文化消费发展

当前，市场上已经出现政府主导型模式、行业主导型模式和商业企业主导型模式等多种文化卡。文化卡成为各地推动文化消费的热点和增长点。[①]

广东惠州推出文化消费卡，该卡可用于观看电影、演出或购买书籍、订购报纸等文化消费，财政投入达 600 万元。惠州市文化广电新闻出版局（以下简称"文广新局"）相关负责人在接受北京商报记者采访时表示，每年每张卡由政府补贴充值 200 元，政府和 20 家文化机构及企业签订合作协

---

① 吴梦琳、薛剑：《探索"文化消费卡"推动文化消费》，《四川日报》2017 年 7 月 5 日。

议，消费者使用这张卡可以得到极大的折扣。

以东方文化卡为例，该卡也是国内最早的以文化消费为主题的预付卡。该卡的发行方上海东方汇融文化商务有限公司专门建立了文化消费网站捕娱网，涵盖图书期刊、电影和演出多种文化消费领域。这些预付卡最大的优势在于其涵盖的文化消费领域相对较宽且刷卡方便，是一种相对成熟的文化消费卡。目前在持商业预付卡消费文化项目的顾客中，大部分人获取预付卡的渠道是单位发放或者礼品馈赠。

徐州首张文化消费卡即徐州音乐厅文化卡也开始发售，以年卡的形式，共推出三种卡型，即文化惠民卡、文化亲情卡、文化贵宾卡，价格为 999 ~ 2999 元，持卡可换取徐州音乐厅主办的演出门票，每年每卡可观看不少于 30 场演出。

2017 年，四川省正式印发《关于进一步扩大旅游文化体育健康养老教育培训等领域消费的实施方案》，通过多项举措，围绕旅游、文化、体育、健康、养老、教育培训等重点领域，引导社会资本加大投入力度，通过提升服务品质、增加服务供给，促进服务业发展和经济转型升级，把"幸福产业"培育为经济发展新动能，以"文化消费卡"引导优质文化产品消费。

方案提出探索建立"文化消费卡"，以此推动演出、观展等文化消费。据省文化厅相关负责人介绍，四川省正在进行"文化消费卡"相关政策研究制定工作，探索通过消费卡引导优质文化产品消费模式，建立文化消费长效机制，带动优质文化产业发展。

2016 年，成都、泸州入选首批国家文化消费试点城市。当前，四川省也在研究通过试点城市带动作用，鼓励其他市（州）创新文化消费发展路径。下一步，四川省将推动培育重大文化项目，扩大城乡文化消费，推动文化产业示范区创建，鼓励文化文博单位的文化创意产品开发，打造一批具有创新技术、特色鲜明的文化产品。

持卡消费简单快捷，由政府、行业和企业主导，担当文化消费的推动者，是促进文化消费发展的重要方式和手段，也实现了文化惠民。

（三）成都高票房：演艺娱乐市场潜力巨大

成都电影票房近年来十分火爆，这是市民巨大而旺盛的精神文化需求和市场供应丰富多元的共振，这一点也在演艺娱乐市场得到印证。[①] 成都演艺娱乐市场潜力巨大，2017 年，全国各大院线上映了《二十二》《李雷和韩梅梅》《重返狼群》等多部"成都造"优秀电影作品。纪录电影《二十二》以 1.7 亿元票房问鼎国产纪录片票房纪录，同时也引发社会的强烈关注，并获第十四届全国精神文明建设"五个一工程"特别奖。纪录电影《重返狼群》改编自发生在四川的真人真事，以低成本获得超过 3000 万元的票房，豆瓣评分 8.3 分。青春电影《李雷和韩梅梅》的票房超过 4000 万元。峨影集团等联合出品的影片《十八洞村》票房过亿元，该片用艺术的形式反映脱贫攻坚的故事，在全国获得不俗反响。广受关注和好评的动画电影《十万个冷笑话 2》，其大部分的制作诞生于成都，展现了成都动漫产业的硬实力。

成都人对电影的喜爱还表现为审美上的兼容并包。2017 年 6 月，金砖国家电影节在成都举行，为观众展映了 33 部来自金砖国家的影片，组织了 200 场观影活动。同时，还成功举办了法国、德国、以色列、波兰、新西兰、日本等 9 国电影展映和主题性国际影展活动，展映了《欢迎来北方》《我的婚礼和其他秘密》《动物园长的夫人》《嘉年华》等 70 余部商业、艺术影片，共计 150 余场。

从观众的角度来说，去电影院观影习惯的养成与生活水平提高、消费升级息息相关，更与互联网发展为电影从买票到观看带来的便利有关。阿里影业通过凤凰云智系统帮助峨影集团旗下影城建立起"互联网＋"经营模式，智慧影院"峨影 1958"亮相杭州。2018 年 9 月，成都观众有望在家门口的"峨影 1958"享受智慧影院带来的服务。

成都拥有健康良好的音乐演出市场，演唱会票房仅次于北京、上海，稳

[①] 陈蕙茹：《城市电影票房 成都高居全国前五》，《成都日报》2018 年 8 月 12 日。

居全国前三，成都人有看演唱会以及参与各种户外音乐活动的消费习惯，成都的音乐文化元素丰富有趣。2017 年，多场大型音乐品牌节（会）在成都举行，"乐动蓉城"月末惠民音乐会已成为城市音乐品牌，全年 12 场，巡演 20 场。2017 年 9～12 月，"蓉城之秋"成都国际音乐季全域开花，用音乐奏响天府文化。成都"室外音乐会""2017 天府文化艺术节"来自不同时空的曼妙音乐如春风化雨，浸润着整座城市，惠及全成都市民。草莓音乐节、日落春浪电子音乐节、乐杜鹃音乐节等市场化、产业化音乐节（会）、演唱会，总计在蓉举办 90 余场。音乐（演艺）票房突破 4 亿元，同比增长100%。2017 年，成都还成功举办了首届成都国际音乐（演艺）设施设备博览会，成交金额超过 50 亿元，现场签约音乐产业项目 10 个，签约金额突破270 亿元，比上一年增加 120 亿元。

衡量一个城市文化艺术繁荣程度的最明显的标志之一就是它的观影人数和剧场建设。成都在这方面投入力度很大，成效也非常显著，足见其文化消费水平在某些领域已经实现了超前发展。影视娱乐产品往往具有震撼人心的传播效果，是"大众的艺术"，观影行为体现了人民的文化素养和对生活、对人生的态度。从"观影"到"创作"，成都实现了影视娱乐文化产业质的飞跃，当然这仅仅是良好的开端，要成为"影视娱乐文化消费之都"还需要政策的进一步导向、资本的进一步投入和人文气氛的进一步培植。

（四）文化产业投资热：2018年四川优秀文化产业项目

2018 年 1 月 25 日，四川省文化产业商会、四川省民营文化企业协会启动"2018 四川优秀文化产业项目"和"四川新锐文化产业项目"，涉及文创园区、文化旅游、文化科技融合项目、数字娱乐活动项目、文化"走出去"系列项目、"四川造"电影系列等，将提供更加丰富的精神产品。[1]

---

[1] 《2018 四川优秀文化产业项目在蓉发布》，人民日报数字传播，2018 年 1 月 25 日，http：//www.peopledigital-sc.com.cn/newsdetail3110.html。

近年来，民营文化企业蓬勃发展，涉及领域广泛、产业业态丰富，成为四川文化强省建设的生力军，不仅助力经济发展，也满足群众多方面、多层次、多样化的文化需求。

"2018 四川优秀文化产业项目"包含根植巴蜀文化，充分体现四川特色的项目。2018 年首届中国（阆中）落下闳春节文化博览会新春花灯节暨磁暴灯光秀项目为第八届四川文化消费节主题会场，预计总投资 800 余万元，以落下闳春节文化为灵魂，巧妙运用中国年元素和龙凤呈祥的创意理念，对中国传统文化进行生动再现，在光彩炫目的光影世界中，让参观者体验传统与现代结合、南北文化相融的艺术魅力。

"故蜀别院"生态文化产业特色街区项目，以青羊区东坡路片区历史文化为基础，打造继锦里、宽窄巷子之后成都文化旅游的第三张名片；灌顶雪泉·康定之珠文化旅游产业园位于康定市榆林新区，包括文化旅游步行街、文化主题酒店、文化创意孵化中心、酒店式公寓、文化体验中心以及民俗文化展览馆等，不仅打造一个新的旅游园区，也将打造成为康定创意文化产业孵化器；西昌·建昌古城历史文化片区保护提升项目位于西昌市中心城区，以建昌古城为基底，打造以休闲文化体验为核心内涵，以艺术传播、文化传承为特色体验，包含剧场演艺、文化艺术、餐饮美食、休闲体验、院落精品及城墙游乐等内容的旅游项目。项目完成后将形成"上有古城、下有邛海"的人文与自然呼应的文旅新格局。此外，还有成都威尔逊花园项目，将打造生态循环观光农业与成都花卉文化结合的田园综合体以及 321 创意园、"宋词演义"文化城、东拉山大峡谷旅游景区等项目，都将为四川文化市场带来新的活力。

"2018 四川优秀文化产业项目"中包含科技成分。如成都·国际数字娱乐博览会，定位为全球粉丝经济最为强盛的国际游戏动漫展，于 2018 年 4 月 20～22 日在中国西部国际博览城举行，聚集了 100 位世界级行业翘楚、500 位业内精英、150 家国内知名游戏厂商、40 家世界知名游戏厂商、10 家世界顶级游戏公司联袂参展，展场达 10 万平方米，首届博览会参与者超过 20 万人次。

四川文化走向亚洲、欧洲、非洲、大洋洲等的百余个国家和地区。其中，自贡华灯耀丝路项目通过"中华彩灯＋"的形式，以中华彩灯为主要媒介的主题灯会、年节庆典、文艺展演、经贸活动等，沿"一带一路"国家将中华文化及国内优质企业推广、传播到海外。"东方彩灯·点亮世界"境外系列项目巡展涵盖美洲、欧洲、亚洲，巡展地定位于 100 万人口以上 10～20 个国际大都市。该项目定位于让国外观众感受到中国文化的源远流长与勃勃生机，让自贡彩灯成为展出地民众期待的文化大餐。

总的来看，四川文化旅游资源非常丰富，可以挖掘的传统宝藏不少，文创产品也正在被不断发掘出来，因此具备了满足文化消费市场需求的必要条件。可以预见，借助高科技手段将这些优秀的传统发扬光大，并借助一系列平台实现四川文化"跨国门""走出去"的影响力，开拓全国乃至国际文化消费市场，将成为未来四川文化消费的主要趋势。

五　建议对策

（一）政府强化对文化消费相关政策的支持

四川省是我国文化消费大省，政府应在文化消费上出台一系列政策，给予支持以及鼓励，通过政府支持的方式推动四川省文化消费。如 2012 年提出的《四川省人民政府关于加快推进文化产业发展的意见》、2013 年四川省文化厅发布的《2013 年全省文化工作要点》以及 2013 年发布的《四川省文化厅关于推动全省文化系统文化产业倍增发展的指导意见》等，明确了四川省促进文化消费的基本原则、主要目标、重点任务和配套政策，建立健全文化消费的引导和促进机制，加强整体协调和落实。政府作为引导社会风向的带头人，应该利用好各大媒体，将"有形之手"和媒体"无形之手"相结合，共同对全省文化消费做出宣传引导，培养积极的、健康的、阳光的文化消费观念。例如，在四川省内比较有话语权的媒体，如《华西报》、《成都商报》以及《成都晚报》等传统媒体以及"成都全搜索"等各大门户网站及各区市县官方微博、微信公众号等网络新媒体设置一定的版面内容。在视听上，则应该选择比较有影响力或者比较严肃的党媒，如成都电视台、成都广播电台等，要求其安排固定时间，做一些有关文化消费的固定内容，如文化消费宣传、文化消费引导以及文化消费方式的介绍，通过媒体引导大众文化消费的积极转变。将落后的、低俗的文化消费观念向阳春白雪转变升级，将以消遣娱乐为主的文化消费方式向增长见识、提高自身水平转变，营造良好的文化消费方式。

（二）文化消费方式供给转型，提升公共文化消费覆盖范围

由政府牵头，社会公益组织以及相关个人或团体参与，建立公共文化消费的不同需求的搜集和联动反馈机制。在城市范围内，可将职权下放于相关的文化机构或者文化团体，政府制定大的方向，具体实施则由相关部门和团体负责。在农村地区依托村委会和社区居委会地方文化站、文化馆以及艺术馆，建立立体的、全方位的、不同区域的居民文化消费所需内容的搜集和反馈机制。在实际工作中，根据城乡居民的实际文化消费需求制定公共文化产品和服务清单，以文化市场为导向，由市场进行合理分配，同时向社会公开发布，为企业、社会组织提供需求信息，同时将文化消费的合理需求纳入各级部门的工作内容中，实时监控、合理分配。明确公共文化服务供给体系和政府部门的责任主体。通过相关组织购买、群众组织提供文化消费，从城乡居民真正需要的文化消费品和公共文化出发，建立市、县公共文化消费产品和公共文化服务产品的文化库。农村地区的公共采购，从公共文化产品和项目库按需分配给乡镇群众，建立专业的公共文化分布系统。通过制定相关的分配制度，向乡镇的居民提供文化消费服务，这样不但能够提高社会上的文化消费资源、文化资金以及人力的利用率，同时还能够促进公共文化均等分配到每一个城乡居（村）民身上。乡镇级别的文化站、文化馆以及图书活动室应积极转型，将主要的精力放于文化消费信息的收集、群众文化需求

的反馈上；而文化中心区则需要整合文化消费和公共文化服务，提升文化服务的效率。

（三）支持文化消费项目建设，丰富文化消费业态

积极吸引民营资本和社会资本参与文化消费的相关建设中。政府在全面调研的基础上，建立社会资本和民营资本的参与方式与管理办法，在政府对相关文化消费项目建设资金投入的基础上，多样化资金投入方式，多管道增加对文化消费的资金投入。对于社会资本投资新建剧场、实体书店的，根据项目规模和功能，给予固定资产投资补贴；在城市综合体中开设剧场、实体书店的，根据运营情况，给予运营补贴。利用大型活动、大型节假日联动文化消费的场所。在原有一系列具有品牌效应的文化消费活动继续深入开展的前提下，不断挖掘与文化相关的大型活动，同时要凸显四川省作为文化大省与其他地区所不同的文化特色和文化内涵，利用好城市中现有的各种类型的文化集散中心，打造独具特色的艺术节、川剧节、音乐会等。积极与国外的文化节（会）联动，在让本省居民领略到异域风情的同时，将本地区的文化特色传递出去，实现城内城外、省内省外、国内国外文化消费联动。将各类节事打包形成文化消费季，用常态化、多样化的节事活动，激活群众的消费需求，搭建成都文化大卖场。

（四）重视精神消费，以精神消费带动文化消费

文化消费主要依靠市场机制的运作来实现文化产品的生产制作、流通与消费，和其他市场物品一样受市场规律和消费水平的调配，人们通过购买文化产品，形成文化消费。随着物质生活水平和质量的提高，人们文化、精神消费的需求占有越来越重要的地位。

精神消费是相对于物质消费而言的，精神消费追求的是人类无形的精神劳动成果，精神消费更加重视文化产品所能够带给人们的精神上的满足，不同于物质消费对身体需要的满足。此外，精神消费产品在其生产过程中，更

多的是智力因素的消耗。文化消费的生产是独特的，它不同于一般产品的大规模批量化生产，其核心在于消费过程中及之后对消费主体思想的提升、审美的享受以及精神的影响。

随着四川省经济不断发展，城乡居民在满足物质消费的基础上，不断重视对精神消费的需求，而精神消费在文化消费中占有重要的比重，因此，各级文化主管部门、文化产品生产企业以及社会团体应该牢牢抓准居民的精神文化消费需求，根据居民的精神消费情况，进行定制营销和精准营销，通过精神消费带动文化消费。

（五）倡导主流价值观反映文化消费

人的需求的多样性使价值和价值取向构成社会价值体系，价值体系中人对周围客观事物的意义、重要性的总评价和总看法被称为价值观，价值观中最基本、最核心、最重要的价值理念就是核心价值观（或称社会主流价值观）。就社会群体而言，社会主流价值观伴随时代、主体与环境的变化，在扬弃传承中不断变化。优质价值观往往具备丰富的价值内涵，体现先进的民族文化、美好的人类魅力，一直是经典文化消费的主要标志，且这样的文化消费也一直是反映社会主义核心价值观的最佳载体。

文化消费通过改进与拓展意识形态建设的新载体和新形式，塑造与传播社会主义核心价值观。在当前日益激烈的文化竞争市场环境中，文化关注的重心从文化生产转向了文化消费，通过了解消费者需要什么来决定生产什么、生产多少文化产品，将价值观以消费者喜闻乐见的方式反映、创造和表达，从而获取更多人的认同、理解和喜爱。文化消费以文化民主和文化权利为导向，关注受众的文化需求，以喜闻乐见的方式达到寓教于乐的效果，有效地反映社会主流价值观。

文化消费有利于拓展社会主义核心价值观建设的范围和途径，促进先进文化的生产与流通。因此，通过主流价值观倡导积极的、健康的文化消费方式，可以将其拓展到社会领域和日常生活领域。随着我国经济产业结构的下游化和人们消费结构的上游化，文化消费伴随着主流价值观得到更大范围的传播。

参考文献

包特、戴芸：《2017 年诺贝尔经济学奖得主理查德·塞勒对行为经济学的贡献》，《经济与管理》2017 年第 6 期。

胡慧源：《国内文化消费研究的新进展：一个文献述评》，《文化产业研究》2017 年第 1 期。

林晓珊：《谁人爱读书：一项文化消费的阶级比较研究》，《山东社会科学》2017 年第 10 期。

刘容：《国内外文化消费研究述评》，《合作经济与科技》2018 年第 20 期。

〔英〕露丝·陶斯、孙晔、周正兵：《文化经济学的历史与未来》，《山东大学学报》（哲学社会科学版）2018 年第 2 期。

毛中根、杨丽姣：《文化消费增长的国际经验及中国的政策取向》，《经济与管理研究》2017 年第 1 期。

向明：《中国农村居民文化消费研究》，《农业技术经济》2015 年第 7 期。

薛华：《我国文化消费的非均衡性及其发展路径》，《文化产业研究》2014 年第2 期。

杨魁、贺晓琴：《消费文化理论的基本范畴和研究取向——我国近 20 年来消费文化研究述评》，《科学经济社会》2012 年第 3 期。

张敦福、崔海燕：《以社会学为主的跨学科研究：中外文化消费研究的比较分析》，《山东社会科学》2017 年第 10 期。

张芳：《解密 70 后、80 后、90 后消费观》，《纺织服装周刊》2017 年第 22 期。

张肃、黄蕊：《文化旅游产业融合对文化消费的影响》，《商业研究》2018 年第2 期。

周建新、胡鹏林：《中国文化产业研究 2016 年度学术报告》，《深圳大学学报》（人文社会科学版）2017 年第 1 期。

周建新、胡鹏林：《中国文化产业研究 2017 年度学术报告》，《深圳大学学报》（人文社会科学版）2018 年第 1 期。

附录

附表 1　四川省主要巴蜀文化资源

文化名称	时间	主要内容(重点)
宝墩文化遗址	距今 4500 年左右	公元前 2500 ~ 前 1700 年的宝墩文化是成都平原最早的考古学文化遗存。是古蜀文明的古城古国时期,也是古蜀文明的起源时期
营盘山遗址	距今 6000 ~ 5500 年	营盘山遗址位于四川省阿坝州茂县凤仪镇南 2.5 公里,距今 6000 ~ 5500 年,是一处自新石器时代到明清时代的文化遗址,是迄今岷江上游地区发现的地方文化类型遗址中面积最大、考古工作规模最大、发现遗存最为丰富的遗址,对探讨古蜀文化与马家窑文化和仰韶文化的关系具有重要的科学价值
郫都区古城	距今 4000 年左右	古代蜀人先祖为蜀山氏,有观点认为蜀山氏与蚕丛氏是从岷江上游兴起的,是古代羌人(语言学上属于藏缅语族)的一个分支
三星堆文化	距今 5000 ~ 3000 年	前 1700 ~ 前 1200 年成都平原进入三星堆文化时期。形成了具有自身特色的发达的青铜文化。约相当于华夏族记载中的鱼凫朝时期。以三星堆为中心的古蜀国作为长江上游政治、经济、宗教和文化的中心,是古蜀文明形成阶段中的强盛时期
十二桥文化	公元前 1700 ~ 前 771 年	三星堆在前 1000 年前后被废弃,文化中心转移到了成都平原的中心,是四川盆地青铜时代中期的一个考古学文化。十二桥文化承袭了大量的三星堆文化因素,又包含着许多新的文化因素,文化范围分布非常广泛
金沙文化遗址	商代末年至春秋	金沙遗址出土了大量的金面具,随同出土的象牙、玉器、金器、青铜器等珍贵文物多达 6000 余件,这些文物无论形制还是图案,都能轻易找到三星堆的影子。一个西周时期远离中原的瑰丽王朝出现于西南一隅,再次证明了长江文明与黄河文明一样,是华夏文明的重要组成部分
晚期蜀文化	公元前 600 ~ 前 316 年	即开明朝时期,相当于中原春秋时期至秦国占领巴蜀前,是古蜀文明发展中的最后一个高峰——晚期蜀文化时期。成都市区商业街发现的规模宏大的船棺墓地、新都马家等级高贵的木椁墓可能就是当时蜀王族或国王的陵墓
秦灭古蜀	公元前 316 年	秦惠王在位时秦国灭掉了蜀国,蜀地从此成为秦国的粮仓,为秦统一六国奠定了基础。秦始设侯国,后改为蜀郡。至西汉中期汉武帝时期,巴蜀文化与汉文化融合,形成了巴蜀语
成都船棺遗址	公元前 600 ~ 前 316 年	2000 年,面积约 1600 平方米的成都商业街船棺遗址破土而出,被学界认定为古蜀国开明晚期的大型合葬墓,被评为当年全国十大考古新发现之一,为古蜀文明的辉煌再添例证

附表2 四川省主要三国文化遗址

名称	地址	主要内容
武侯祠	武侯祠大街231号	即汉昭烈庙,纪念蜀汉君臣
万里桥	老南门大桥	诸葛亮送费祎出使东吴处,费叹曰:"万里之路,始于此桥。"桥因以此为名
九里堤	今成都市九里堤	据《成都府志·山川》载九里堤府城西北隅,其地洼下,水势易超。诸葛亮筑堤捍之
诸葛庙	九里堤诸葛庙小学内	纪念诸葛亮
诸葛井	今北糠市街小学内	孔明治蜀所凿"双眼井"
蜀汉照壁	正府街省法院处	(丞相照壁)传为诸葛亮相府
诸葛亮宅、观星台	正府街	此地自宋代以来,为历代成都府衙署所在。据《太平寰宇记》载,蜀汉在此建观星台,传刘备、诸葛亮曾于此观星
点将台	蜀都大道东风大桥附近	相传是诸葛亮操练军队的地方
八阵图	位于青白江区弥牟镇北约300米的市场坝	占地面积约2500平方米,现只残存6个高低不等的土堆
新都八阵图碑记	碑存新都桂湖公园碑林	明杨升庵著文
蜀汉铜弩机	郫县太平乡	纪念诸葛亮制兵器
少城武侯祠	今东城根街与商业街东口衔接处	专祀诸葛亮,为最早的武侯祠
葛陌	成都市双流区	为诸葛亮的旧居
诸葛亮丞相府	约在今红照壁一带	诸葛亮在蜀处理公务的地方
槽营坝	武侯祠侧后	相传为蜀汉驻兵养马之地,因木制马槽甚多而得名
黄龙溪	位于彭山、新津、双流三县交界处,距成都城区40多公里	"黄龙现九日"是蜀汉当兴的吉兆,给刘备称帝立国大造舆论。《华阳国志·蜀志》也记载说:"(建安二十四年)黄龙见(现)武阳赤水九日,蜀以刘氏瑞应。"《诸葛亮集·鼎录》又载:"龙见武阳赤水九日,固铸鼎,象龙形,沉水中。"黄龙溪由此得名,并立庙江岸
牧马山	双流永安傅家坝	传说刘备牧马之地
三义庙	成都市提督街	庙内祭祀刘备、关羽和张飞
张飞桥	龙泉驿区兴龙镇宝狮村	传说张飞曾经在这一带驻兵、放马

第五章
音乐产业

一 基本状况

（一）音乐产业

1. 音乐产业的概念界定

部分学者在追溯产业研究历程后指出，音乐产业是文化产业中"文化艺术"层面的重要组成部分[①]，源自1993年钱学森提出的"艺术产业"[②] 这一概念。另有学者经过对文化产业、艺术产业等概念的分析后提出，音乐产业是为满足人们的精神文化需求，以市场化方式从事音乐产品生产和提供音乐艺术服务的活动的总称。[③] 根据产业业态的呈现形式，有研究人员提出，音乐产业是以音乐为核心，包括创作、表演、制作等多个环节，涵盖经济、票务、会展、器材等相关行业的产业集群。[④] 因此，音乐产业是以音乐为内容核心，借助创作、制作、演出、会展、经纪等主要环节提供满足公众消费需求的相关产品，通过音像制品、器械会展、定制服务等形式创造经济价值的产业集群。

音乐产业的概念随着技术的发展而丰富。有学者在将音乐产业的发展与其他领域进行对比研究后指出，音乐产业与科学技术同步发展。[⑤] 音乐产业

[①] 冯子标、焦斌龙：《分工、比较优势与文化产业发展》，商务印书馆，2005。
[②] 李向民、王晨等：《文化产业：变革中的文化》，经济科学出版社，2005。
[③] 赵沛：《中国音乐产业的概念界定及其发展现状》，《华中师范大学研究生学报》2008年第4期。
[④] 杨加猛、蔡志坚：《中国数字音乐产业发展思路探析》，《当代经济》2008年第1期。
[⑤] 李明颖：《中国数字音乐产业运营研究》，四川大学硕士学位论文，2007。

的主要传播载体，从广播、黑胶唱片，到磁带、光碟，再到无线音乐、智能移动设备，不断发生着变化。也有观点认为，由于数字技术、互联网技术的发展，数字音乐已经成为音乐产业最重要的业态。①

音乐产业具备完整的产业链，与多个行业相关联。部分从产业价值、产业链角度开展的研究表明，音乐产业除了内容生产和产品消费外，还与传播、营销、会展、服务、经纪等多个行业有着密切联系。② 许多学者借鉴其他产业研究的经验进行分析研究后发现，音乐产业带动了销售、服务、技术开发与应用、知识产权保护等行业的发展，并可在某一特定区域形成集聚化发展的态势。③

2. 音乐产业的概念演变

祁述裕等学者认为，音乐产业的概念随着社会、科技的发展而演变。④部分学者认为，音乐产业在随着数字技术发展而进入数字音乐阶段的同时，拥有了全新的产业功能和特征。⑤

学者们按照音乐产业及其主要传播渠道、制作播出方式等方面的情况，将我国音乐产业分为录音机——卡带，数字播放设备——激光唱片，智能播放设备——网络音乐资源这三个发展阶段，以此对应音乐产业的不同概念。⑥

1982 年，随着流行音乐的发展，Alexander Belinfante，Richard L. Johnson 等西方学者，首先明确提出了音乐产业的概念，这也是国内学界首先接触"Music Industry"这一名词。⑦ 我国在 20 世纪 80 年代末期才开始对音乐的

---

① 茅中飞：《数字化音乐传播初探》，《南京艺术学院学报》（音乐与表演版）2006 年第4 期。

② 王嘉宁：《从产业价值链角度看中国数字音乐产业》，《信阳师范学院学报》（哲学社会科学版）2009 年第 1 期。

③ 陈倩倩、王缉慈：《论创意产业及其集群的发展环境——以音乐产业为例》，《地域研究与开发》2005 年第 2 期。

④ 祁述裕：《中国文化产业国际竞争力报告》，社会科学文献出版社，2004。

⑤ 孙凯慧：《音乐数字化下的商业模式创新》，复旦大学硕士学位论文，2008。

⑥ 傅议萱：《电子音乐的艺术特征与发展状况探究》，东北师范大学硕士学位论文，2010。

⑦ Alexander Belinfante, Richard L. Johnson, "Competition, Pricing and Concentration in the U. S. Recorded Music Industry," *Journal of Cultural Economics*, 1982.

产业发展和功能进行研究，1991 年，题为《音乐效应与音乐产业》的文章是能找到的国内最早对音乐产业进行介绍的文章，涉及音乐制作、服务提供等环节。[①] 1993 年钱学森对"艺术产业"的定义，则将音乐提升到了产业的高度。

最初，我国音乐产业的定义为通过音乐作品、音像制品、演出收益和周边产品等创造效益，包含创作、表演、票务等多个行业的产业种类。2000 年，有国内学者关注到了互联网对音乐产业的巨大改变，"由于网络技术的迅猛发展，世界音乐产业正面临一场新的重大变革"。[②]

传统的音乐产业，其所创造的经济效益来源于音乐产品本身，如版权的售卖、演出的收益、唱片机演唱会等的效益，主要依靠表演者本身的名气，具有娱乐产业的价值特点，相关环节包括演出者、创作者、音乐市场机构和其他服务行业。

随着经济、社会的飞速发展以及互联网的快速成熟和普及，音乐产业也从单纯的线下向线上快速拓展。2003 年，美国苹果公司跨时代地推出了音乐下载及在线储存、收听软件 iTunes，这使得音乐由原先磁带、唱片等固态流传、播放形式，向着互联网的云储存界面转移，彻底打破了音乐产业多年的发展局限。[③] 音乐销售、传播市场的主导角色音乐唱片公司不再对音乐产业具有绝对的掌控力。线上音乐产业得到了快速的发展，并受到了资本方、消费者的青睐。

针对产业相关概念的变化，有学者将原因归结为数字技术的发展和成熟对音乐产业造成了冲击，改变了原有的某些概念。[④] 他们在对产业各组成部分进行详细研究后发现，数字音乐、在线音乐已经成为音乐产业的支柱，形成了内容制作、渠道传播、终端服务等符合科技特点的产业新环节[⑤]，音乐

① 晓林：《音乐效应与音乐产业》，《世界知识》1991 年第 7 期。
② 小力：《网络开辟音乐产业新天地》，《科学新闻》2000 年第 19 期。
③ 杨加猛：《中国在线音乐产业发展前景预测与分析》，《特区经济》2008 年第 4 期。
④ 芮明杰、巫景飞、何大军：《MP3 技术与美国音乐产业演化》，《中国工业经济》2005 年第 2 期。
⑤ 杨加猛、蔡志坚：《中国数字音乐产业发展思路探析》，《当代经济》2008 年第 1 期。

产业不再局限于技术、资源、资金，在尊重版权的前提下实现了共享，推动了音乐产业定制化付费盈利模式的形成。[①] 音乐产业在原有组成部分的基础上，又衍生出了网络音乐创作、主题音乐节（会）等多种形式的业态。

3. 音乐产业的类型

音乐产业的效益核心是音乐及相关产品、服务的营销。借鉴国家统计局关于《文化及相关产业的分类》的思路，参考音乐产业与科技行业、影视行业、动漫行业等的强关联性，本研究把音乐产业资源依据其影响程度分为三大类（见图 5-1）。[②]

①音乐产业核心层资源。核心层资源直接决定着音乐产品及服务的生产，由"人才""（作品）版权""企业"三大块组成。

②音乐产业支撑层资源。支撑层资源为音乐产业发展提供软硬件基础支撑，由"基地（园区）""（展演）平台""器材设备""场所场馆"四大块组成。

③音乐产业外延层资源。外延层资源指的是与音乐产业发展存在生态关联性的因素，由"区位人口及扶持政策""历史及民族文化元素""音乐文化对外交流和贸易""数字与影视动漫相关行业"四大块组成。

（二）四川省的音乐产业

1. 四川省的音乐产业概况

2018 年，四川文化产业增加值超过同期 GDP 增速，位居西部省份前列。据四川省统计局资料显示，仅 2018 年第 1 季度，四川全省规模以上文化及相关产业便实现营业收入 689.5 亿元，比上年同期增长 16.2%，比全国增速高 5.7 个百分点。[③] 四川音乐产业也实现了同步增长，产品结构和主体规模均保持了向好的趋势。

---

① 梅夏英、姜福晓：《数字网络环境中著作权实现的困境与出路——基于 P2P 技术背景下美国音乐产业的实证分析》，《北方法学》2014 年第 2 期。

② 《四川天府新区音乐产业发展研究报告》（内部资料）。

③ 《四川规上文化产业营收创意设计增长最快达 48.1%》，新浪四川，2018 年 6 月 19 日，http://sc.sina.com.cn/news/m/2018-06-19/detail-iheauxvz5365864.shtml。

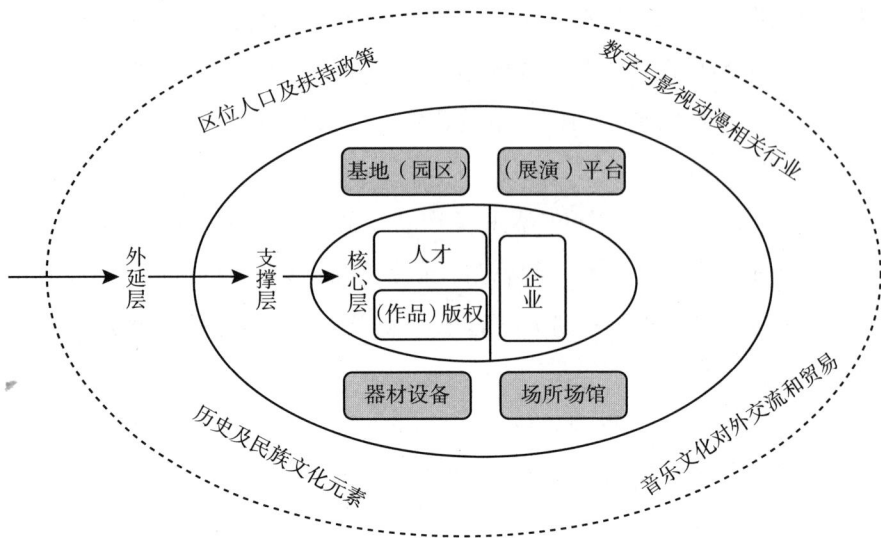

图5-1 四川音乐产业资源分类示意

四川省委省政府历来高度重视音乐产业发展，认真贯彻落实中央深化文化体制改革的决策部署，将音乐产业作为繁荣文化事业、发展文化产业的重要任务来抓，整体呈现出快速发展、量质齐升态势。

在政策扶持与产业整体发展提速的背景下，四川省的音乐产业发展基础不断夯实。行业高端人才方面以李宇春、张靓颖为代表的本土音乐人才具有极大影响力，引领着以四川音乐学院为代表的川内音乐专业学生的后备人才团队；成都国家音乐产业基地建设顺利推进；四川大剧院等重大音乐基础设施建设加快推进；送文艺下乡等文化惠民工程深入实施，优秀音乐产品和服务日益满足人民群众的需求。

随着产业高端人才的涌现和消费市场的持续火爆，四川的音乐产业从业群体不断扩大。公开资料显示，2016年全省共拥有27家持证的网络音乐运营单位和超过100家的各类音乐工作室。① 相关文艺演出团队近800家，培育了以中国

---

① 《四川音乐产业正孕育一次突破》，四川在线，2016年8月29日，https：//sichuan. scol. com. cn/dwzw/201608/55622135. html。

移动咪咕音乐为代表的本土大型音乐企业，群体呈现出良好的发展势头。

2. 四川省的音乐产业规模

2017 年，成都音乐产业市场总收入超 320 亿元①，票房、消费水平平稳上涨，成都跻身全国四个拥有国家音乐产业基地的城市，打造出了国家音乐产业基地——东郊记忆。

2018 年，四川音乐产业依托一批具有影响力的音乐节、产业项目，品牌效应逐步显现。例如，"乐杜鹃音乐节""草莓音乐节"等主题音乐节（会）形成固定举办周期；包括张靓颖的少城时代在内的一批音乐企业将总部迁回成都；成都市金牛区、华侨城集团和少城时代三方联合打造的"凤凰山主题音乐公园"等音乐基地也纷纷完成了布局。

国家音乐产业基地所辖园区数量具体情况见图 5 - 2。

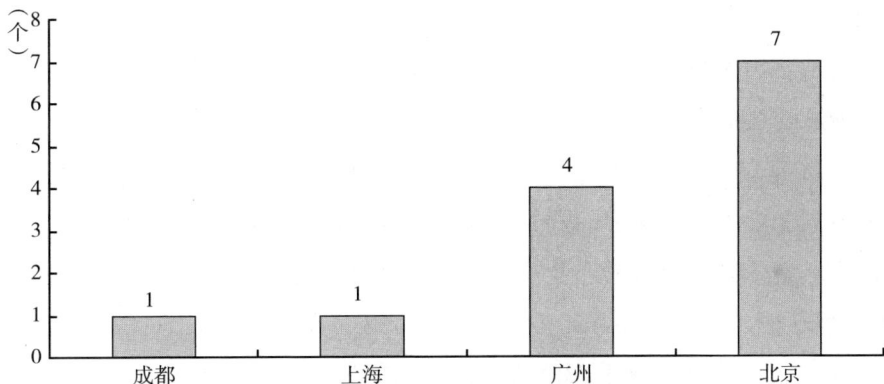

图 5 - 2　国家音乐产业基地所辖园区数量

资料来源：《2017 中国音乐产业发展报告》，2017 第四届音乐产业高端论坛，2017 年 11 月。

成都（1 个）：东郊记忆。

上海（1 个）：上海虹口园区（上海音乐谷）。

广州（4 个）：广州飞晟园区、广州园区、深圳梅沙园区、深圳数字音乐产业园。

---

① 《2017 年成都音乐产业市场总收入预计突破 320 亿元》，中国经济网，2017 年 12 月 11 日，http：//www. ce. cn/culture/gd/201712/11/t20171211_ 27203402. shtml。

北京（7个）：西山文化创意大道、中国乐谷、中唱创作园、1919音乐文化产业基地、北京音乐创意产业园、天桥演艺园区、数字音乐示范园区。

通过借助在川高等院校，四川着力搭建畅通的后备人才培训通道。例如，成都音乐产业促进会与西华大学的战略合作使成都音乐人才队伍建设得到进一步巩固。成都市文广新局的数据显示，成都集结了400余家音乐企业，校地、校企合作不断加深，产业的人才队伍体系初步建成。

为进一步培育音乐产业市场主体，四川省积极与阿里文娱、摩登天空、环球唱片、腾讯音乐等音乐平台公司，以及保利、万达、欢乐谷等大型城市文化综合体对接，吸引企业落户四川。通过与川报集团、四川电视台等各主流媒体合作，强化创新，打造音乐推广平台，扩大影响力。省音乐产业发展领导小组办公室和成都、乐山等地共同主办了音乐产业高峰论坛等活动，深入探讨音乐产业行业经验、趋势和策略，助力四川省音乐产业新发展。中国音像与数字出版协会音乐产业促进工作委员会电子音乐联盟和艺术教育与装备产业联合会也在成都落户。

2018年，四川相继举办多场音乐产业招商投资项目推介会，为音乐产业的发展和壮大吸引更多的资金、项目。以成都市为代表，由市音乐厅、凤凰山主题音乐公园组成的产业重点项目集群正在密集开工建设，投资总额已经超过20亿元。16个音乐产业项目入选省级音乐产业重大项目（工程、活动）库，项目总投资额达83.5亿元。[①] 东郊记忆获得"首批国家新闻出版产业示范项目"，天府新区321文化创意产业园也在争创国家级文化产业示范园区。

四川省确定了"十三五"期间音乐产业的发展目标：通过建设一批城市音乐厅等演艺剧场，着力形成和打造成都音乐消费区的鲜明特色；推进国家音乐产业基地建设，形成引领全国的产业优势；培育一批植根成都、覆盖全国、辐射国际的音乐人才和音乐企业。到2020年，年产值达到500亿元，

---

① 《成都首个大型露天音乐广场　凤凰山音乐公园明年建成》，成都全搜索，2017年4月21日，http://news.chengdu.cn/2017/0421/1870913.shtml。

2025 年培育出一批引领全国音乐产业发展的产业园区和企业，形成高端的、优势显著的现代音乐产业体系，年产值突破 1000 亿元，成为领先全国的音乐生产地、乐器及音乐设施设备集散地、版权交易地、演出聚集地。①

3. 四川省的音乐产业转型趋势

利用自身的技术优势，四川的音乐产业聚焦线上音乐，不断开发新产品，实现发展加速。作为中国最大的正版音乐无线首发地，中国移动（成都）无线音乐基地已经成为国内正版音乐内容发布平台、中国最大的音乐内容交易平台、中国最大的音乐会员互动平台三大权威平台的"龙头老大"。② 拥有 500 余家内容合作伙伴的中国移动（成都）无线音乐基地，不仅对接了索尼、华纳、百代、环球这四大唱片公司，更拓展了 280 家互联网销售渠道企业，百度、搜狐、腾讯等均成为稳定的合作客户。

同样根据人民网的公开报道，98% 的新歌通过中国移动（成都）无线音乐基地音乐俱乐部首发。中央音乐平台上自行付费进行内容下载的总量已经超过了 11 亿次，月平均付费下载量稳定在 1 亿次左右。③ 在传统唱片行业低迷时期，数字音乐独家发行模式为传统唱片业开辟了新方向，给唱片公司带来了新的业务增长点，为用户提供了全新的音乐消费方式。

4. 四川省的音乐产业发展现状分析

（1）全省产业布局

为进一步促进音乐产业发展，四川积极推动对外开放，扩大国际交流，支持国外音乐企业到成都发展，支持音乐企业积极融入国家"一带一路"建设，合作发掘成都文化资源，开发推广音乐产品，支持参加国外音乐节

---

① 《成都市音乐产业情况》，四川省人民政府官网，2016 年 8 月 18 日，http：//www. sc. gov. cn/10462/10464/10465/10595/2016/8/18/10392645。
② 《中国移动无线音乐基地介绍》，人民网，2012 年 11 月 28 日，http：//culture. people. com. cn/n/2012/1128/c352802－19728578. html。
③ 成都市传媒集团、电子科技大学文化产业战略研究中心：《国家音乐产业（成都）基地规划方案》，2011。

（会）活动，大力发展对外音乐贸易。[1]

利用成都市的吸聚能力和建设"三城三都"的发展思路，四川省形成了以成都为中心的音乐产业布局，辐射、带动了全省的产业发展。

①中心城区依托演艺场馆、音乐资源和市场，重点发展音乐演艺、视听产业、乐器和音乐设施设备专业市场。

②城东依托国家音乐产业基地、三圣花乡和蔚然花海，聚集音乐企业、人才、创客，重点发展音乐创作生产和数字音乐制作传播，打造城市音乐产业发展核心区。

③城南依托现代演艺设施，重点发展高端音乐演出。

④城西依托国际非遗博览园，重点发展传统音乐演艺。

⑤城北依托川音（新都校区）、凤凰山公园和保利198音乐公园，建设音乐产业聚集区和主题公园。[2]

结合地域特色、经济技术基础和特色民族民间文化底蕴，四川逐步形成了以咪咕音乐（中国移动无线音乐基地）为聚集点，以相关艺术院校、高等院校为中心、以丰富多彩的音乐节（会）和展演活动为重要经济形式的发展格局（见表5-1）。

表5-1 四川音乐产业主要领域

主要领域	主要领域
音乐创意人才	音乐演出娱乐
原创音乐生产（通俗流行音乐）	音乐教育培训及音乐设施设备
音乐图书（影像）出版	民族民间音乐
网络数字音乐（音乐版权交易）	音乐对外交流

资料来源：《四川天府新区音乐产业发展研究报告》（内部资料）。

---

[1] 《成都支持音乐产业发展 未来十年打造音乐之都》，四川新闻网，2016年8月17日，http://culture.newssc.org/system/20160817/000699278.html。

[2] 《2025年成都音乐产业产值将破千亿》，四川省人民政府网站，2016年8月16日，http://www.sc.gov.cn/10462/10464/10465/10595/2016/8/18/10392645.shtml。

（2）音乐创意人才

四川是汉、藏、羌、彝等多民族聚居的人口大省，形成了各民族交融的文化形态，近年来涌现出一大批歌唱家、流行歌手及演唱组合。其中影响力比较大的如下。

民族歌手容中尔甲、降央卓玛、索朗扎西、扎西尼玛、桑纳央金、次仁拉宗等。

汉族歌手林霞、李瑾、罗勤颖、陈恩跃、王利、何刚等。

民族组合哈拉玛组合、雪莲三姐妹、四姑娘组合、马尔康组合、亚丁人组合等。

为加强音乐产业发展的内生动力，四川通过打造和培育音乐制作人队伍，奠定人才基础。围绕民族特色音乐和通俗流行音乐的生产，近年来也涌现出一大批具有较大影响力的著名音乐制作人，如刘党庆、林幼平、胡晓流、周璨、张骁、彭涛、段永生、姜祥仲、唐世泉、胡小海、马筝、杨华、向琛子等。

此外，在产业不断发展、品牌进一步树立的带动下，四川音乐产业具备了集聚发展的态势，音乐制作流程中各环节的专业人才也不断聚集，如傅成德、周彤、蔡宇、李在成、韩彦敏、周耀成等经验丰富的录音师。作为音乐人才培育和聚集的重要载体，四川音乐学院和四川省音乐家协会对四川音乐产业的发展做出了积极贡献。

音乐人才的培养是音乐产业发展的基础，四川不仅拥有 10 多所音乐或设有音乐专业的院校，更拥有四川音乐学院这个最主要的音乐人才培养平台和渠道，李宇春、何洁、谭维维、王铮亮、魏晨、秦海波、韩炜等均来自该学院。学院培养的音乐人才数量众多、类型丰富，大多在各类高等教育院校、市场表演机构、艺术演出团体等中担当着中坚力量，在各自的艺术创作、文化服务和表演活动中发挥着积极作用，推动了全省音乐文化产业健康、有序发展。

（3）原创音乐生产（通俗流行音乐）

以音乐创作、制作为主，四川形成了一定的音乐产业集聚发展态势，涉及领域包括 MIDI 制作、晚会音乐、企业歌曲定制、少数民族音乐制作等，原创音乐制作产业逐渐成熟。同时，逐步培育和聚集了一批专业的音乐制作公司，这些公司的出现，对四川原创音乐生产发挥了巨大的推动作用。根据公开报道，仅成都就聚集了近 300 家音乐制作公司，同时也诞生了一大批优秀的本地及辐射全国的音乐创作制作人才。

依托四川文化、旅游资源，音乐产业中的原创音乐风格、品牌逐步明确。根据少数民族聚集，以及成都民谣的品牌形象，四川形成了独特的原创音乐风格，并与川剧、曲艺等相互融合，创作出了一批脍炙人口的作品（见表 5 - 2）。

表 5 - 2　四川部分原创音乐作品

音乐作品	创作人	音乐作品	创作人
《神奇的九寨》	杨国庆词，容中尔甲曲	《太阳里走来的羊角花》	李明词，姜祥仲曲
《向往神鹰》	扎西达娃词，美郎多吉曲	《羌红》	蒋开鲍词，黄天信曲
《卓玛》	真之词，秋加措曲	《羌山妙音》	穆兰、符辉词曲
《美丽的康定溜溜城》	余力生词，阿金曲	《梦幻汶川》	赵明仁词，孙洪斌曲
《一个妈妈的女儿》	杨星火词，阿金曲	《云朵谣》	余启翔词，赵小毅曲
《康巴汉子》	张东辉词，美郎多吉曲	《羌族锅庄舞曲》	廖刚源词，黄万品曲
《慈祥的母亲》	张东辉词，美郎多吉曲	《情深意更长》	倮伍拉且词，陈川曲
《妈妈格桑拉》	张东辉词，敖昌群曲	《月亮阿妹》	代伐钟词，孙贤储曲
《康定溜溜城》	藏族民歌，戴安常填词，陈川曲	《连起来》	王晋川词，彭涛曲
《雪雁》	余启翔词，彭涛曲	《阿莫妞妞》	丹夫词，吉古夫特曲
《姑娘　我爱你》	余启翔词，绍兵曲	《望》	王持久、魏源词，王一舟曲
《吉祥阳光》	昌英中词曲	歌舞剧《彝红》	李亭词，刘党庆曲
《变脸》	阎肃词，孟庆云、陈小涛曲	《因为有你》	王晋川、陈道斌词，黄德成曲

续表

音乐作品	创作人	音乐作品	创作人
《麻辣烫》	杨笑影词,姚明曲	《四川欢迎你》	范远泰词,胡晓流曲
《嘉陵江,我的母亲河》	柳堤词,彭涛曲	《美好新家园》	王持久词,彭涛曲
《天府是故乡》	水木亚丁词,刘中昭曲	《感激在心》	王持久词,张骁曲
《蜀道》	余启翔词,朱嘉琪、彭涛曲	《我们永远在一起》	吴飞词,敖昌群曲

四川通过合理规划,将相关产业集中配置,使得音乐产业园区成为发展助力。音乐产业链中以项目(团队)孵化为重点功能的音乐基地,以其强大的技术、资金和资源优势,成为音乐创作者落地和原创音乐生产的重要载体。

国家音乐产业基地——成都东郊记忆已发展成功能全面,能够承载美术、摄影、动漫、音乐等多种文化形态,满足创作、演出、营销等多种需求的文化产业园区。围绕音乐产业,东郊记忆打造出集音乐产业孵化、投融资、版权交易和展演平台于一体的综合性园区。

律动成都原创音乐基地由成都音像出版社经营管理,依托四川音乐学院深厚的音乐文化底蕴和人才储备,致力于整合本土原创数字音乐产业链,打造具有四川成都文化特色的原创数字音乐品牌。

由四川音乐学院与新都区政府合作,共同建设并打造的四川音乐学院文化艺术产业园,将定位明确为构建能够实现文化艺术从作品到商品、从资源到资本的转换平台,通过规划布局,将创意设计、人才培训、企业孵化、成果展示、产品转化交易、文化艺术休闲等多种艺术方面的核心功能融于一体,形成一个特质鲜明、功能完善的现代化艺术产业园区。

(4)音乐图书(影像)出版

随着互联网的不断普及,四川音乐产业中,数字化音乐图书(影像)出版的核心作用日益明显。音乐出版业一直是推进音乐发展与普及,提高群众音乐认知水平的重要产业环节。随着网络数字音乐的兴起，消费者获取音乐产品的渠道更加多元化，但作为原创音乐和音乐知识普及的重要阵地，传统音乐出版企业在产业格局中的作用不容忽视。

四川文艺出版社出版音乐图书已逾 20 年，开发"主旋律歌曲集""百唱不厌""中老年激情广场""合唱曲集""器乐演奏""音乐赏析""儿童歌曲集"等九大系列产品、畅销图书数百种。《走进新时代》《感动世界的 101 首经典儿歌》《宝宝最爱唱的歌》等优秀作品，深受广大音乐爱好者欢迎。

四川民族出版社则利用藏彝羌文化传媒网打造藏彝文数字出版中心网络平台，通过视频、音乐、图片、在线教育等多种形式进行民族音乐、民族文字、民族旅游等方面的宣传与推广。

成都音像出版社则坚持以弘扬民族文化为核心，靠作品树形象，形成了地方戏曲、民族文艺及地区和企业形象宣传三大品牌，在四川乃至西南地区音像业界具有较大影响。

（5）网络数字音乐（音乐版权交易）

随着数字技术的快速发展、普及以及网络音乐分发平台的快速崛起，网络数字音乐逐步成为世界音乐产业主流行业，从音乐创意、制作、生产、出版、发行到销售均受到互联网运营模式的影响。特别是移动互联网时代，音乐"随时随地"传播成为可能。2017 年全球录制音乐收入 157 亿美元，其中数字音乐总收入为 78.5 亿美元，占全球录制音乐收入的 50%。

艾瑞数据显示，四川是国内数字音乐高频率使用区域之一，网络数字音乐已经形成了稳居中西部第一的市场规模。四川网络数字音乐行业顺势发展，逐步形成以"咪咕音乐"为龙头的原创网络数字音乐集群和以动漫游戏产业为主要服务对象的数字音乐制作和服务群体，成为中西部地区重要的网络数字音乐产业发展区。其中，咪咕音乐（中国移动无线音乐基地）自落户四川以后，积极与地方产业协同，发挥产业聚合功能，吸引国内外唱片、演艺、互联网、设备生产、研发服务公司落地四川；发挥音乐文化阵地作用，吸引音乐创作、演艺、制作群体以及高水平音乐节目、行业论坛落地四川；本土音乐企业、作品和歌手也借助"咪咕音乐"走出四川。

四川依托四川音乐学院等专业院校的强大支撑，逐步聚集和成长起一批以龙魂华韵、晓音数娱为代表的数字音乐制作企业和团队，以原创音乐为核心，通过原创、录制、合成等工序完成动漫游戏等网络文化产品的音乐音效注入，制作团队、企业逐渐形成。

龙魂华韵以动漫音乐创作、录制为主，代表作为国内热播的大型 3D 动画《秦时明月》《侠岚》等动漫作品的音乐音效。

晓音数娱则主要针对游戏音乐音效的创作和合成，创作完成《剑侠情缘》《侠义道》《剑侠世界》《封神榜叁》等主流网络游戏的主题歌、背景音乐、场景音效等。

成都漫皇网络科技有限公司打造的"音酷 inko"平台针对动漫消费群体，从导演、音效、填词、翻唱、配乐等各个方面签约制作人数百位，形成原创和二次创作产品生产能力，打造音乐分享、娱乐社交和创新创业平台。

（6）音乐演出娱乐

近年来，四川音乐相关演出日益频繁，音乐节（会）、大型活动频次增加。各市（州）特别是旅游业突出的区域，结合自身文化资源和旅游资源，推出各具特色的音乐节（会）活动，成为打响地方文化品牌的重要手段。作为四川文化中心的成都，也大力开展"成都室外音乐会""成都创客音乐会""成都汽车音乐节"等大型音乐节（会）活动，同时借助专业化、大型化音乐展演设施的改造和修建，大力开展专业化、商业化音乐演出项目，逐步形成音乐产业大众化品牌。

通过音乐节（会）活动的举办，四川音乐产业发展实现了音乐演出与旅游、文化的融合。以九寨沟演艺群为代表的旅游音乐演艺群，借助九寨沟得天独厚的旅游资源蓬勃发展，与旅游业融合，吸引游客驻足，打造旅游品牌，同时也成为促进九寨沟旅游转型升级的重要助力。2018

年，四川不断引入音乐演出、节（会）等活动，"中国藏歌会"、凉山州"中国彝歌会"、乐山市"大佛摇滚音乐文化节"、广安"渠江音乐节"、成都"草莓音乐节"等逐步发展成为具有较高知名度的音乐节（会）（见表5－3）。

表5－3　成都重大音乐节（会）

序号	音乐节（会）名称	举办频率
1	成都室外音乐会	拟每年春、夏、秋三季举办
2	成都国际友城青年音乐周	每年举办一次
3	成都汽车音乐节	每年举办一次
4	成都 ACG 动漫音乐节	适时举办
5	风暴音乐节	每年举办一次
6	草莓音乐节	每年举办一次
7	成都国际诗歌音乐节	适时举办
8	成都文化四季风·音乐消夏	每年夏季举办
9	"乐动蓉城"月末惠民音乐会	每月举办
10	"荟萃蓉城"精品（音乐）剧目	适时举办
11	成都创客音乐会	拟每年举办
12	SHFTx2016 最大室内音乐节	适时举办
13	法国夏至音乐节成都站	适时举办
14	市属文艺院团音乐类创作剧目展演	适时举办

音乐产业的发展，除了带来巨大的经济效益，也提升了四川满足群众日益增长的文化需求的能力，各种音乐演出逐渐惠民、便民化。四川通过鼓励演出机构、文艺团体、演出场所经营单位广开渠道，降低票价，推出更多惠民低票价演艺品牌。

四川省锦城艺术宫联合成都商报社共同推出"10 元周末音乐会"，使更多的普通群众走进剧场，接受艺术熏陶。

四川交响乐团在东郊记忆园区剧场推出"音乐之家"演出，依申请向普通群众发放"四川惠民卡"，每周二、周五、周六、周日实行免费演出，累计演出百余场。

"互联网＋音乐产业"成为潮流。四川着力打造以"咪咕音乐"演艺平台为代表的互联网音乐平台，在线进行音乐表演、音乐节（会）的直播。网络演唱会、音乐剧等形式纷纷出现，受到市场肯定。

（7）音乐教育培训及音乐设施设备

随着产业的不断发展，音乐教育培训受到了高度关注。四川由于艺术院校、艺术专业较多，形成了以此为核心的音乐教育培训产业。2018 年，四川音乐教育、专业培训、艺考培训等市场持续火爆，培训人数不断增多，已成为音乐产业中的新兴业态。

2018 年，四川音乐设施建设步伐明显加快，音乐设施设备及专业演出场所日益增多。① 在四川，一大批以音乐演出为主要功能的专业化设施相继落成，以成都大魔方、城市音乐厅、成都大剧院等为代表的现代化音乐设施也已完成规划。这些音乐设施不仅发挥了音乐消费和传播的载体作用，还成为提升城市形象、打造城市名片的重要元素（见表5－4）。

例如成都金沙剧场由成都市专为《金沙》音乐剧驻场演出而打造，该剧是成都演艺集团于 2005 年打造的历史文化巨作，推出至今已在国内及东南亚地区巡演 1600 余场，成为成都市的"城市文化象征"。

四川音乐学院利用自身具有的 5 座多功能表演厅，满足社会各类文化、艺术演出需求，常年面向校外有偿提供资源。2009～2012 年，年均承接各类演出近 200 场，在满足学校教学、实践、科研需求的同时，增强了学校的品牌形象塑造效果，形成了良好的社会合作基础。

---

① 《四川天府新区音乐产业发展研究报告》（内部资料）。

表 5 - 4　成都市主要音乐设施

序号	场馆名称
1	锦城艺术宫
2	成都艺术中心——娇子音乐厅
3	成都川剧艺术中心
4	金色歌剧院（老会展中心）
5	西南剧场
6	东郊记忆 1 号演播大厅、成都大舞台
7	成都体育中心
8	成都体育馆
9	秀丽东方大舞台
10	欢乐谷剧场
11	武侯祠结义楼大舞台
12	龙泉阳光城体育场
13	都江堰市体育场
14	都江堰市体育馆（时空剧场）
15	洛带白桦林剧场、松林剧场、梅林剧场
16	蔚蓝花海阳光大舞台

2018 年，四川乐器销售市场延续了连年增长的趋势，形成了一批"乐器街区""音乐街区"，乐器售卖、服装提供、图书销售、培训教学等依托艺术院校、演出场所得到了发展。专业音响、专业设备呈现出集聚效应，配套日益完善。

（8）民族民间音乐

四川是典型的多民族聚居区，民族民间音乐资源丰富。四川音乐产业中，民族民间音乐包含民间歌曲（民歌）、民间器乐（民器）、戏曲音乐、曲艺音乐和歌舞音乐等多种门类。仅民歌就有山歌、号子、小调、风俗歌、劳动歌、时政歌等，充分体现了四川独特的地理环境及农耕文化的特征，最具代表性的有《川江号子》、彝族《阿惹妞》、藏族《康定情歌》、宜宾地区《槐花几时开》、南坪小调《采花调》等。

依托民族音乐资源，四川不断推进民族音乐事业建设，依托少数民族聚集地及旅游景区，形成了独特的"演艺群"发展态势。其中，以九寨沟演艺产业群为代表，吸引了来自西藏、青海、云南、甘肃和四川藏族、羌族聚居区的优秀文艺表演人才，涌现出容中尔甲、蒲巴甲、高原红女子组合、哈拉玛女子组合等一大批优秀歌手（组合），创作了《神奇的九寨》《九寨情缘》等一大批在全国获奖和有影响的作品。

依托良好的群众基础，四川音乐产业结合公共文化服务、基层文艺活动，调动民间音乐产业的发展，形成较广的民间音乐"演艺群"辐射面。根据四川省文化馆的数据，2018年，四川拥有超过100支以农民为主要成员的民间演艺队伍，年均演出近2万场，辐射云南、贵州、重庆等省份，形成了独特的音乐产业形态。

（9）音乐对外交流

四川音乐产业紧紧围绕"展现国家文化魅力，提高民族凝聚力"这一主题，进行对外交流和产业输出，打造"四川音乐"品牌，逐步形成了藏羌彝民族音乐、天姿国乐女子民乐、青城道教洞经古乐、金沙音乐剧等音乐交流品牌。

借助"一带一路"人文交流计划、"欢乐春节"、"文化中国·四海同春"、中俄"两河流域"合作计划等国家级重大交流平台，四川音乐产业频繁"走出去"，开展音乐交流活动。如天姿国乐女子民乐团多次奔赴新西兰、西班牙、荷兰参加文化部"欢乐春节"品牌活动，赴俄罗斯执行中俄"两河流域"合作计划，赴日本开展友城交流，与当地乐团合作演奏；成都艺术剧院有限责任公司赴美国、日本、墨西哥、新加坡、俄罗斯、中国香港、中国台湾开展"成都中国古琴艺术荟"活动；成都乐团赴突尼斯参加"苏塞之春"艺术节。这些都深受世界各国（地区）人民的喜爱。

除省级音乐企业、剧团以外，全省各地区均积极整合各类平台资源，音乐交流渠道进一步拓展。省外侨办、省友协、省侨联、成都市外侨办等各级部门借助国际友好城市等平台推动音乐交流。"成都国际友城青年音乐周"

"白鹿·法国古典音乐艺术节"等音乐节庆活动已连续举办多届，成为促进四川与世界深化音乐交流的重要载体。

除了利用演出、比赛、节庆等交流平台，四川还积极开展音乐人才交流。四川音乐机构和音乐人纷纷走出国门前往美国、德国、法国、奥地利等国的国际知名乐团参加培训、讲座、论坛并开展在岗实习等，以参加世界各国音乐节、上海国际艺术节等国际性音乐展览节（会）平台为契机，与国际音乐机构和音乐人在音乐制作、演奏等方面加强"跨界融合"交流；同时，高端音乐人才"引进来"也变成现实，四川交响乐团邀请海外知名音乐人出任音乐总监，邀请德国、美国等一流交响乐团来川交流，四川音乐学院与30余所海外院校签署了友好交流协议，长期聘请国际专家和招收海外留学生，并邀请各国音乐大师来川与学生交流。

此外，在行业布局上，四川省还大力培育"互联网＋音乐"产业形态，加快发展数字音乐的步伐，在目标定位上不断突出国际化特点，吸引和支持国际领军音乐企业，到成都与格蕾丝社会音乐组织、音乐院校、主流媒体、音乐网站开展多种形式的合作。通过在成都打造具有影响力的原创音乐榜，设立原创音乐奖，举办原创音乐榜颁奖盛典等主题活动，增强产业带动和培育效应，促进国内外优秀原创音乐人才、资源和行业汇聚成都。逐步形成音乐产业生产在成都、发布在成都的良好格局，努力把成都打造成国际化的原创音乐集散地。通过完善制度、政策，建立健全音乐版权登记制度和司法保护机制，支持和鼓励购买版权，推动数字音乐尤其是流媒体音乐正版化。

二　问题与不足

通过以上分析可以得知，在形式不断丰富、发展规模不断扩大的同时，四川省音乐产业有以下问题和不足。

（一）整体布局

音乐产业中，成都市行业资源分布相较于四川省其他市（州）过度集中，全省音乐产业呈现出分布密度不均、基础数量不大的情况。在川西等少数民族聚集地，产业发展高度依赖当地的民族文化氛围，缺乏在其他区域的影响力、品牌力、传播力。音乐产业行业布局缺乏全省的统一规划和政府层面的主动引导，过多强调市场的主动性，缺乏指导。

四川省音乐产业仍旧受制于人才储备和产品开发等方面的不足，精品数量较少，高端人才、产业复合型人才储备不足。著名音乐人、音乐品牌、音乐作品的出现呈现出随机性，过多依赖娱乐圈成名后的包装。

（二）音乐创意人才

音乐创意人才大多集中在民族音乐、民间音乐领域，对其他音乐形式的原创开发投入较少，精品、名品不多。创意人才队伍建设由市场、民间自主完成，成体系、成系统的培养仍旧受制于产业发展的瓶颈，在培养体系上缺乏"课堂到市场"的转换。

音乐创意人才出现"断层"，近年来在国内、国际相关领域具有影响力的音乐创意人才缺乏。在对外交流过程中，音乐创意人才主要作品与民族、民俗和地区性关联较大，缺少其他音乐形式。在产业融合发展方面，创意人才相对缺乏，缺少对产业发展的整体推动力。

在音乐创意人才培养体系上，对四川音乐学院等院校的"科班式"培养较为依赖，缺少市场化、企业化的创意人才培养模式。培养过程中，校地、校企的合作相对较少，院校教育、科研、师资资源直接转换为产品、产业的主动性不强，未能很好地利用浓烈的创作、研究氛围。缺少通过主题赛事选拔音乐创意人才的途径，过度依靠市场、娱乐圈的推动、包装。产业培育和引导上对音乐创意人才重视不够，缺少对原创作品的扶持和政策倾斜。

（三）原创音乐生产（通俗流行音乐）

原创音乐制作市场份额相对较小，市场关注和投入不足，集中在政府购买、企业订购等方面，形式有待进一步丰富。

原创音乐生产的相关制作公司实力不强，水平还需进一步提升。音乐原创制作大多集中在网络歌曲、名曲改编等方面，近年来对短视频配音等有所侧重，但含金量不足，处于产业发展的低端领域。产业过多集中在成都地区，对民俗、民族和传统文化、历史文化的开发不足，依赖于旅游、娱乐等市场的推动，自身原创发布、作品推广的行为需进一步增多。

"成都民谣""民族风情"的原创音乐品牌形象的塑造，大多为被动跟随，缺乏主动推广和打造。与川剧、曲艺等表演艺术、形式的融合大多处于初级阶段，强调同台表演，元素融合等深度合作、创作还有待进一步加强。

音乐产业园区对原创音乐发展的带动性不强，以国家音乐产业基地东郊记忆为代表，园区、基地过多集中在表演场所等的打造上，对原创音乐的设备、场地投入、补贴不足，依赖市场的主动性，政府的相关原创培育意识不强。音乐基地"原创""产品"的转化还需进一步打破瓶颈，在数量上进一步增多，布局上进一步合理，形成功能全面的具有创作转化、市场推广等功能的综合性园区。

在园区的设置和打造上，大多围绕相关院校开展，政府扶持、市场引导等参与性还可进一步提高。在规划布局上，园区入驻率大多不高，人才、团队等所需要的服务性功能不健全，依赖于其主动投入，补贴、扶持政策的落地时效性不强，未能形成对原创产业发展的推动作用。

（四）音像图书（影像）出版

四川省的音像图书（影像）出版行业受到数字出版的冲击，持续萎缩，相关作品的数字出版仍处于起步阶段。音像作品持续丰富，但大多为互联网媒体、企业参与和推动，专业出版机构发展进入了瓶颈期，市场参与程度持续降低，经济效益明显下滑。

音像作品的"四川特色"开发不足，过多以民俗风情、旅游风光等为卖点，对以成都"休闲文化"等为代表的四川本土特色拉动效果不佳。受市场的约束较大，整体音像出版还需要进一步加强引导和保护，加速向数字出版方向转型。产业的经济价值链条还需进一步打造，出版产品向其他相关领域进行转换、开发的附加值提炼不成熟。

另外，由于现阶段相关法律法规还在逐步完善，四川省的音像图书（影像）版权保护较为困难，盗版、抄袭、模仿和低端批量创作等情况层出不穷。相关创作人员、团队、企业过度依赖市场化的包装、推广，作品本身缺乏水平、内涵的支撑，长久性严重不足。只有极少数作品能够得到市场的关注并经受住考验，具备向影视、综艺、游戏等领域转化、推广的价值。

在行业企业中，缺乏有较大影响力的领军企业、龙头企业，出版作品大多由本土进行消化，向外传播、发展的动力、潜力不足。在数字出版市场竞争日益激烈，网络音像作品市场不断扩大的情况下，本土企业参与竞争、引领发展和建立优势的动力、资本均需加强。

（五）网络数字音乐（数字版权交易）

四川本土企业及行业整体，对数字技术的发展还需投入更多的研究经费和市场开发资源。在网络音乐分发和音乐软件、应用的市场抢占中，四川未能抢占先机，没有形成具有竞争力的本土平台、品牌。

作为国内数字音乐高频率使用地区，四川网络数字音乐产业过多依赖于咪咕音乐这一"独角兽"企业的带动，而对本土产业圈中的中小微企业带动效果不足。在市场化竞争进一步加剧的情况下，咪咕音乐依托中国移动所建立的市场优势也受到冲击，四川急需发展差异化的网络数字音乐产业。咪咕音乐对项目落地、人才吸聚的作用未达到预期效果，对本土人才、作品的推动作用也有待提升，"后咪咕时代"四川如何发展网络数字音乐成为需要思考的问题。

在数字音乐制作团队上，精品化作品比例较小，"四川创作"的品牌效应还应得到进一步打造，与本土动漫产业的融合发展还需进一步加强。数字版权交易的体制、机制还未建立，版权交易所、交易市场还处于规划阶段，应加快落地转化速度，抢占国内相关产业的领先地位。

（六）音乐演出娱乐

音乐演出产业过多依赖政府扶持和投入，市场资源吸纳能力不足。在与旅游产业融合发展态势良好的情况下，深挖市场潜力，拓展关联业态的动力不足，只满足于旅游品牌推介，对音乐产业自身的发展带动较小。

娱乐演出市场呈现出不规则分布的情况，部分演出效益良好，但大量低端化、同质化的演出仍占据着主要市场。音乐演出正在向基层文化巡演、公共服务转型，高端、精品的创作动力不足，缺乏国内、国际行业竞争力。

主题音乐赛事、节（会）的影响力还需进一步提高，负面新闻的增多给产业的发展带来了更多的挑战。模式化地照搬和延续，不仅不能满足日益增长的多元市场需求，反而呈现出审美疲劳的局面。在业态的创新和形式的丰富上，四川省的音乐演出娱乐产业参与不足，大多采取模仿、借鉴的方法，具有原创性的节（会）开发严重不足。

音乐演出惠民化仍需进一步加强，演出大多由团队、机构设计，未能贴近群众实际的需求。演出频率、演出方式和演出地点等还应进一步走近群众，降低观看演出、参与相应活动的难度，真正实现惠民化，而非一味追求演出次数任务的完成。

在线进行音乐表演、音乐节（会）的直播实际效果有待商榷，市场影响力不够，知名度、品牌度都需进一步提高。

（七）音乐教育培训和音乐设施设备

音乐教育培训产业高度依赖于艺考等市场需求，对于爱好培养、业务兴趣等市场开发不足，无论是市场主体布局还是消费拉动，都以相关高等院校、艺术院系为中心，业态形式发展严重不均。

音乐设施、场馆的建设依赖于城市的周期性规划，缺乏持续性、连续性投入，对整体功能设施的定位缺乏统一标准，呈现出无序局面。在建设和布局上，大多以成都为中心，在规模上"贪大求全"，在小型音乐设施、社区音乐场馆的建设上投入不足。在建设过程中,过度强调场馆与城市形象的提升,对科学性、规划性重视不够,未能对周边产业发展起到推动作用。

公共性音乐场馆大多集中于政府、院校,市场化参与和投入不足,群众精神文化需求未能得到充分满足。

(八)民俗、民间音乐

民俗、民间音乐的创作出现断层,近年来具有全国、国际影响力的作品较少,民俗、民间音乐传承依赖于非物质文化等专项保护,市场开发、参与不足,精品数量持续下降。

民俗、民间音乐依赖于旅游、文化市场,大多集中在著名旅游景点周边,展示性、表演性较强,文化传承、技法研究的关注降低,不利于长期保护和可持续发展。民间演艺团队的技艺、水平较低,对公共文化服务的投入依赖经济效益,音乐文化服务开展投入相对较少,参与人数不多。

(九)音乐对外交流

音乐对外交流过多依赖于政府行为,市场化程度较低。题材上,集中于民俗、民族文化,其他音乐类型涉及不足,整体产业呈现出不均衡发展的态势,具有国际认可度的精品数量相对较少。

高端音乐人才交流不足,人才引进情况不佳,过多强调"人才交流"而缺乏作品修改、产业升级和深度挖掘等行为,对外交流的实际效果有待进一步加强,对四川省的产业带动力不足。

三 经典案例

(一)乐山:举办佛光花海音乐节

该音乐节由乐山市政府主办,咪咕音乐携手四川德胜文旅联合承办。

"2017 峨眉山佛光花海音乐节"在国家 5A 级景区峨眉山黄湾小镇圆满落幕。为期两天的佛光花海音乐节，吸引了超过 5 万人到场，直播观看人次达1939 万。作为一场高水准的前沿音乐表演，本届音乐节汇聚了张靓颖、谭维维、光良、陈粒、郝云、牛奶咖啡、黄义达等 19 组知名艺人，涵盖摇滚、流行、民谣、朋克、爵士等多元化风格。[①]

在咪咕音乐的加盟助阵下，2017 年的佛光花海音乐节进行了品牌、艺人、体验、创意、制作、传播六大方面的全新升级，其中花海舞台及咪咕舞台的设计相当具有视觉冲击力，高水平专业演艺制作为呈现一场超水平演出奠定了重要基础。此次音乐节，乐山市政府将音乐时尚与传统文化、地方特色及国际潮流完美结合，成功打造出了一个既具有西部特色又与国际时尚相融合的知名音乐节品牌。

"2017 峨眉山佛光花海音乐节"举办地有着丰富的乐山特色美食，以及"世界双遗产"的宝贵文化财富，为音乐节增添了新颖独特的旅游、文化内涵，"美食＋旅游＋音乐"使得本届音乐节的差异化定位特色显著。此次音乐节的成功举办，给乐山、峨眉山城市的形象宣传又增加了一大亮点，在"知名旅游景点城市"的名片上加入"著名音乐节举办地"的新称谓。并有效带动了周边旅游收入，包括景区门票、住宿、餐饮、其他周边消费等。佛光花海音乐节不仅为市民的文化生活和游客的休闲旅游带来新体验，也显著提升了本土文化软实力和城市文化品位，在城市间的竞争中处于战略领先地位。

2017 年第二届佛光花海音乐节作为该年度"四季音乐季"的开篇之作，凭借优异的景区资源和多元的音乐形式，以专业的音乐态度，为数万乐迷呈现了一场传统文化与时尚潮流完美结合的国际化音乐盛宴。

（二）咪咕音乐：打造音乐产业旗舰企业

作为四川音乐产业的龙头企业，位于成都市高新区的咪咕音乐有限公司

[①] 《2017 佛光花海音乐节圆满落幕 现场超 5 万乐迷热情狂欢》，凤凰网，2017 年 5 月 2 日，http：//yue.ifeng.com/a/20170502/39802556_0.shtml。

拥有国内最庞大的移动网络用户群体的中国移动，可向全国 8 亿用户提供音乐服务、音乐产品。原先内部的研发基地正式转化为市场化运营公司，平台层次显著提高。它是总注资 104 亿元的中国移动咪咕文化科技有限公司旗下专业公司，主要经营以音乐为载体的新媒体业务。[①]

咪咕音乐前身系中国移动无线音乐基地。公司在内容集成、渠道拓展、运营管理、终端服务上实现完整的产业生态再造，已基本达成"立足成都、依托西部、辐射全国、引领国际"的规划部署。公司持续推进互联网转型，拓展音乐蓝海市场，全面打通用户"登录、服务、支付"三大环节，覆盖非移动用户。自有产品服务覆盖手机、笔记本电脑、平板电脑、家庭 OTT 盒子、音响等多种智能终端，并向线上演艺、家庭音乐、广告、衍生品销售等业务领域拓展。

目前，咪咕音乐已经成为中国数字音乐市场最重要的企业之一，也是国内最大的音乐艺人活动平台之一，并不断向各方延伸与跨界，推动产业链上的企业合作共赢，逐渐构建起一个由通信、音乐和互联网融合的完整高效的产业生态系统。

互联网平台以其强大的数据挖掘和资源整合能力，成为音乐演出产业的重要渠道。近年来，在全国范围内涌现出"爱奇艺音乐榜""乐视超级演唱会""六间房直播平台"等音乐演出平台，咪咕音乐作为四川最大的音乐平台，借助中国移动的网络优势，大力开展线上线下演出活动。

从咪咕音乐演出平台的 O2O 模式发展路径来看，其主要具备以下特点：大数据分析能力强，拥有超过 4 亿的用户（其中 1.3 亿会员），拥有超过 2000 万条内容属性标签，通过对用户习惯、内容喜好进行大数据分析，精确定位目标客户，打造用户最想要的演艺活动；曲库版权资源丰富，其拥有近 400 万曲的正版曲库，新发歌曲覆盖率达到 95%，咪咕音乐的演艺活动可结合歌手现场演唱歌曲设计专辑推荐、歌词推送等特色互动功能；行业资源整合力强，1000 余家内容合作伙伴，开放合作平台聚

---

① 咪咕音乐官网，http://www.migu.cn/about.html。

集的 300 余家渠道合作伙伴和应用合作者，使咪咕音乐平台具备更强的资源整合能力，更好地满足用户对演艺活动的需求；推广传播面更广泛，咪咕音乐借助中移动大市场优势，与 31 个省份移动的联合运营，具有强大的区域落地能力。这为咪咕音乐演艺活动和 O2O 业务的开展提供了强大的渠道资源、执行保障。

咪咕音乐有限公司正加强与地方产业协同，发挥产业聚合能力，吸引国内外唱片、演艺、互联网、设备生产、研发服务公司落地四川；发挥音乐文化阵地作用，吸引音乐创作者、演艺者、制作人聚集成都，吸引高水平的音乐节目、行业论坛落地四川，积极帮助本土音乐企业、作品、歌手走出四川，助力四川建设文化科技强省。

在发展规模上，为了深化会员运营，向用户提供高水准的音乐产品和多样化的服务体系，突破现有用户范围和产品支付瓶颈，中国移动无线音乐基地咪咕音乐在产业内首次将第三方支付应用于音乐业务。用户可通过银联、支付宝、财付通和中国移动手机支付四大第三方支付平台进行咪咕音乐产品购买。

咪咕音乐将构建融合通信网、互联网、音乐网的数字生态，通过新技术、新媒体、新模式，覆盖从手机到云屏的全产业链，构建高品质音乐发行平台和音乐娱乐互动平台。在未来，咪咕音乐将始终坚持正版运营，以内容为根本，以技术为引擎，打造互联网与文化产业融合发展的数字娱乐平台，协同音乐产业发展。咪咕音乐的发展，在四川起到了较好的示范带动作用和产业集聚效益。

四 政策分析

（一）产业相关政策

自 2015 年开始，国家新闻出版广电总局陆续出台系列文件，对音乐产业的发展予以扶持（见表 5-5）。《关于大力推进我国音乐产业发展的若干意见》，成为国内第一部针对音乐产业发展而颁布实施的专项指导政策。①

2015年7月，国家版权局颁布了首部整治音乐产业中网络音乐版权乱象的文件《关于责令网络音乐服务商停止未经授权传播音乐作品的通知》，开始进行国内首轮规范网络音乐版权、净化行业竞争环境的专项整治行动。② 此举被业界视作与国家新闻出版广电总局有关举措的配合。

除此之外，由中共中央办公厅、国务院办公厅在2017年5月印发并颁布的《国家"十三五"时期文化发展改革规划纲要》，首次明确了"音乐产业发展"的战略部署，并将其列入"重大文化产业工程"名单。③

表5-5　音乐产业发展政策

政策	具体措施
《关于大力推进我国音乐产业发展的若干意见》	①推进优秀国产原创音乐作品出版 ②激发音乐创作生产活力 ③培育大型音乐集团公司 ④加快音乐与科技融合发展 ⑤推进音乐行业标准化建设 ⑥搭建大型专业音乐平台 ⑦促进国际交流与合作 ⑧推动中国音乐"走出去" ⑨实施音乐人才培养计划 ⑩推进国家音乐产业基地建设
《关于责令网络音乐服务商停止未经授权传播音乐作品的通知》	①严打网络音乐服务商之间的恶性讼争 ②规范网络音乐版权购买 ③健全转授权谈判机制 ④调控版权价格波动 ⑤维护网络音乐版权秩序 ⑥建立良好的网络音乐版权生态

① 国家新闻出版广电总局：《关于大力推进我国音乐产业发展的若干意见》，2015。
② 国家版权局：《关于责令网络音乐服务商停止未经授权传播音乐作品的通知》，2015。
③ 中共中央办公厅、国务院办公厅：《国家"十三五"时期文化发展改革规划纲要》，2017。

（二）资金扶持政策

为进一步培育音乐产业，促进产业加速转型升级，四川省各级政府在国家产业引导和扶持政策的基础上，根据实际情况，制定并出台了音乐产业发展资金鼓励和扶持政策（见表5-6）。

表5-6 四川省及成都市音乐产业资金扶持政策（部分）

地区	扶持政策
四川省	①对部分具有社会经济效益和示范作用的音乐产业项目给予年度不超过200万元补助 ②对音乐产业相关企业融资利息给予政府补贴 ③对音乐产业领军企业、品牌人才落地及省内企业项目推进成效显著的,省内音乐作品获重要赛事名次的,音乐作品宣传四川效果突出的,打造原创音乐品牌贡献突出的企事业单位、个人给予绩效奖励
成都市	①对音乐产业领军企业在成都落地或设立总部、研发基地给予奖励 ②对本土企业投资音乐产业或取得产值增加、企业上市等给予补贴、奖励 ③对行业领军人才及创业团队项目进行资助 ④举办原创音乐赛事,培育产业氛围并给予奖励 ⑤对音乐演出给予补贴 ⑥支持版权交易并给予政策补贴

资料来源：四川省人民政府：《四川省音乐产业发展专项资金管理办法》，2018；成都市人民政府：《成都市人民政府关于支持音乐产业发展的意见》，2018。

五 建议对策

为推进音乐产业在四川健康发展，培育和聚集更多优秀音乐人才、企业、团队，促进四川音乐文化市场持续繁荣，打造四川音乐产业品牌，需从政策、产业、人才、技术等方面加大扶持力度，不断完善有利于音乐产业公平竞争的制度，确保从业者的收入与市场反响成正相关，通过市场选择优胜劣汰，提升四川音乐产业整体品质，培育和促进更大范围和更高水平的音乐消费市场，形成行业发展的良性循环。为此，提出以下几点建议及对策。

（一）加强组织领导，加大投入力度

完善组织领导及上层设计。尽快完善"音乐强省"战略的领导班子和组织机构，负责全省音乐产业发展工作的组织领导、政策制定和督导推进。培育促进音乐产业发展的社会组织，支持社会组织搭建公共服务平台，发挥社会组织在行业自律、资源统筹、品牌创建、标准制定、版权保护、人才培养等方面的积极作用，构建市场主导、行业管理的发展机制。

提供充足财政支持与保障。保证公共财政对音乐产业投入的资金规模，提高音乐产业财政支出。加大公共音乐设施建设和设备维护更新的投入力度，保障公共服务体系建设和运行。推动设立音乐产业发展专项资金、农村音乐建设专项资金，对音乐科技企业和项目给予重点支持。增加音乐版权保护经费投入，加大对重点音乐艺术作品创作、重点项目实施和重大课题研究的支持力度。

以金融手段支持产业发展。灵活运用金融手段，以资本方式撬动产业发展。鼓励银行进行融资、贷款的优惠，设立产业基金等，拓展音乐企业和音乐"双创"项目的融资渠道，并在音乐企业和音乐人申报政府专项资金时给予支持。

（二）强化政策支撑，完善监测机制

落实用地保障优惠政策。对音乐企业开发成本、营业收入、知识产权收益给予税收优惠。优先保障音乐产业项目用地计划指标，在用地计划指标安排上予以重点支持，允许分期缴纳土地出让金。

创新金融支持政策。积极探索建立适合音乐产业特点的贷款审批机制、利率定价机制和信用评级机制，鼓励金融机构探索开发适合音乐消费的金融产品，支持和引导非公有资本参与国有音乐企业经营。鼓励音乐产业的股权、债权和商标、专利等知识产权交易、流动。

推动音乐演艺市场行政管理改革。简化审批事项，积极帮助音乐企业解决生产经营活动中的市场管理问题。完善盗版举报和查处奖励机制，探索建立网络环境下音乐版权保护机制，严厉打击侵权盗版行为，依法查处违法和有害音乐产品。

（三）打造重点工程，合力推进落实

打造"音乐旅游工程"。整合音乐与旅游资源，在旅游景区打造精品演艺节目、场所，与旅游业良性互动、有机结合。积极挖掘旅游演艺的巨大市场潜力，形成若干演艺精品汇集、集聚效应明显的旅游演艺特色产业群（见表5 –7）。

表5 –7　"音乐旅游工程"演艺节目

名称	内容
九寨音乐城	在现有的《九寨千古情》民族歌舞演出基础上，增加流行音乐大型演出、器乐演出等节目形式，丰富九寨沟歌舞表演形式，满足游客不同需求，吸引更多热爱音乐的游客观光旅游
藏羌彝民歌会	在藏羌彝文化走廊旅游区定期举办大型民族音乐赛事，将民歌会打造成涵盖全国各少数民族音乐的，在民族音乐节最具权威性的，集比赛、表演、颁奖于一体的大型精品歌会
城市地标巡回演唱会	在全省各地特色地标建筑或旅游景点，进行巡回演出，演出中邀请当地有名的音乐人，编写赞颂当地风土人情的歌曲

（四）依托成熟业态，助推产业升级

借助美食品牌，实现产业融合。四川省拥有全球知名的"火锅文化""川菜文化"，将四川省具有特色的饮食文化与音乐产业相融合，举办相应的"音乐＋"主题节（会），邀请本地演艺团队参加，既发展音乐产业，又丰富群众生活。

打造电视主题精品节目。打造主题音乐电视频道，带动音乐人、制作团队、媒体团队共同参与产业经营，形成产业链上下游一起发展的格局。

拍摄以音乐为主题的电影。利用峨眉电影集团等一批影视公司，在影视剧制作的同时融入音乐元素，借助"大屏幕"优势拓展产业影响力。

（五）培育本土品牌，增强产业实力

设立政府专项基金。在政策引导中成立专项扶持基金，推动四川音乐项目孵化，为音乐产业的孵化提供物理空间、技术研发、人才培养、资金服务、市场开拓和法律支持等各环节的服务内容，扶持更多的创意项目落实。

推出项目征集计划书。向全四川征集有创意的音乐项目，综合专家评估意见，选拔出优秀的有创意有前景的音乐项目进行孵化。以此为基础，建立投资主体多元化的四川音乐孵化项目，积极鼓励大型企业和投资公司等投入音乐产业孵化工程中，设立有效的政府奖励机制，给予奖励性补助。

强化潜力企业项目支撑。整合川内具有潜力的中小微音乐企业，综合各方面条件选出具有优势的企业进行孵化，打造具有四川特色的演艺娱乐品牌。孵化需要重点关注川内有潜力的中小微音乐企业，加大扶持力度，在资金、法律、技术、人力等方面给予帮助。创立本土品牌经纪企业，帮助音乐人制定音乐生涯规划，并扶持具有地方特色的音乐剧。

（六）健全培养体系，提升产业水平

开展音乐家合作交流项目。提供合作交流项目，加强川内音乐家与川外音乐家的互动联系，进行更多展演、演出。同时着重邀请知名音乐家和教育培训机构在四川设立教育培训机构，为四川人才教育提供支撑，与国际接轨。

实施"川籍音乐人"引进计划。开展川籍音乐家、知名歌手、音乐组合、音乐制作人"回川返乡"人才吸引专项推介和招商引资活动，活跃川内音乐氛围，对回川开办工作室或公司的川籍音乐人给予一定程度的政策优惠和资金扶持。

打造专项人才培养培育项目。创建音乐学院、园区和企业"三位一体"的实践基地。鼓励音乐企业与音乐院校合作，建立健全多层次、多类型的音乐复合型人才、实用型人才培养体系，将人口优势转化为人才优势。

强化全产业链人才储备。对音乐产业包装、后期、营销等方面的全产业链人才予以重点支持，积极引进国内外优秀的制作团队、人才，促使四川音乐节、音乐剧等的内容水平获得提升。

（七）增强版权监管，强化产权意识

强化音乐版权管理。整合四川的原创音乐数据以及民俗音乐等的数据，统一录入版权库中，由作曲家协会负责管理，政府成立的音乐产业领导班子从旁监督及保障。制定完善的音乐版权数据库的登记录入管理制度，确定注册的作曲家的真实有效性。明确对作曲家的音乐版权的提成份额等，以保障作曲家的正当合法收入，鼓励作曲家创作的积极性。

监督版权交易管理。为音乐产业、企业提供法律、版权管理等方面的帮助，全力提升数据版权库的权威性和影响力，对资源集中整合进行推介交易，吸引外来娱乐企业、电视台、工作室等入川参与四川音乐的交易，促进四川音乐产品的对外交易，形成完善的音乐作品交易体系。

（八）拓展合作领域，实现融合联动

加快音乐与科技融合发展。贯彻落实《国务院关于积极推进"互联网＋"行动的指导意见》《促进大数据发展行动纲要》，积极融入"互联网＋"，依托国家音乐产业基地，支持音乐企业建设"国际一流"的数字音乐研发生产平台和网络传播、在线视听等流媒体音乐服务平台。

加快音乐产业数字化进程。支持音乐产品生产和消费与网络社交、互动视频、人工智能、虚拟现实等现代信息技术深度融合，大力开发新兴的数字音乐产品和数字音乐服务；注重发挥广播电视和卡拉 OK 等对数字音乐的推动作用，实现音乐产业技术进步、融合创新、业态升级。

拓展营业产业合作平台。鼓励音乐企业与通信运营商、网络运营商进行全方位合作，拓展互联网、无线通信网、有线电视网、卫星直投网等数字传播渠道。运用移动互联网、云计算、大数据、物联网、VR／AR 等信息技术，开发以手机、移动多媒体终端以及移动硬盘、集成电路卡、数据库等为载体和表现形式的多种音乐出版发行方式，鼓励音乐企业与硬件设备制造

商深度合作，加大音乐类可穿戴设备的研发力度。发展数字音乐，抢占产业前沿。

支持开发各类音乐版权衍生品。促进音乐与动漫游戏、旅游、体育、购物等融合发展。运用现代技术手段，提高音乐创作水平、拓展传播渠道。以文化消费为核心，与川酒、川茶等传统产业相结合，推动音乐演出场所多元化经营和业态转型升级，不断满足不同消费群体的音乐文化需求。

（九）建设开放平台，鼓励对外合作

加快音乐开放平台建设。坚持交流和贸易并举，推动音乐开展国际合作，促进文化贸易。鼓励优秀音乐作品、人才、企业以参展、参赛、交流等形式"走出去"，积极参与国际竞争，拓展音乐对外交流渠道。

积极开展国际合作。支持音乐关联行业与国际知名音乐机构开展国际合作。加强音乐家交流合作，探索建立音乐产业发展对外开放机制，积极融入国家"一带一路"建设，引进先进商业模式、优秀音乐产品和高端音乐人才，大力发展对外音乐贸易。

参考文献

《2017 佛光花海音乐节圆满落幕 现场超 5 万乐迷热情狂欢》，凤凰网，2017 年 5 月 2 日，http：//yue. ifeng. com/a/20170502/39802556_ 0. shtml。

《2017 年成都音乐产业市场总收入预计突破 320 亿元》，中国经济网，2017 年 12 月 11 日，http：//www. ce. cn/culture/gd/201712/11/t20171211_ 27203402. shtml。

《2017 中国音乐产业发展报告》，2017 第四届音乐产业高端论坛，2017 年 11 月。

《2025 年成都音乐产业产值将破千亿》，四川省人民政府网站，2016 年 8 月 18 日，http：//www. sc. gov. cn/10462/10464/10465/10595/2016/8/18/10392645. shtml。

陈倩倩、王缉慈：《论创意产业及其集群的发展环境——以音乐产业为例》，《地域研究与开发》2005 年第 2 期。

成都市传媒集团、电子科技大学文化产业战略研究中心：《国家音乐产业（成都）基地规划方案》，2011。

成都市人民政府：《成都市人民政府关于支持音乐产业发展的意见》，2018。

《成都市音乐产业情况》，四川省人民政府官网，2016 年 8 月 18 日，http：//www. sc. gov. cn/10462/10464/10465/10595/2016/8/18/10392645。

《成都首个大型露天音乐广场　凤凰山音乐公园明年建成》，成都全搜索，2017 年 4 月 21 日，http：//news. chengdu. cn/2017/0421/1870913. shtml。

《成都支持音乐产业发展　未来十年打造音乐之都》，四川新闻网，2016 年 8 月 17 日，http：//culture. newssc. org/system/20160817/000699278. html。

冯子标、焦斌龙：《分工、比较优势与文化产业发展》，商务印书馆，2005。

傅议萱：《电子音乐的艺术特征与发展状况探究》，东北师范大学硕士学位论文，2010。

国家版权局：《关于责令网络音乐服务商停止未经授权传播音乐作品的通知》，2015。

国家新闻出版广电总局：《关于大力推进我国音乐产业发展的若干意见》，2015。

李明颖：《中国数字音乐产业运营研究》，四川大学硕士学位论文，2007。

李向民、王晨等：《文化产业：变革中的文化》，经济科学出版社，2005。

茅中飞：《数字化音乐传播初探》，《南京艺术学院学报》（音乐与表演版）2006 年第 4 期。

梅夏英、姜福晓：《数字网络环境中著作权实现的困境与出路——基于 P2P 技术背景下美国音乐产业的实证分析》，《北方法学》2014 年第 2 期。

祁述裕：《中国文化产业国际竞争力报告》，社会科学文献出版社，2004。

芮明杰、巫景飞、何大军：《MP3 技术与美国音乐产业演化》，《中国工业经济》2005 年第 2 期。

《四川规上文化产业营收创意设计增长最快达 48. 1%》，新浪四川，2018 年 6 月 19 日，http：//sc. sina. com. cn/news/m/2018 - 06 - 19/detail - iheauxvz5365864. shtml。

四川省人民政府：《四川省音乐产业发展专项资金管理办法》，2018。

《四川音乐产业正孕育一次突破》，四川在线，2016 年 8 月 29 日，https：//sichuan. scol. com. cn/dwzw/201608/55622135. html。

孙凯慧：《音乐数字化下的商业模式创新》，复旦大学硕士学位论文，2008。

王嘉宁：《从产业价值链角度看中国数字音乐产业》，《信阳师范学院学报》（哲学社会科学版）2009 年第 1 期。

小力：《网络开辟音乐产业新天地》，《科学新闻》2000 年第 19 期。

晓林：《音乐效应与音乐产业》，《世界知识》1991 年第 7 期。

杨加猛：《中国在线音乐产业发展前景预测与分析》，《特区经济》2008 年第 4 期。

杨加猛、蔡志坚：《中国数字音乐产业发展思路探析》，《当代经济》2008 年第1期。

赵沛：《中国音乐产业的概念界定及其发展现状》，《华中师范大学研究生学报》2008 年第 4 期。

中共中央办公厅、国务院办公厅:《国家"十三五"时期文化发展改革规划纲要》, 2017。

《中国移动无线音乐基地介绍》, 人民网, 2012 年 11 月 28 日, http: // culture. people. com. cn/n/2012/1128/c352802 – 19728578. html。

Alexander Belinfante, Richard L. Johnson, "Competition, Pricing and Concentration in the U. S. Recorded Music Industry," *Journal of Cultural Economics*, 1982.

第六章
数字创意产业

　　随着经济社会的发展与科学技术的进步，文化消费市场持续扩大，公众对文化创意产品的需求不断增加。[①] 早在 21 世纪初，学者们就指出，文化创意产业逐步发展并成为经济增长的核心与动力。[②] 近年来，以传统手工艺、民族民俗风情、非物质文化遗产等为亮点的文化创意产业，依托数字技术的发展，将互联网作为主要平台和渠道，形成了文化创意产业中的新兴业态——数字创意产业。

一　基本状况

（一）文化创意产业与数字创意产业

1. 文化创意产业

（1）文化创意产业的概念界定

　　文化创意产业的概念来源于创意产业。国内学者指出，随着第二次世界大战后世界经济的发展，人们对于文化消费的需求，促使"文化产品"与"创意"相结合，推动形成了创意产业。[③] 创意概念的提出，源于英国创意

---

① 〔加〕查尔斯·兰德利：《伦敦：文化创意城市》，载《世界文化产业发展前沿报告（2003～2004）》，社会科学文献出版社，2004。

② 〔德〕彼得·康纳利斯等：《世界经济论坛 2002—2003 年全球竞争力报告》，方丽英等译，机械工业出版社，2003。

③ 荣跃明：《超越文化产业：创意产业的本质与特征》，《毛泽东邓小平理论研究》2004 年第5 期。

产业特别工作组编写的《英国创意产业路径文件》①，文件将创意产业定义为"源于个人创造性、技能与才干，通过开发和运用知识产权，具有创造财富和增加就业潜力的产业"。理查德·凯夫斯等认为，创意产业是提供具有广义文化、艺术或仅仅是娱乐价值的产品和服务的产业。② 联合国教科文组织执行局主席迈克尔·沃布斯在中国北京国际文化创意产业博览会上发言时指出，创意产业涵盖美术、手工艺、设计、时尚、影视、音乐、表演艺术和出版等多方面。③ 因此，创意产业是以文化为内涵，依托创造性思维和技巧，开发、生产和传播具有自主版权的、满足公众精神文化需求的产品及服务的产业门类。

文化创意产业是文化产业与创意产业的结合。法兰克福学派的代表人物本杰明认为，文化经过艺术的创造过程形成产品、产业。④ 部分学者在研究中指出，文化创意产业是在文化产业的基础上，以创意为核心，向大众提供文化、艺术、精神、心理、娱乐产品的新兴产业。⑤ 一些国内学者认为，文化创意产业能够将文化、创意转化为社会财富。⑥ 目前，学界主要以国内率先发布的《北京市文化创意产业分类标准》为标准，对文化创意产业进行定义。⑦

文化创意产业的核心是文化创意。文化创意以文化为内涵，以创意为表现手段，与美术、设计、营销等学科相联系，具备体验、消费等形式。⑧

① 〔澳〕斯图亚特·坎宁安：《从文化产业到创业产业：理论、产业和政策的含义》，载《世界文化产业发展前沿报告（2003~2004）》，社会科学文献出版社，2004。
② 〔美〕理查德·凯夫斯：《创意产业经济学：艺术的商业之道》，孙绯等译，新华出版社，2004。
③ 《创意产业与发展创意产业的重要性：联合国教科文组织的视角》，搜狐网，2017年9月23日，http://www.sohu.com/a/194072173_99957768。
④ 陈学明：《西方马克思主义教程》，高等教育出版社，2001。
⑤ 金元浦：《当代世界创意产业的概念及其特征》，《创意产业与中国电影》2007年第21期。
⑥ 姚东旭：《文化创意产业的界定及其意义》，《商业时代》2007年第8期。
⑦ 北京市统计局、国家统计局北京调查总队：《北京市文化创意产业分类标准》，2006。
⑧ 林拓等主编《世界文化产业发展前沿报告（2003~2004）》，社会科学文献出版社，2004。

文化创意产业是一条完整的产业链。文化创意产业具有设计、制造、加工、营销、管理等一系列市场化行为，生产具有创意性的文化产品，是文化产业的重要组成部分，在经济价值上叠加了文化价值，是虚拟的"文化"转变为实体的经济、社会效益的重要途径。有学者指出，文化创意产业与经济、社会的各个行业相关，带动了科技、金融等多个行业的发展。[1] 另有部分学者指出，文化创意产业的发展，渗透了经济、商品的要素，促使文化创意具备经济力，从而构成社会生产中的产业圈。[2] 有研究人员发现，文化创意的发展带动了传媒出版、电影电视、设计制造等多种行业的规模扩大和产业转型。[3] 在系统性分析参与产业的各个环节之后，有学者提出，文化创意产业生产、传播产品需要多个产业参与，从而拉动一系列市场实体参与，形成产业之间的联动效应。[4] 许多学者在对国内部分区域、城市产业进行实际分析后，得出了文化创意产业能够影响经济发展格局和产业分布空间，形成产业生态圈，在某产品层面与上下游相关企业合作，互相提供生产资料，从而构成产业生态链等相关结论。[5] 建筑业、工业、旅游业、服务业都能与文化创意产业产生联动[6]，Escalona-Orcao 等学者就强调，文化创意产业带动周边生产制造、经济科技、金融服务等产业，从而在一定区域内形成相关产业的集聚效应。[7]

陈俊认为，文化创意产业就是将抽象的文化直接转化为具有高度经济价值的"精致产业"。[8] 例如文化创意产业中的动漫产业，就需要将创意概念

① 李春华：《"文化生产力"：一个经济与文化互动发展的当代范畴》，《生产力研究》2005 年第 4 期。
② 邹广文：《文化产业发展：我们向发达国家学习什么》，《人民论坛》2006 年第 8 期。
③ 霍步刚：《国外文化产业发展比较研究》，东北财经大学硕士学位论文，2009。
④ 杨润东、汪霏霏：《韩流涌动的文化成因和产业运作》，《当代电视》2008 年第 6 期。
⑤ 赵璐、赵作权、王伟：《中国东部沿海地区经济空间格局变化》，《经济地理》2014 年第 2 期。
⑥ 花建：《文化创意产业与相关产业融合发展的四大路径》，《上海财经大学学报》2014 年第 4 期。
⑦ Ana Isabel Escalona-Orcao, et al. , "Location Conditions for the Clustering of Creative Activities in Extra-metropolitan Areas," *Applied Geography*, 2018(91): 1 - 9.
⑧ 陈俊：《文化创意产业的人才素质要求》，《新闻前哨》2013 年第 9 期。

转化为具体的动漫形象并加以设计，从而形成为市场所接受的能够创造经济、文化价值的影视、玩具产品。[①] 在文化创意产业的价值上，有学者认为，文化创意产业利用文化创意来把抽象的概念当作资源开发，最终形成实际的消费产品并创造经济价值。[②] 只有经过文化创意的加工，人们才能从中获得精神层面的满足[③]，而文化创意产业本身就是一个不断增值的过程。[④]产业的"精致"还表现在一种可持续、可复制、可延续的产业特性上[⑤]，能与多种产业融合、对接使得文化创意产业具备经济、美学、生态等多种价值[⑥]，是高价值的新兴产业。文化创意产业的来源是文化的一种原创性的变革，在不改变原有内涵的同时，参照经济的客观要求和规律，赋予其产业化的功能、作用并进行创作、开发，最终创造出公众体验、使用、消费的经济、社会价值。

（2）文化创意产业的概念演变

1912 年，美籍奥地利经济学家熊彼得从经济学的角度，对"创意"进行了解读，这被视为文化创意产业相关概念的最初来源。[⑦] 他认为，现代经济的发展依赖于文化的创新，这实际是一种"创造性的破坏"，不可逆转的"再造"，赋予了文化新的价值。[⑧] 20 世纪 80 年代后期，著名经济学家罗默对创意的作用给予了积极评价，他指出，创意衍生出产品、市场、财富，创造经济、产业上的机遇。而层出不穷的新创意推动着经济、社会

---

① 〔日〕中野晴行：《动漫创意产业论》，甄西译，国际文化出版公司，2007。
② 张永敏、张艳玲、李丽艳：《农业与文化创意产业融合发展研究》，《乡村科技》2018 年第22 期。
③ 吴春华：《山东省互联网文化创意产业融合发展研究》，《江苏商论》2018 年第 9 期。
④ 邢华：《文化创意产业价值链整合及其发展路径探析》，《经济管理》2009 年第 2 期。
⑤ 姚欣雨：《体育旅游产业与文化创意产业融合发展模式研究》，《现代营销》2018 年第11 期。
⑥ 王振如、钱静：《北京都市农业、生态旅游和文化创意产业融合模式探析》，《农业农村经济》2009 年第 6 期。
⑦ 徐延：《文化创意产业概念辨析》，《当代传播》2007 年第 4 期。
⑧ 陶冶、张世龙、于俭：《重新认识熊彼得的创新理论》，《经济论坛》2009 年第 13 期。

发展。①

1997 年，英国出于发展经济的目的，把创意产业、文化创意产业作为振兴经济的重要手段②，成立了英国创意产业特别工作组。工作组编写的《英国创意产业路径文件》首次明确提出了"创意产业"的概念，为文化创意产业的成熟奠定了理论基础。

英国经济学家约翰·霍金斯在《创意经济：如何点石成金》中，将文化创意产业进行了细化，分为版权、专利、商标和设计四个具体产业种类。③

美国经济学家理查德·凯夫斯在《创意产业经济学：艺术的商业之道》中，把文化创意产业定义为一种能够提供广义层面的艺术、文化价值，或单纯具有娱乐价值的产品、服务的产业。④

与凯夫斯同期，国内学者也开始关注文化创意产业。他们把文化创意产业视为源于个体创造力、技能和才华的活动，是 21 世纪最具活力和创造力的产业。⑤

《人民日报》将文化创意产业定义为 20 世纪 90 年代发达国家提出的一个新概念，后来逐渐演变成一种全新的发展理念。⑥

自党的十七大将发展"文化产业"提到前所未有的重要位置以来，文化创意产业的重要程度不断上升。2014 年，国务院制定了《关于推进文化创意和设计服务与相关产业融合发展的若干意见》，将文化创意产业的特征定义为"高知识性、高增值性和低能耗、低污染"。⑦ 文化创意产业逐渐成为国民经济发展的重要内容。

---

① 朱勇、吴易风：《技术进步与经济的内生增长——新增长理论发展述评》，《中国社会科学》1999 年第 1 期。

② 香江波：《英国创意产业经济贡献对我国的启示》，《出版参考》2012 年第 34 期。

③ 〔英〕霍金斯：《创意经济：如何点石成金》，洪庆福等译，上海三联书店，2007。

④ 〔美〕理查德·凯夫斯：《创意产业经济学：艺术的商业之道》，孙绯等译，新华出版社，2004。

⑤ 沈山：《论文化创意产业与艺术授权经营》，《经济前沿》2004 年第 12 期。

⑥ 《关于文化创意产业的思考》，网易新闻，2018 年 2 月 23 日，http：//news. 163. com/18/0223/16/DBBHU6CO00018AOR. html。

⑦ 国务院：《关于推进文化创意和设计服务与相关产业融合发展的若干意见》，2014。

（3）文化创意产业的分类

由于文化的差异及产业形态不同，世界各国对文化创意产业的定义、分类存在差异。① 例如，英国沿用了 1998 年初次对创意产业下的定义，将文化创意产业的核心定为"创意"，体现在内容的原创性上。② 美国则将文化创意产业视为创作、生产、销售、传播受版权保护的产品的产业，重点用"版权"明确文化创意行为。③ 新加坡将文化创意产业定义为行业中的群体或个人的创造力和技术，通过知识产权的保障形成具有经济价值的产业。④ 我国将文化创意产业定义为以创作、创造、创新这"三创"为根本手段，把文化内容、创意成果作为核心价值，形成知识产权变现、消费等交易特征，并向公众提供文化体验，彼此之间具有内在联系的产业集群。⑤ 世界各国文化创意产业分类见表 6-1。

表 6-1　世界各国文化创意产业分类

国家	主要类型
英国	文化创意产业大体分为广告、建筑、文物与艺术品等传统行业；时尚设计、时装设计、电影等现代行业；互动休闲软件、音乐制作等新生行业；表演、出版、电视广播等经营行业
美国	文化创意产业按照行业分类，由音乐唱片、影视、出版、传媒、网络服务等组成，其中文化艺术被视为单独的一个行业
新加坡	文化创意产业分为艺术与文化、设计、媒体三大行业。例如，摄影、表演、艺术品、手工艺品等属于艺术与文化；软件、平面设计等属于设计类；广播、电影以及新近出现的数字媒体属于媒体类
中国	主要沿用《北京市文化创意产业分类标准》，借鉴英国等国家的分类方法，分为文化艺术、新闻出版、广播电视电影、艺术品交易、旅游休闲娱乐等传统行业，并新增网络及计算机服务、广告会展、设计服务和其他辅助服务行业，共 9 个主要行业

资料来源：袁帅：《文化创意产业的概念及内涵研究》，沈阳航空航天大学硕士学位论文，2009。

---

① 徐延：《文化创意产业概念辨析》，《当代传播》2007 年第 4 期。
② 王俊、汤茂林、胡玉玲：《国外创意阶层研究进展》，《江苏商论》2007 年第 5 期。
③ 美国国际知识产权联盟：《美国经济中的版权产业》，2002。
④ 新加坡政府经济检讨委员会：《创意产业发展策略：推动新加坡的创意经济》，2002。
⑤ 北京市统计局、国家统计局北京调查总队：《北京市文化创意产业分类标准》，2006。

各国文化创意产业分类的共同点是基本囊括了设计、广告、出版传媒、音乐表演等传统行业，以及互联网、网络媒体等新兴行业。英国、美国分类时间较早，门类偏向传统业态形式，新加坡、中国在分类上对其有所借鉴，并结合产业发展的动态新增了部分新兴业态。

2. 数字创意产业

（1）数字创意产业的概念界定

学界普遍认为，数字创意是文化创意产业在数字技术发展过程中产生的一种新的业态形式。比较有代表性的观点是将数字创意视为"数字"与"创意"的结合，是以数字技术表现相关内容的创意设计。[1] 还有部分学者提出，数字创意是通过数字技术，对原有文化内容的激活创新以及创意表达。[2] 因此，数字创意是在文化创意原有内容、产品的基础上，经过数字技术的创作、生产、加工、传播后形成的新的文化产业形式。

学界普遍参照创意产业、文化产业的概念，明确数字技术的核心作用，对数字创意相关产业的特点进行归纳、总结。例如，薛晓东、谢梅对数字传媒产业的归纳就强调"以数字技术为基础，以提供能满足消费者某种精神文化需求的效用系统为目标，具有相互衔接关系的企业联合"。[3] 臧志彭认为，数字创意产业是创意内容与数字技术在产业层面的融合发展。[4] 另有研究人员指出，数字创意产业是数字技术在传统文化创意产业中广泛应用的结果。[5] 因此，数字创意产业是以文化创意内容为核心，依托数字技术进行产业化的创作设计、传播营销，为公众提供相应产品、服务的产业集群。

---

[1] 李陵、田少煦：《珠三角数字创意产业的发展走向》，《湖南师范大学社会科学学报》2011年第3期。

[2] 柴欣、郁珅菊：《互联网视域下数字创意产业内容研究》，《中国报业》2018年第16期。

[3] 薛晓东、谢梅：《数字传媒产业自组织运营模式研究》，《电子科技大学学报》（社科版）2007年第1期。

[4] 臧志彭：《数字创意产业全球价值链重构——战略地位与中国路径》，《科学学研究》2018年第5期。

[5] 夏光富、刘应海：《数字创意产业的特征分析》，《当代传播》2010年第3期。

　　数字创意产业的成型，是数字技术不断发展和进步的结果。日新月异的数字技术将传统的消费、传播平台发展到了互联网，为公众提供新的服务内容①，带动创意设计、制作销售、服务提供等多个环节的产业化发展，最终形成了产业及产业集群。有学者在按照流程进行分析后提出，数字创意产业由电影、动漫、设计、出版等一系列产业组成②，与数字电视、移动手机、互联网等新兴数字媒体及相应数字技术发展密不可分③，是相关产业蓬勃发展的直接反映。产业化形成的联通效应，也体现在整个数字创意产业的人才队伍建设中，从而推动产业的整体发展。④

　　臧志彭明确提出，数字创意产业对经济全球化发展背景下的中国具有极其重要的战略意义，是一个"全球价值链"产业。⑤ 数字技术的进步形成了数字创意产业发展的基础，也是中国摆脱"大规模生产、低价值分配"的契机、突破口。⑥ 数字网络技术、3D 成像技术、穿戴运动技术等，均是人工智能的产业化应用，代表着国家的科技实力。同时，数字创意产业也是国民经济发展的支柱和重要动力⑦，相关企业在世界 500 强企业中占近 10%⑧。

　　（2）数字创意产业的概念演变

　　数字创意产业概念源于 20 世纪 90 年代科学技术水平飞速发展的西方

① 〔美〕戴维·莫谢拉：《权力的浪潮》，高铦等译，社会科学文献出版社，2002。
② 冯俏俏、黄文卿、贾亦男：《数字媒体艺术与文化创意产业发展的关系研究》，《艺术研究》2012 年第 2 期。
③ 常琳颖：《浅析数字媒体在文化创意产业中的应用与研究》，《新闻研究导论》2018 年第 4 期。
④ 徐立萍、姚怡宁：《数字媒体艺术设计人才梯队建设与培养模式探究》，《新闻传播》2017 年第 19 期。
⑤ 臧志彭：《数字创意产业全球价值链：世界格局审视与中国重构策略》，《中国科技论坛》2018 年第 7 期。
⑥ 李嘉珊、宋瑞雪：《"一带一路"倡议背景下中国对外文化投资的机遇与挑战》，《国际贸易》2017 年第 2 期。
⑦ 程丽仙：《数字创意成经济增长新动力》，《中国文化报》2016 年 9 月 30 日。
⑧ 《2017 年财富世界 500 强排行榜》，财富中文网，2017 年 7 月 20 日，http://www.fortunechina.com/fortune500/c/2017-07/20/content_286785。

国家，由数字技术发展所带来的网络新闻、出版、电影、电视、动漫、游戏、音乐等一系列"数字创意"内容业态所产生。[①] 数字创意产业发源于创意产业、文化创意产业。学者们根据具体业态，提出了数码创意产业、数字内容产业、数字媒体产业等概念，最终形成了数字创意产业的定义。[②]

相关学术期刊发表的一些研究成果表明，数字创意产业的发展与数字技术、科学技术发展同步。[③] 自20世纪90年代英国等西方国家关注"创意产业"开始，人类对于精神文明的需求在科学技术不断发展、经济条件不断改善的背景下持续提升，创意产业的重要性逐渐增强。[④]

数字创意产业的概念处于不断演变的过程中。部分学者在分析后发现，数字技术的发展带来了数字装备、服务模式的不断创新，数字创意产业的体验形式、消费模式也日益丰富。[⑤] 一些研究人员相信，数字技术的发展会不断催生新的业态。[⑥] 数字创意产业在文化创意产业原有的视听类（音乐、美术、摄影、雕塑、建筑、广告等）、表演类（舞蹈、戏剧等）、出版类（电影、电视、广播、书刊等）业态的基础上，运用数字技术，进行制作、设计、开发、传播，出现了由漫画衍生而来的动画，玩具或游戏衍生而来的电子游戏，实体文学作品衍生而来的网络文学等新兴业态。

国内数字创意产业的概念，最早于2016年政府工作报告中提出，其中明确"加快现代服务业发展，大力发展数字创意产业"。[⑦] 中国数字创意产业的概念从"无"到"有"，伴随着国家政策和战略的不断调

---

① 臧志彭：《数字创意产业：科技与文化协同发展》，《中国社会科学报》2018年11月6日。

② 夏光富、刘应海：《数字创意产业的特征分析》，《当代传播》2010年第3期。

③ 肖永亮：《数字媒体在创意产业发展中的地位》，《当代传播》2005年第1期。

④ 李嘉曾：《历史积淀、时代潮流与创意的有机结合——英国创意产业的经验与启示》，《中国战略新兴产业》2017年第1期。

⑤ 陈洪、张静、孙慧轩：《数字创意产业：实现从无到有的突破》，《中国战略新兴产业》2017年第1期。

⑥ 《文化创意业：催生新业态》，《宁波经济·财经视点》2008年第12期。

⑦ 2016年政府工作报告。

整。从最初对美国、日本等国家动画、影视、广告、游戏等业态、作品的引入、模仿①，到在国内数字技术发展和进步的支持下逐步构建自己的产业链、产业生态圈。2009 年，国家《文化产业振兴规划》出炉时，数字创意产业以"数字内容"的形式出现②；2010 年，在国务院《关于加快培育和发展战略性新兴产业的决定》中，数字创意产业进一步被明确为"促进文化创意产业发展的数字虚拟技术"③；2016 年，在政府工作报告中，"数字创意产业"终于得到了明确，正式被提升为一种新兴产业门类。④

在《中国战略新兴产业》等学术期刊上发表的研究成果表明，数字创意产业在不断拓展、丰富，向着其他相关领域、产业延伸、渗透，并形成融合发展的趋势，催生出新的产业形态。⑤

（3）数字创意产业的分类

臧志彭认为，随着数字创意产业的兴起，国际化的产业竞争日趋激烈，美、欧、日等发达国家试图控制"新兴的数字创意产业全球价值链"。⑥ 中国也在着力发展数字创意产业，提升产业规模，增强在全球价值链中的竞争力和话语权。⑦

从整个数字创意产业的规模来看，全球产业的核心区域，主要集中在北美地区的美国，以及经济发达的欧洲地区。在亚洲，中国、日本、韩国是产业发展的核心区域。美国占世界市场总额的 43%，欧洲占 34%，亚洲及周

① 蒋多、杨斋：《微笑曲线中的价值链攀升之路——中国自主研发网络游戏"走出去"的第一个十年》，《国际文化管理》2016 年第 00 期。
② 国务院：《文化产业振兴规划》，2009。
③ 国务院：《关于加快培育和发展战略性新兴产业的决定》，2010。
④ 2016 年政府工作报告。
⑤ 汤永川、刘曦卉、王振中、盘剑、王健、周明全、唐智川：《数字创意产业向其他产业无边界渗透》，《中国战略新兴产业》2017 年第 9 期。
⑥ 臧志彭：《数字创意产业全球价值链重构——战略地位与中国路径》，《科学学研究》2018 年第 5 期。
⑦ 聂聆：《全球价值链分工地位的研究进展及评述》，《中南财经政法大学学报》2016 年第 6 期。

边国家占据19%，其中日本占10%、韩国占5%（见图6-1）。世界各国数字创意产业主要种类见表6-2。

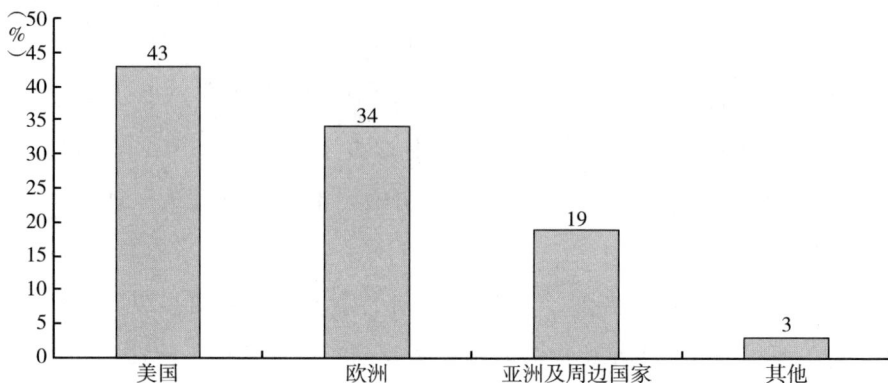

图6-1 世界数字创意产业规模

资料来源：许意强：《国外数字创意产业特色鲜明 欧美日韩各具特色》，《中国企业报》2017年4月25日。

表6-2 世界各国数字创意产业主要种类

国家	主要种类
美国	电影、娱乐、艺术等引领产业发展，版权产业最具竞争力
英国	广告、建筑、艺术品、工艺品等有一定的基础，影视、设计、广播、出版也具有一定的优势，注重强调产业的创意性
日本	全球最大的动漫内容制作和输出国，以动漫作为数字创意的核心，占据了全球播放动漫作品中60%的市场份额
韩国	以电子游戏、影视以及工业设计为主导，延伸发展游戏产业园区、观光旅游园区、影视文化园区、出版产业园区和艺术产业园区

资料来源：深圳市数字创意与多媒体行业协会：《世界各国数字创意产业生态圈》，2018。

从数字创意产业的主要种类分析可知，世界各国的侧重不同、特色鲜明，依托各自产业基础和技术优势，差异化竞争的态势明显。有国内媒体在对数字创意产业的发展情况进行研究后指出，美国、欧洲及亚洲地区的日本、韩国，凭借数字技术的优势，在数字创意产业的发展中占据主动。[①]

　　根据四川省及成都市相关产业发展规划中所明确的主要业态种类，如成都市将数字出版业也归入了数字创意产业行业[②]，并参照国内影响较大的行业论坛、产业峰会的研究成果和四川省目前实际行业种类，四川省的数字创意产业主要分为 8 个类型，分别是：网络文学、数字出版、动漫、影视、数字游戏、创意设计、VR（虚拟现实）、在线教育（见表 6 - 3）。[③]

表 6 - 3　四川省数字创意产业分类情况

种类	定义及相关内容
网络文学	主要通过连载原创的方式,借助互联网的技术特点并以此为平台,实现付费阅读、点击浏览等收益创造,借助朗读、配音、漫画等手段表现主题和情节的文学作品
数字出版	通过数字制作技术,将传统的线下实体出版内容储存在互联网平台并借助网络进行传播,供公众获取内容,从而形成以电子书籍、网络音像制品等为表现形式,与实体出版物同样享有版权、著作权的数字出版产品
动漫	通过数字制作技术,以原创性或改编性文学为基础内容,把虚拟的场景、故事制作成连续播放的影像,或形成连续性的叙事画面进行叙事表达。整个产业包括动画、漫画作品本身,以及其衍生的模型、服装、玩具、手办等多种业态
影视	通过数字制作技术而区别于传统影视作品,得以展现更丰富、更逼真、更富有想象力的画面、情节,以网络为主要传播平台的自制剧、连续剧、主题节目、短视频等原创性、改编性的影视类作品
数字游戏	通过数字制作技术,进行原创性设计、制作、开发并通过互联网发布,提供更佳的用户体验感,主要通过数字化智能终端进行使用,是一种满足用户娱乐、休闲、交流和取得虚拟成就等需求,具有可持续性、交互性的游戏产品

① 许意强：《国外数字创意产业特色鲜明　欧美日韩各具特色》，《中国企业报》2017 年 4 月 25 日。
② 《发展创意经济　2018 成都 33 个创意产业项目开工》，凤凰网，2018 年 6 月 7 日，http://sc.ifeng.com/a/20180607/6638282_0.shtml。
③ 中娱数字创意研究院：《2016 中国数字创意产业发展报告》，2016。

续表

种类	定义及相关内容
创意设计	通过数字制作技术,将文化作为创意的来源与核心,依托创造性思维的开发,使虚拟的文化元素转换为实体产品;或对原有产品进行二次开发、包装,提升其经济、社会效益,满足市场需求
VR（虚拟现实）	通过数字制作技术,以互联网作为数据来源,在相应设备的帮助下,营造一种与现实环境有所联系的虚拟环境,并提供沉浸式的感观、体验,对现实行为、动作等进行仿真、模拟,并与虚拟环境相结合
在线教育	通过数字制作技术,将教学课程、教学资料等转化为互联网上的数据资源。以视频、直播等形式,提供在线授课、在线练习等多种途径的教育服务

以上8种产业，是目前国内数字创意产业的主要业态种类。网络文学、动漫、影视、数字游戏、数字出版等产业发展起步较早，市场化竞争日趋激烈；创意设计、VR（虚拟现实）、在线教育等产业处于起步阶段，技术研发、市场开发的竞争正在展开。这些产业随着数字技术的发展而生产新的产品，提供新的体验形式，受到了消费群体的认可。

（二）四川省的文化创意产业与数字创意产业

1. 四川省的文化创意产业

随着四川省"一干多支、五区协同"高质量发展战略方案的出炉，产业转型升级、供给侧结构性改革成为经济、社会健康发展的关键，而文化创意产业发挥着重要作用。有研究人员发现，文化创意产业是对传统产业链的分解、重组，与国民经济的各个领域有着紧密联系[1]，也是一种智力密集型的新兴产业。

四川省统计局的数据显示，2018年第1季度，四川全省规模以上文化及相关产业实现营业收入689.5亿元，比上年同期增长16.2%，比全国增速高5.7个百分点，文化创意产业是其中增长幅度最大、营收规模最大的产

---

[1] 姚东旭：《文化创意产业的界定及其意义》，《商业时代》2007年第8期。

业种类，整体保持了快速增长势头。①

（1）四川省的文化创意产业发展指数

四川文化创意产业研究院、中国人民大学创意产业技术研究院联合发布的《中国西部省市文化产业发展指数（2017）》和《中国西部文化消费指数（2017）》的数据显示，四川在西部省市文化产业发展中处于领先地位，与四川的人口基数、经济条件、区位特征等优势相吻合（见表6－4）。

表6－4　中国西部省市文化产业发展指数（2017）

排名	综合指数		生产力指数		影响力指数		驱动力指数	
1	四　川	83.4	四　川	91.1	陕　西	82.0	重　庆	83.6
2	陕　西	82.2	陕　西	84.7	四　川	80.1	青　海	82.3
3	重　庆	79.2	云　南	81.6	重　庆	79.7	内蒙古	81.9
4	云　南	78.8	内蒙古	78.7	云　南	77.0	陕　西	80.0
5	内蒙古	78.5	广　西	77.1	宁　夏	75.3	广　西	79.8
6	广　西	77.3	甘　肃	75.7	广　西	75.1	贵　州	79.3
7	青　海	75.1	重　庆	74.4	内蒙古	74.9	四　川	79.1
8	贵　州	74.8	贵　州	71.9	青　海	73.5	西　藏	78.9
9	甘　肃	74.6	新　疆	71.5	贵　州	73.2	新　疆	78.3
10	宁　夏	73.3	宁　夏	70.1	甘　肃	70.5	甘　肃	77.7

资料来源：四川文化创意产业研究院、中国人民大学创意产业技术研究院：《中国西部省市文化产业发展指数（2017）》，2017。

除综合指数领先以外，四川凭借较好的经济基础，以及相对完善的配套产业体系，依托自身休闲文化、旅游文化市场的繁荣，在产业生产力指数等方面优势较为明显，与排名紧随其后的陕西、云南、内蒙古、广西等相比，领先的幅度较大。与产业生产力指数排名相对应，四川在产业影响力指数上也处于领先地位，蜀汉三国、民俗风情以及川派休闲、

---

① 《四川规上文化产业营收创意设计增长最快达48.1%》，新浪四川，2018年6月19日，http://sc.sina.com.cn/news/m/2018－06－19/detail－iheauxvz5365864.shtml。

美食文化均具有广泛的认可度。一方面，生产力的发展促进了品牌培育和影响力提升；另一方面，不断扩大的影响力也推动了生产力的进一步发展。

在生产力、影响力指数均处于领先地位的同时，四川产业驱动力指数未表现出同等的水平，指数排名由重庆占据领先地位，四川在该项排名中未进入前五，这与四川文化产业的整体发展态势不相符。驱动力指数与产业的健康可持续发展和稳步扩张直接相关，是政府引导、市场参与、企业经营等状态的综合体现。而这一指数相对落后，表明了四川在产业驱动、营商环境、政策扶持等方面还亟待提高。

在文化消费能力指数环节，四川文化消费能力在西部省市排名第一，且领先其他省市的幅度较大，四川文化消费市场的优势明显（见图6-2）。

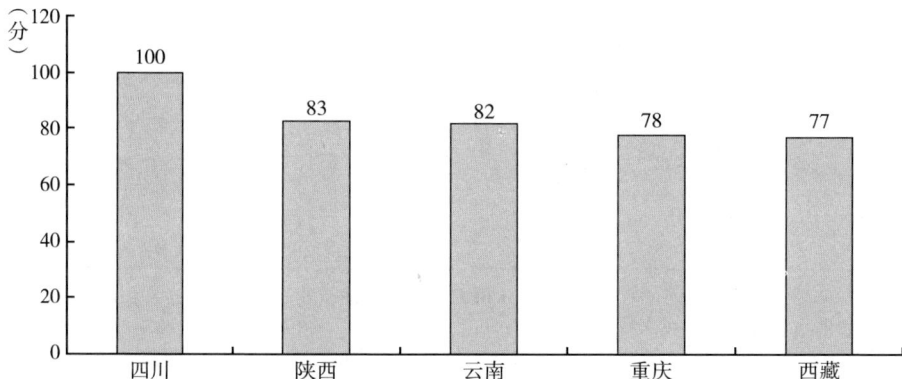

图6-2　中国西部省市文化消费能力得分情况

资料来源：四川文化创意产业研究院、中国人民大学创意产业技术研究院：《中国西部省市文化产业发展指数（2017）》，2017。

在文化产业发展综合指数上，西部地区各省市尚未达到全国平均水平，且差距较为明显（见表6-5）。在产业驱动力指数与全国均值基本持平的基础上，西部省市产业生产效率、影响程度均未达到全国水平，驱动力向生产力的转变亟待提高。

表 6 – 5　中国西部省市文化产业发展指数与全国差距

指数类型	西部省份与全国平均水平比较指数
文化产业发展综合指数	– 3%
产业生产力	– 3.7%
产业影响力	– 4.8%
产业驱动力	几近相等

资料来源：四川文化创意产业研究院、中国人民大学创意产业技术研究院：《中国西部省市文化产业发展指数（2017）》，2017。

此次发布的报告特别指出，西部各省市的居民文化产品及服务的消费支出中，文化娱乐活动的支出明显较多。文化产品及服务的消费支出由高到低依次是：文化旅游、文化娱乐活动、电影、图书、报纸、期刊、游戏、文艺演出、网络文化活动、动漫、广播电视、工艺美术品和收藏品。

（2）四川省的文化创意产业产值

2018 年 9 月，第十七届中国西部国际博览会在成都举办，对外发布了近年来四川省文化产业的整体发展情况及文化创意产业起到的关键推动作用。2017 年，四川文化产业整体实现 1500 亿元的产业增加值，文化创意产业是其中增长幅度最大、营收规模最大的产业种类，推动文化产业保持了 15% 的年均增长率。[1]

四川省的文化创意产业正拉动文化产业向着成为全省经济支柱性产业的发展目标持续发力。[2] 四川省文化厅产业处、四川省统计局的数据显示，文化创意产业对文化产业的贡献值近 30%。参照四川省近年来文化产业的产业增加值占 GDP 的比例情况[3]，2015 年文化创意产业占全省 GDP 的比例为 1.14%，2016 年上升至 1.2%，2017 年达到 1.23%（见图 6 – 3）。[4]

---

[1] 《四川规上文化产业营收创意设计增长最快达 48.1%》，新浪四川，2018 年 6 月 19 日，http://sc.sina.com.cn/news/m/2018 – 06 – 19/detail – iheauxvz5365864.shtml。

[2] 《西博会首设四川文创展　邀您共赴巴蜀文化盛宴》，四川新闻网，2018 年 9 月 20 日，http://news.sznews.com/content/2018 – 09/20/content_ 21095987.htm? v = pc。

[3] 第十七届中国西部国际博览会组委会：《四川文化创意产业发展分析报告》，2018。

[4] 《四川规上文化产业营收创意设计增长最快达 48.1%》，新浪四川，2018 年 6 月 19 日，http://sc.sina.com.cn/news/m/2018 – 06 – 19/detail – iheauxvz5365864.shtml。

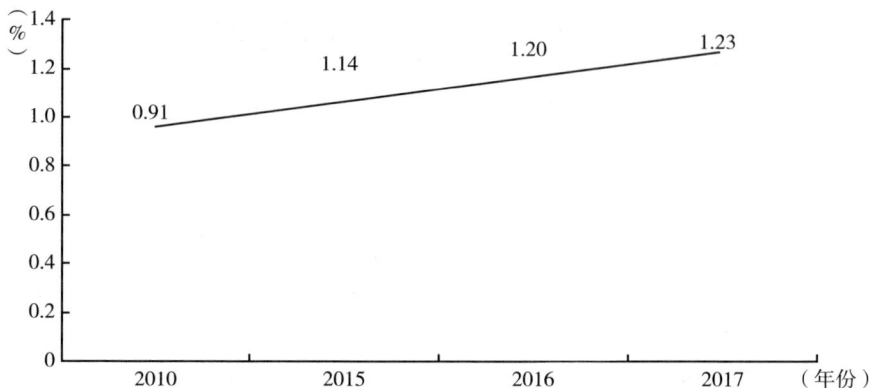

图6-3 四川省文化创意产业增加值占全省GDP的比例情况

资料来源：第十七届中国西部国际博览会组委会；四川省文化厅、统计局。

四川省的文化创意产业规模以上法人单位数量持续增长，产业增加值持续增长。2017年，四川省在文化产业整体布局进一步改善的情况下，文化创意产业所关联的文化服务业、批发零售业等产业配套行业保持了快速发展的态势，产业整体布局进一步完善（见图6-4）。①

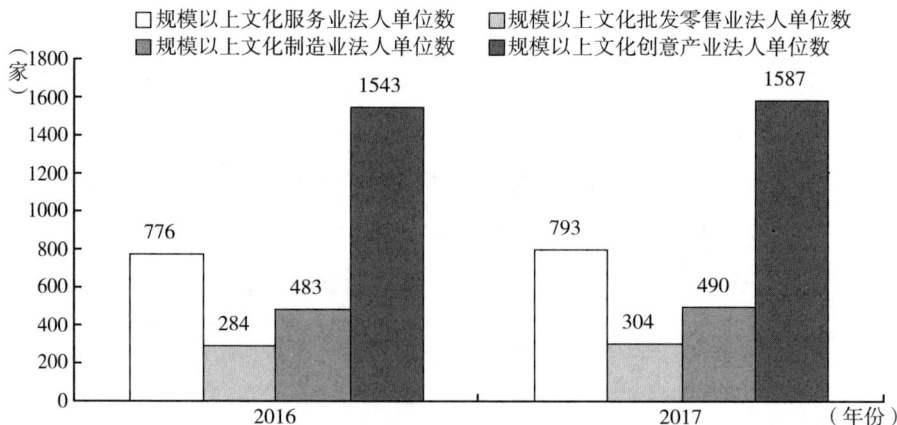

图6-4 四川省文化创意产业法人单位数量增长情况

资料来源：四川省文化厅。

---

① 向宝云、张立伟主编《四川文化产业发展报告（2016）》，社会科学文献出版社，2016。

四川省文化创意产业增加值增长情况见图6-5。

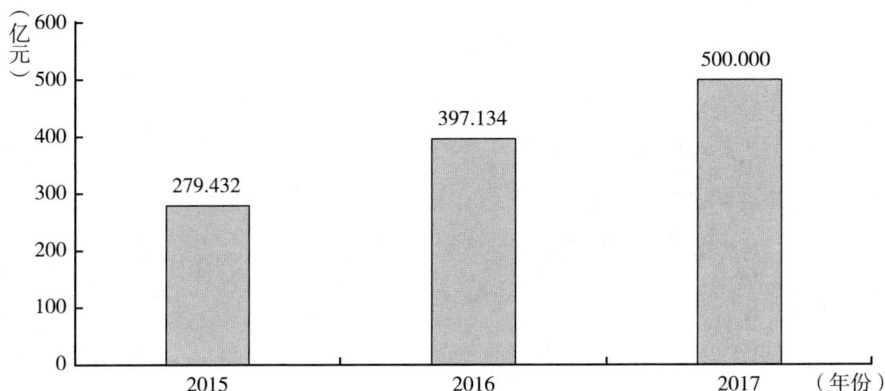

图6-5　四川省文化创意产业增加值增长情况

资料来源：四川省文化厅、四川省统计局。

（3）四川省的文化创意产业发展布局

四川省文化创意产业依托于全省文化产业"5+2"的整体发展格局，涉及5个传统产业门类（文化旅游、出版发行、影视、演艺娱乐、印刷复制），以及2个新兴产业门类（动漫游戏、创意设计），所占比重较大，类型较多（见表6-6）。

表6-6　四川省文化创意产业类型组成情况

5个传统产业					2个新兴产业	
文化旅游	出版发行	影视	演艺娱乐	印刷复制	动漫游戏	创意设计

资料来源：四川省文化厅宣传中心、四川省委宣传部、四川省改革领导小组。

四川省的文化创意产业以全省文化产业"一核四带"的区域规划①为指导，产业整体布局与四川省确立的"一干多支，五区协同"的发展格局相对应，结合川南、川西北、攀西、环成都地区的文化资源特点进行

---

① 《四川"一核四带"文化产业区域布局》，四川新闻网，2014年5月13日，http：//scnews. newssc. org/system/20140513/000381468. htm。

规划。现已形成如下格局。

"一核"即以成都市文化产业核心发展区为全省产业发展的核心。

红色文化产业带集中在川陕革命根据地老区及红军长征路线两侧，主要以长征、根据地、伟人故里、将帅纪念园为内容。

川内历史文化产业带集中在丰富的巴蜀文化、三国文化传承保留地区，以历史文化资源为特色。

民族文化产业带集中在川西北等少数民族聚居区，以"藏羌彝文化走廊"为核心。

重建文化产业带集中在汶川、映秀、北川等"5·12"汶川大地震恢复重建区，形成了独特的产业类型。

（4）四川省的文化创意产业总体情况

2017 年，四川文化创意产业在国际经济环境、国内经济结构发生变化的情况下，实现了稳步增长。通过产业带动，与文化创意产业相关的文化制造业、文化批发零售业整体均保持了增长态势，国有控股企业的发展态势明显改善，推动义化产业整体发展形势转好。[①]

全省文化创意产业营业收入持续增长，助推文化产业的整体发展趋势向好。文化创意产业实现营业收入 365.56 亿元，与 2016 年相比增长近 50%，高于文化产业整体营业收入增长幅度，对产业发展的推动、引领作用明显。

文化创意产业的利润总额，从 2016 年的 72.91 亿元，大幅增加至 2017 年的 134.96 亿元，增幅高达 85.1%。与营业收入增长幅度相比，文化创意产业的利润创造能力进一步显现，利润空间持续增长，企业在成本控制及经营创收等层面的能力提升明显。

文化创意产业及相关行业的业态布局进一步得到调整，文化制造业、服务业的从业人员数量持续增加。同时，在文化创意产业的销售渠道逐步转向

---

① 四川省统计局：《产业规模稳步发展　创意产业引领强——2017 四川文化产业"成绩单"》，《四川省情》2018 年第 3 期。

互联网平台的情况下，批发零售从业人员规模缩小，产业转型态势初步显现（见表6-7）。

表6-7 四川省文化创意产业发展情况对比

指标名称	2016年	2017年	增幅
规模以上文化产业营业收入	2462.01亿元	2762.16亿元	12.2%
文化创意产业营业收入	247.69亿元	365.56亿元	47.6%
文化创意产业利润总额	72.91亿元	134.96亿元	85.1%
相关制造业从业人员	13.41万人	13.62万人	1.6%
相关批发零售业从业人员	2.004万人	2.0万人	-0.2%
相关服务业从业人员	8.6万人	9.2万人	7.0%

资料来源：四川文化创意产业研究院、四川省统计局。

针对文化创意产业及相关行业企业数量、从业人员规模变化所带来的人才需求的改变，四川进一步加强了文化创意产业人才队伍的建设。根据成都市文化广电新闻出版局与中央文化和旅游管理干部学院的数据，全省由中央财政文化产业发展专项资金支持的文化创意产业人才扶持计划已遴选1481名青年创意设计人才进入产业发展人才库，其中345名进入重点人才库，通过给予会展宣传推广、人才培训交流、创业辅导及市场对接等一系列扶持，为四川奠定了文化创意产业的人才基础。①

2. 四川省的数字创意产业

"互联网＋"时代，数字技术的发展推动着文化创意产品的更新和产业的转型、升级。② 数字创意产业成为文化创意产业的重要组成部分，并被纳入四川省战略性新兴产业，对四川省经济、社会实现高质量发展具有重要的意义。③

---

① 《成都创意设计周新亮相 藏羌彝文化产业走廊成都开班》，新浪四川，2018年11月7日，http：//sc.sina.com.cn/news/b/2018-11-07/detail-ihmutuea7773890.shtml。
② 李凤亮、赵雪彤：《数字创意产业与国家文化软实力提升路径研究》，《广西民族大学学报》（哲学社会科学版）2017年第6期。
③ 四川省人民政府：《四川省"十三五"战略性新兴产业发展规划》，2017。

从四川省文化厅参与制定的数字创意产业相关规划可以得知，四川省结合资源分布及业态发展的基础情况，在各市（州）设定了重点行业，采取"重点行业区域划分"的形式，布局相关产业。

例如，影视产业集中于成都市、德阳市、甘孜藏族自治州；动漫产业集中于成都市、甘孜藏族自治州；重点支持成都市、德阳市、绵阳市、眉山市、雅安市、自贡市、宜宾市、阿坝藏族自治州、凉山彝族自治州等地区发展创意设计产业。

（1）数字出版业

数字出版业随着数字阅读的普及，在出版业中的比重不断增加，已经逐渐超越传统实体出版，成为出版的主要方式。以此为基础，数字出版物的读者规模增加明显。在传统实体出版因线下场地成本、运营维护等的条件制约而进入发展瓶颈时，数字出版业推动了出版产业的发展。

四川是全国率先以新闻网站等业态探索发展数字出版产业的地区，现已逐步发展出了网络期刊出版、网络游戏出版、手机出版、网络数据库出版等多种出版种类，以及数字印刷、数字音乐、电子浏览、电子商务等多种产品类型，全省具有互联网出版资质的企业、单位近 30 家。[1] 根据四川省"十三五"规划，到 2020 年，四川出版整体实力将进入全国第一方阵，而其中最重要的就是通过争取数字出版资质，在四川建立全国性的数字出版资源数据库。同时，四川还将建立数字出版内容发布投送平台和四川数字出版基地，按照"一个基地、多个功能区"的布局，通过建设四川数字出版产业基地等手段，让传统出版和新型出版实现深度融合。[2]

在产业培育上，四川省拥有内地首家在港上市的出版发行企业——新华文轩出版传媒股份有限公司、四川出版集团等"五大集团"[3]，仅成都就拥

---

① 吴连英：《四川数字出版的 SWOT 分析》，《新闻研究导刊》2015 年第 22 期。

② 《放大招　三十三招措施振兴四川出版》，四川日报网，2017 年 3 月 11 日，http：//epaper. scdaily. cn/shtml/scrb/20170311/157594. shtml。

③ 石磊、李弋、田大菊、谢婉若：《新媒体时代数字出版的机遇与发展策略——以四川数字出版产业为例》，《新闻界》2012 年第 24 期。

有金牛区"出版物电子商务平台"、武侯区"西部智谷数字新媒体产业园"、都江堰"中国青城数字新媒体产业园"等多个数字出版产业园区，通过制定优惠政策，提供资金、技术帮扶，积极培育和发展数字出版产业。①

2017年，四川数字出版产业共出品200余种电子音像制品，利润增长近100%，互联网销售平台上数字出版产品超30万种。在产品种类上，接连推出以儿童教育互动产品等为代表的数字出版物，并在国内率先搭建了数字出版内容资源库，实现了与国内数十家内容、渠道、平台提供商的数据对接。②

在使用手机等移动终端进行日常阅读的比例超过50%的背景下，以四川新华文轩集团为代表的企业开始抢占数字出版及网络文学市场。作为川内最为重要的连锁书城，四川新华文轩集团拥有极强的行业示范、带动效应。目前，文轩集团构建了网络销售、在线阅读、数字出版的"三驾马车"。

以文轩网作为网络销售平台，以九月网作为网络文学及在线阅读平台，由四川数字出版传媒有限公司负责数字出版、发行等方面的业务（见表6-8）。

表6-8　四川新华文轩集团业务构成

企业名称	主营业务	发展现状
文轩网	网络销售	全国销售规模最大的国有出版物网络销售企业,连续4年销售收入倍增
九月网	在线阅读	注册用户超过400万,数字内容品种24万,连续2年电子书销售增长率超100%
四川数字出版传媒有限公司	数字出版	业绩连续5年保持强劲增长

资料来源：四川省社科院。

---

① 成都市文体广新局：《成都市数字出版产业发展规划（2009—2013年及中长期)》，2009。
② 《四川数字出版传媒有限公司：做新媒体出版运营服务商》，冰河文化工作室，2017年3月5日，http：//www.bingheworks.com/Article_ Show.asp? ArticleID=5829&ArticlePage=1。

四川新华文轩集团已经成为四川数字出版产业向全产业链、产业生态圈迈进的典型。其官网资料显示，集团旗下的四川数字出版传媒是目前四川唯一一家拥有音像制品、互联网杂志、互联网教育、互联网电子、互联网学术出版资质的数字出版企业，是四川数字出版产业发展的代表。

当前，版权保护、良性竞争已经成为四川数字出版产业的核心问题，包括四川新华文轩集团在内的企业正发挥着自身的市场调节和行业监督作用，通过提高行业对数字出版物的版权保护意识、设置技术监督手段，以及增强企业的追责、维权意识，提高版权保护的强度、力度。

在产业发展的要求下，四川省的数字出版企业正在加大对非法转载、抄袭和跟风炒作等行为的打击力度，积极运用法律武器进行干预。2018 年 10 月，四川省版权局·四川数字出版传媒有限公司版权工作站在成都揭牌，区块链知识产权资产联盟链版权认证、确权平台同期上线，标志着四川将打通版权工作"最后一公里"，对以数字出版为核心的版权登记进行规范管理，确保数字出版成果顺利转换。[①] 行业监管部门在具有强制性、执行性的数字出版行业标准和监管措施出台方面，力度不断加大、进步不断加快。完善的法律法规能为行业的发展提供有力的指导和规则支撑，引导产业健康化、规范化发展，维护企业的合法利益，确保产业稳定发展。

传统出版在转型的过程中，与数字出版进行融合的趋势进一步显现。传统出版企业正依托自身专业的编辑团队和企业素养，寻求激发和维护作者的创作、创新精神的方式，提供更为优质的出版、发行服务，为企业获得生存空间和市场份额。

（2）网络文学

截至 2017 年末，全国网络文学用户数量已经接近 3.78 亿人，占网民总规模的比例近 50%。[②] 2017 年，各类网络文学作品累计高达 1647 万部

---

① 《四川数字出版传媒有限公司版权工作站正式揭牌》，四川省版权局，2018 年 10 月 25 日，http：//byod. chinabyte. com/138/14578638. shtml。

② 中国互联网络信息中心：第 41 次《中国互联网络发展状况统计报告》，2018。

（种），签约作品 132.7 万部（种），当年新增签约作品 22 万部（种）。①

在此背景下，四川省的网络文学产业利用自身良好的基础优势，实现了快速发展。四川网络文学的职业写手数量保持在万人以上，并不断涌现出具有影响力的"王牌"写手。有学者在进行了对比研究后指出，无论在写手数量、知名度还是作品影响力方面，四川在全国网络文学产业中都占有重要地位。② 据各大网站的不完全统计，全国 30% 的写手来自四川，活跃在各大网络文学平台。③

根据四川省作家协会的数据，四川网络文学题材丰富、涉及面广（见表 6 - 9）。在保持"玄幻大省"领先局面的同时，在反映当今社会深度、广度的都市题材方面持续发力。2017 年，四川网络写手"爱潜水的乌贼"荣获第二届"茅盾文学新人奖·网络文学新人奖"重量级奖项，其作品《武道宗师》荣登 2017 年中国网络小说排行榜半年榜第 4 名。④

随着产业的发展和品牌效应的形成，四川网络文学产业的写手收入普遍增加。起点中文网白金写手天蚕土豆（真名李虎，四川德阳人），2014 年收入达 2550 万元；而《琅琊榜》作者海晏（四川成都人），网络版权收入高达 8000 万元。

表 6 - 9 四川网络写手代表及作品情况

笔名	代表作	所属网站
卷土	《最终近》	起点中文网
林海听涛	《禁区之雄》	腾讯文学
一世风流	《特工皇妃》	腾讯文学
我丑到灵魂深处	《天地霸气诀》	起点中文网

---

① 中国音像与数字出版协会：《2017 年中国网络文学发展报告》，2018。
② 黄维敏：《四川网络文学产业调研报告》，载《四川文化产业发展报告（2016）》，社会科学文献出版社，2016。
③ 陈海燕：《四川网络文学发展现状、问题及对策研究》，《西南石油大学学报》（社会科学版）2018 年第 3 期。
④ 《2017 四川省优秀网络小说 30 部》，腾讯网，2018 年 3 月 22 日，https://new.qq.com/omn/20180322/20180322A0OI7Q.html。

续表

笔名	代表作	所属网站
天子	《铁骨》	腾讯文学
天蚕土豆	《斗破苍穹》《武动乾坤》《大主宰》	起点中文网
奥尔良烤鲟鱼堡	《灭尽尘埃》	腾讯文学
海晏	《琅琊榜》	起点中文网

资料来源：四川省作家协会。

在前期探索和发展的基础上，四川网络文学从业人员的营收来源已经形成了较为稳定的格局。一方面，网络作家、写手通过用户对作品的点击赚取利润；另一方面，部分优质的文学作品开始了影视版权出售、实体书籍出版的产业延伸，并形成了稳定的粉丝群体，借助互联网经济的发展潮流，有了"浏览量稿费"之外的收益，"IP"经济模式逐渐成熟（见图6-6）。

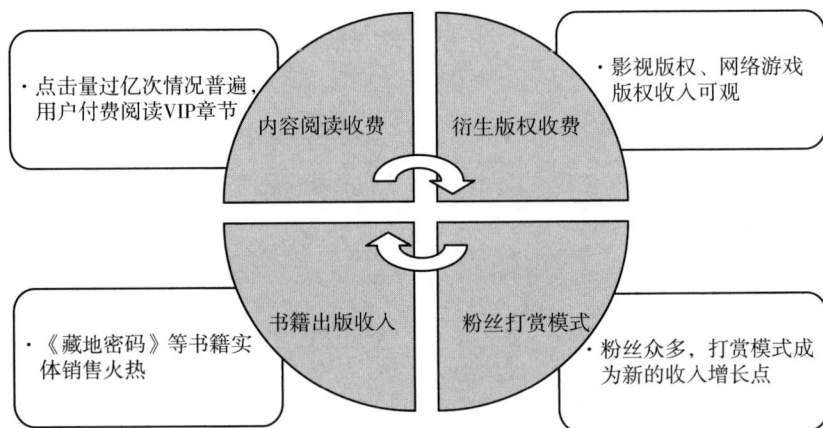

- ·点击量过亿次情况普遍，用户付费阅读VIP章节
- ·影视版权、网络游戏版权收入可观
- 内容阅读收费
- 衍生版权收费
- 书籍出版收入
- 粉丝打赏模式
- ·《藏地密码》等书籍实体销售火热
- ·粉丝众多，打赏模式成为新的收入增长点

图6-6　四川网络文学收入来源

目前，四川全省与各大网络文学平台签约的职业写手已超过500人，为此，四川省作协专门设立了四川省网络作家协会，成都市成立了成都市网络文学联盟，进一步规范网络文学产业，协调解决长期困扰产业发展的版权问

题，对项目进行包装和孵化。①

四川网络文学正在进一步利用大数据的优势，创作出读者喜爱、市场认可、文学价值高的作品，更好地把握和应对网络文学行业的发展趋势及读者的反馈意见。2017 年开始，四川网络文学在题材上开始向挖掘本土优秀文化、悠久历史转变，产业发展日趋理性、成熟，文学价值进一步提高。网络写手月斜影清的《古蜀国密码》，解码古蜀文化的奥秘，在描绘洪荒流逝、岁月沧桑历史画卷的同时，呈现了爱情之坚韧美好，作品荣获首届成都市金熊猫网络小说大赛第一名。②

网络文学平台、企业也在尝试建立动态化的抄袭监督机制，并在杜绝雷同、抄袭、盗版作品进入市场等方面进行谋划。利用网络文学相较于传统文学产业更为多元、自由、创新性更强的特点，进行合理的梳理和引导。一方面，在题材、形式、内容上不断创新，尝试创造出具有四川特色的文学形象、文学作品，例如"炝耳朵""川妹子"等；另一方面，对于细节的刻画、人物的塑造也在不断加强独特性创作，坚决杜绝跟风、炒作，避免了产业的不良竞争。为了鼓励和扶持网络文学写手，四川还设立了包括金熊猫网络文学奖在内的网络文学奖项，形成了良好的产业环境和浓烈的创作氛围。③

在网络文学产业生态圈打造方面，四川正着力打造本土网络文学平台"柒月书城"等业态，为网络文学写手、网络出版发行等搭建平台。同时，在全国率先成立了网络文学研究中心，发布《四川省网络文学发展年度报告》，促使网络文学产业从"单打独斗"向"抱团发展"、从"速成写作"向"深度写作"转变。④

---

① 《500 名川内网络写手签约各大网络文学平台》，网易新闻，2015 年 6 月 10 日，http：//news. 163. com/15/0610/06/ARNRRNVJ00014AED_ mobile. html。

② 《2017 四川省优秀网络小说 30 部》，腾讯网，2018 年 3 月 22 日，https：//new. qq. com/omn/20180322/20180322A0OI7Q. html。

③ 《第二届"金熊猫"网络文学奖公布》，成都全搜索，2018 年 8 月 7 日，https：//www. doulook. com/1721. html。

④ 黄维敏：《四川网络文学产业调研报告》，载《四川文化产业发展报告（2016）》，社会科学文献出版社，2016。

（3）在线教育产业

根据相关研究机构的调查，四川省的在线教育产业市场需求旺盛。相关媒体调查显示，作为互联网及智能终端发展中的一种新兴业态，在线教育产业保持了近30%的年均复合增长率，正在抢占移动终端市场，并以2000亿元的整体市场规模成为资本关注的焦点。①

四川省的在线教育产业以成都市作为发展的核心区。作为西南地区的特大中心城市，成都持续的刚性需求使得在线教育产业发展迅猛，并涌现出了以"跟谁学""云客吧"等为代表的在线教育企业，以成都为中心形成了产业集聚发展区。成都凭借网络、资本、场地、人才队伍及需求市场的优势，成为四川在线教育产业发展的集聚地（见表6-10）。

表6-10　四川在线教育项目及企业概况

类别	市场规模预测	发展态势	代表项目和企业
IT教育类	超过8亿元	稳步增长	麦子学院、学云网
语言和留学类	200亿元左右	稳步增长	百词斩、云词等
职业培训类	150亿元左右	快速增长	学到网校、南博教育等
K12教育	2500亿元以上	持续增长	校鹿网、扑课网
兴趣类	—	快速增长	易淘学、该学网

资料来源：四川省社科院。

从产业类型上分析，四川省的在线教育产业基本满足了市场的主流需求，涵盖了各热门领域，前景远大。从发展态势上看，目前整体处于快速增长的发展阶段，并在局部区域形成了一批有一定影响力的企业和品牌。

为培育产业的创新创业环境，四川成立了专注于在线教育产业的众创孵化基地"一念花开"在线教育联创空间，为本土的在线教育项目提供帮扶、指导。②

---

① 《2017年在线教育市场规模近2000亿》，搜狐网，2017年6月26日，http://money.163.com/17/0626/07/CNREQ2CS002580T4.html。

② 《四川省首家在线教育创业孵化器落地成都》，腾讯教育，2017年3月2日，http://edu.qq.com/a/20170302/016336.htm。

（4）影视产业

作为创意大省，四川为以微电影为代表的数字创意影视产业的崛起奠定了基础和条件，微电影对全省影视产业的发展起到了引领作用。据四川微电影协会统计，四川微电影连续多年保持了200%以上的增速，到2020年，四川数字创意影视产业的作品规模有望超过20000部。目前，四川数字创意影视产业年产值2500余万元，微电影产量占全国的20%。现阶段产业已经渡过"盲目期"，投资等趋于理性，行业健康发展、合理布局态势进一步明显。

在市场对影视作品消费火爆的基础上，四川省的影视产业规模持续扩大。根据四川省新闻出版局的数据，四川影视院线、票房等均保持了多年的强势增长，市场增长率和票房收入西部第一，稳居全国前列。以太平洋电影院线等为代表的连锁院线，以峨眉电影厂影院为代表的主题门店，均受到了消费者的欢迎和追捧，影院、屏幕数量稳步增加。

四川省影视产业蓬勃发展，市场的关注程度日益提高，一系列微电影创作大赛纷纷在政府、市场主体的参与下成功举办。"金熊猫"四川国际电影节等传统赛事也相应增加了创作评选环节，鼓励了产业的发展和精品的产生。仅在2017年，四川就有《天下粮田》《彝海结盟》等影视作品在中央级媒体热播；公益微电影《云上的奶奶》荣获第五届亚洲微电影金海棠奖、中国第五届国际微电影展"特别推动力奖"、北美全球国际电影节最佳故事片奖；拍摄制作了我国首部以"脱贫攻坚"为主题的电视剧《索玛花开》，进一步打造影视产业的"四川品牌"。[1]

目前，四川影视产业正聚焦突出本土最具特色的风土民情和独特的地域文化，积极与国际接轨，参与国际性大赛、展演，《安妮的邛海》《我的圣途》《回到被爱的每一天》等作品均获得广泛好评。[2]

在对产业人才的吸纳上，四川以成都为中心，积极打造影视城、主题园

---

[1] 《四川文化产业"百花齐放"本土影视作品陆续登陆央视》，国际在线，2018年1月29日，http：//sc. cri. cn/20180129/dae7c9ce－1168－4c0e－d586－a7a88d50dec0. html。

[2] 颜复萍：《近年四川影视文化产业的发展与思考》，《中华文化论坛》2016年第11期。

区，吸引相关产业人才，对项目进行孵化①，如总投资 165 亿元的中广影视产业功能区项目。四川正按照结合大数据产业、对准影视产业需求的发展思路，着力打造满足人才培养、制作拍摄、工业研发、体验旅游等需求的综合性影视产业园区。②

（5）动漫产业

动漫产业是数字创意产业中最具创造价值的产业，也是整个文化创意产业的重要组成部分。动漫产业在多年的发展中，已经形成了集创意设计、效果制作、版权播放、动漫周边产品开发等多方面功能于一体的产业生态圈和全产业链，以低污染创造高效益的方式得到了高度的重视。

四川省的动漫产业起步早、布局快。四川是全国较早在推进文化产业发展方面出台相关文件和政策，明确鼓励动漫产业发展的省份。目前，四川省的动漫产业已经成为支撑文化产业发展转型的重要方面。

根据四川省文化厅的统计数据，四川省与动漫产业相关的企业数量近200 家，拥有超过 2 万名动漫及游戏产业从业人员，打造出了"成都：全国动漫第四城"等著名市场集聚品牌，"国家动漫游戏产业（四川）振兴基地"落户成都高新区，培育了国家文化出口重点企业四川精锐动画有限公司、成都精英设计制作有限公司等行业龙头企业。

随着全省经济、社会的飞速发展，通过广播电视覆盖、移动 4G 网络普及等技术手段，四川在整个西部地区实现了动漫产业发展的技术基础，也为动漫产业发展提供了坚实的保障。四川省文化厅的数据显示，2018 年，成都地区的动画节目播出年时长超过 3 万分钟，在全国 36 个主要城市电视台的播放动画片市场中处于领先地位。更为重要的是，全省的动画播出时长保持了年均20%的增幅，与快速布局中的影院及数量众多的网吧、主题店一起成为动漫消费的稳定平台，为整个产业的发展奠定了坚实的基础。

---

① 《"文创武侯"再发力　成都・武侯影视文化产业发展论坛成功举办》，四川在线，2017 年9 月 18 日，https：//sichuan. scol. com. cn/fffy/201709/55993909. html。

② 《投资 165 亿元　中广影视产业功能区落户大邑》，凤凰网，2018 年 6 月 29 日，http：//sc. ifeng. com/a/20180629/6692207_ 0. shtml。

针对动漫产业中的高利润部分，即动漫衍生品领域，四川本土企业利用自身丰富的作品素材，进行了积极的探索。成都谛听文化传播有限公司利用原创动画《妙福》，同步开发了相应的动画形象产品，形成了寿司（食品）和动漫公仔等产品的衍生系列，并积极设置实体主题店，进行销售和品牌宣传。目前，该系列主题店面在成都已经布局 3 家，产生了较好的品牌推广效果。

随着产业结构的完善，四川省的动漫产业生产链日趋成熟。以成都风雅堂文化发展有限公司为代表的企业积极探索动漫衍生产品转化为内容创意的"逆开发"模式。该企业利用从事文化旅游产品设计、开发的经验，发挥销售、推广的优势，以原有的三国系列人物手办、模型产品为基础，创作了动漫作品《舌尖上的三国》系列，既利用了当红的流量 IP，又在已完成的 16 集创作的基础上，赋予了产品新的市场价值和活力。同时，企业还利用产业最前沿的 NFC 射频技术，借助移动互联网，开发玩偶、主题漫画、移动程序等周边系列产品并投入市场，从而将成熟的文化创意元素拓展到了衍生产业链条，提高了产品的价值。

在以成都市为核心的动漫产业园区的带动下，四川省的动漫产业集聚效应日趋明显。据四川省文化厅统计，截至 2018 年，90% 的省内动漫设计、制作企业和相应的人才团队集中于成都市，形成了创意设计、动漫制作、作品传播、衍生开发、教育应用、展销推广和配套服务相结合的动漫产业生态圈。依托丰富的动漫设计资源，网络游戏产业也随之产生了集聚效应，汇集了大量网络游戏、移动手游的创作团队和研发企业，行业的产业集聚效应明显，"第四城"的领先优势进一步显现。

为进一步培育产业优势，四川省积极制定扶持政策，加强对动漫产业的扶持力度，采取政府定制、财政购买、政策补贴等形式，鼓励动漫产业和企业发展，消化一部分动漫产品，拓宽了消费市场。

根据四川省及成都市等各级政府的公开信息，四川省的动漫产业发展正将人才培养作为关键，"校企结合"的人才培养模式受到了高度重视。整体产业环境趋向于深化企业与高校的实践合作，企业提供实践的操作平台，高校"订单化"培养具有技能的人才。

为深度挖掘产业链附加值，四川积极引进优质动漫展会，举办活动周、COSPLAY 大赛等，2018 年定位为全球粉丝经济极其强盛的国际游戏动漫展——成都·国际数字娱乐博览会吸引了超过 150 家国内知名游戏厂商、40 家世界知名游戏厂商、10 家世界顶级游戏公司参展，参与者超过 20 万人次，不仅提升了四川动漫的品牌形象，也产生了客观的经济附加值。[1]

目前，四川省动漫产业正着力加强产品的市场化开发意识，破解高质量作品转换为市场产品过程中的瓶颈，按照市场需求进行生产和开发，形成稳定的产业效益，为产业发展奠定基础。政府在这一过程中也正在加强引导和扶持，积极通过产业论坛、展销会、博览会等形式，为企业提供更多的市场机遇。

根据四川省的规划，下一步四川动漫产业将从持续鼓励原创动漫、培育原创企业、聚集培育动漫人才、指导支持动漫会展等方面着力，研究制定与四川省动漫产业相适应的产业发展政策体系，助力动漫产业的发展。[2]

（6）数字游戏产业

四川网络游戏起步较早，以成都为主要聚集区，聚集了一大批数字游戏研发企业和团队，引进和培育了成都金山、博瑞梦工厂、逸海晴天、锦天科技、魔方软件等在国内外具有一定影响力和知名度的游戏企业。育碧、腾讯、盛大、完美时空等国内外知名企业也纷纷在四川设立研发基地。

据四川省文化厅产业处统计，2018 年，四川本土网络游戏保持了年均 20% 的产值增长率，利润已突破 30 亿元大关，一系列具有影响力的游戏节（会）落户四川，满足了自身的市场需求，产生了额外的市场影响。同时，成都聚集了大批开发、设计团队人才，从业人员数量稳步增加，产业集聚效应凸显。

在产业发展上，四川正在经历网络游戏向移动手游、端游转型的发展过

① 《四川文化产业"百花齐放"本土影视作品陆续登陆央视》，国际在线，2018 年 1 月 29 日，http://sc.cri.cn/20180129/dae7c9ce-1168-4c0e-d586-a7a88d50dec0.html。

② 《聚焦 | 来"四川动漫产业高峰论坛"探讨国产动漫的核心力量》，搜狐网，2018 年 5 月 29 日，https://www.sohu.com/a/231042124_246495?qq-pf-to=pcqq.c2c。

程。2018 年，仅成都市高新区，新创业和传统游戏转行而形成的手游开发团队就超过 300 家。① 借助产业的龙头企业设立工作室或外包合作的方式，四川游戏开发团队迅速成长，并成为行业的领先梯队。

在动漫游戏节（会）发展的同时，传统文化节（会）也开始尝试引入动漫元素，互动优势明显。国家动漫游戏产业（四川）振兴基地为成都具有广泛影响力的传统节日活动——武侯祠大庙会开发了运用现代数字媒体技术设备展示的动漫内容，提供互动游戏支持，成为四川探索文化和科技融合发展的示范。

二　问题与不足

通过以上分析可以得知，四川省数字创意产业有以下问题和不足。

（一）整体产业布局

网络文学、在线教育、VR 等新兴产业尚在发展的初级阶段，行业缺乏引导和助推，依赖市场自主发展，缺乏政府主动进行长期规划和引导，且受制于技术处于发展和攻坚阶段的现实条件，在人才储备、机制完善、素材储存、产品开发上仍旧不足。

成都市行业分布资源相较于全省其他市（州）集中，全省数字创意产业呈现出分布密度不均、基础数量不高的情况。影视产业尚未完全利用省内各市（州）的历史、人文资源，整体分布情况不均衡，尚待进一步规划。创意设计产业中传统文化产业占据绝大部分，新旧行业分布严重不均。

四川省从 2005 年开始对文化产业发展的相关信息进行统计，但截至 2018 年，在统计中对数字创意产业未进行单独分类。产业资产、营业收入等方面只进行总体计算，缺少明细及单独分类统计。在相关产业法人单位、从业人员及总体规模等方面，平均 3 年统计一次，且并未对外发布。相关研

---

① 本刊编辑部：《游戏产业——小众娱乐裂变》，《四川省情》2018 年第 6 期。

究高度依赖于产业年会、论坛峰会及行业研究的发布数据，统计部门权威数据缺失。

（二）网络文学产业

网络文学发展呈现出川籍作家群壮大，但"川籍作品"仍旧缺乏的特点，反映四川历史文化、风俗人情、改革发展的作品仍旧较少，受市场的约束较大，包括网络文学在内的数字出版业务还需要进一步加强引导和保护。整个产业的经济价值链条还需进一步打造，文学作品转换为其他文化产品的附加值提炼不成熟。

从产业的总体规模分析来看，四川省的网络文学产业仍有需要着力解决的问题。

首先，题材类型较为单一。四川省的网络文学受国内整体产业的影响，大多集中在历史架空、都市言情、悬疑恐怖、玄幻仙侠等题材范围上。造成这一问题的原因，是网络文学目前没有统一的规范标准，高度依赖于网络读者群体的感官体验。上述题材在写作上更容易展开、内容更吸引眼球、情绪表达更为自我，也更容易在创作上起步。读者对于这些消遣性更强的题材更容易产生"快阅读"的冲动和消费选择，因此吸引了网络文学写手进行相关创作。

其次，四川省网络文学的整体水平依旧不高，情节雷同、文字抄袭等情况较为严重。部分网络写手为保证创作数量和效率，"自我剽窃"等情况突出，系列作品在情节设置、模式创造上高度一致，创作质量不断下降。

例如，天蚕土豆的代表"三部曲"——《斗破苍穹》《武动乾坤》《大主宰》，主人公性格特点和情节设置高度雷同，作品主要模式、中心主题几乎一样，影响了作品质量的连续性。

另外，由于现阶段相关法律法规正在逐步完善，四川省的网络文学版权保护较为困难，盗版、抄袭、模仿层出不穷。作者依赖网络流量消费严重，仅少数作品能够改编成影视剧或游戏，产生版权经济效益，这也制约了四川网络文学的发展壮大。

（三）在线教育产业

由于市场产业主体的发展层次差异较大，进入门槛低、产业发展无序的情况突出，无序发展和资源限制正在成为四川省在线教育产业发展的瓶颈。部分侵权盗版、质量低劣的企业、产品损害了产业的整体形象，且产业对于相关学校、科研教育机构的依赖性过高，自身的主动性、独立性不强，市场化发展急需有序引导。

四川本土的在线教育企业知名度、市场占有率不高，产业的进一步发展缺乏主导的优质企业。在线教育产业需要政府进一步出台相关政策扶持、行业准入、市场监管层面的文件，明确政府、企业、学校和市场之间的职责、关系。一方面清理产业的不合理乱象，清除违规企业，保证产业的健康、有序发展；另一方面在社会上形成在线教育规范化、合理化的产业形象，刺激市场热情和需求意识。同时，结合全省教育改革、职教推广、成人教育等方面的规划，实现课堂教学的"网络化""在线化"，为培育省内的优质龙头企业创造有利条件。

（四）VR（虚拟现实）

VR产业初具发展苗头，尚未完成技术攻关，产品还有待成熟。更为重要的是，以VR产业为代表的数字创意产业尚未完全与文化创意、文化产业等区别开，对整个产业的认同感和概念感还不强，工商、税务、文化、发改、经信等部门的协作不强，基础信息收集薄弱，共享平台尚未建立，对产业整体促进作用不大。

（五）影视产业

影视缺乏原创性，产业分布过度集中，且发展缺乏后劲，尚未树立本土品牌，本土企业生存状况还未实现基本改变。本土影视基地建设尚在起步阶段，整体行业呈现出分散、小规模、无序发展的局面。

四川作为历史、文化大省，具有类型多样的地理、人文资源，影视产业的代表作品、代表题材亟待丰富，缺少将独特的历史文化元素和多样的自然风光资源转换为影视内容的数字创意影视产品，文化资源的独特地位尚未得到合理体现。

由于诸多原因，起到行业主导标杆作用的本土影视企业发展滞后，企业发展困难。以峨眉电影制片厂为代表的四川本土影视企业缺乏必要的产业链补充和资源优势整合，产业领军效应较低，在全国具有影响力的影视产业集群、影视创作基地处于缺失状态。

受此影响，四川省的影视产业发展所需的高端技术的引进和相应人才的培养滞后，技术发展、产业转型的压力仍旧较大，整体产业的精品化创作、品牌化创作力度不够，产业核心人才队伍构建尚未完成。

（六）动漫产业

由于高端产品开发、后续开发相对缺失，虽然四川动漫产业生产了一批国内外屡获大奖的优秀作品，例如《佳人》《鞋》《打，打个大西瓜》等，但产品的后续开发未能跟进，大多只起到了阶段性影响的效果，其所创造的产值效益和行业带动作用不明显，未能起到推动发展的作用。

以小周期、快回报为特点的动漫游戏产业，在《春秋 Q 传》《银河帝国》《找你妹》等原创产品创造了可观经济价值的同时，大量同质化产品或新产品不断涌入，对本土企业的持续创新能力提出了较高的要求，缺乏强有力的资本和渠道支撑，后续发展随之湮没在层出不穷的替代产品中。诸多优秀的动漫游戏企业只能依靠产品出售、创意转让、服务外包等方式获得持续、稳定的收益，维持企业的正常运转，而自主原创产品则因资金和创意人才的缺乏产出较少，能在市场上"叫得响、立得住"的精品和动漫游戏品牌更少。

四川省的动漫产业发展还受到了人才团队建设不足的限制。由于开发团队和企业规模相对较小，资源高度集中于创作、设计、开发等前期阶段，对后续的运营、营销、推广等投入较少，大多数企业扮演"代加工""代创作"的外包劳务角色，严重制约了产业和市场主体的发展。项目策划、内容设计、创意转换、运营销售等环节的产业高端人才严重匮乏，且四川省内高校动漫产业教育仍旧偏重技术而轻视创意开发、销售运营，政府在基地建设、产值转化方面的指导以及相关扶持政策的落地上仍旧较为滞后，这是制约四川动漫产业发展的主要因素。

（七）数字游戏产业

目前，四川省网游企业基本以前期的研发、设计为主，占据产业链终端的运营企业基本集中于北上广等发达地区，全省游戏企业和团队以研发为主，游戏运营则是本土企业的短板。

以四川成都"中国网游第四城"为例，在成都布局的国内外大型企业集团除少数几家外，几乎都将成都定位为研发基地。比如盛大游戏在收购锦天、星漫等四川本土企业之后，基本将其作为研发中心，只负责游戏开发，而游戏运营所带来的销售和税收，则未进入成都。面对现阶段越来越激烈的市场竞争环境，四川游戏企业在缺乏自主运营渠道的情况下继续前行更为艰难。由此可见，缺乏有力的运营渠道，已影响了四川省动漫游戏产业的创新创业环境，成为四川省动漫游戏产业保持本土属性、健康快速发展的主要瓶颈之一。

三　经典案例

（一）成都：四川省数字创意产业的风向标

成都市是四川省数字创意产业发展的代表，是四川省资源最为集中、人才集聚效应最为明显、经济及产业基础最好的城市，以成都市为核心的"环成都"地区，已经成为四川省数字创意产业发展的风向标。

成都市的数字创意产业起步早、发展快。成都市新经济大会发布的信息显示，由于在国内较早注意到数字创意产业的发展前景，成都基本构建了动漫及游戏设计、文化创意设计、相应配套服务、工业应用设计等多方面的业态体系，产业营收增加值占文化创意设计服务产业总体增加值的比例近 50%。以此为带动，成都市约 1.5 万个文化创意法人单位在 2017 年共创造了 5.2% 的 GDP，远超四川省不足 4.2% 的平均水平。①

成都市的数字创意产业以动漫设计为亮点。在整体布局上，成都着力聚焦打造"全国动漫第四城"，人才队伍、营收金额、企业数量等显著增加。2017 年，成都市保持了动漫设计、游戏开发及运营等方面的高速增长，相关业态占文化创意设计服务业的比重超过 30%，"成都品牌"逐渐显现。

紧跟数字技术发展的潮流，手游、端游成为成都市数字创意产业的新增长点。随着移动网络和智能终端的普及和发展，借助具有国内领先水平的技术基础和消费市场，成都将发展重点转向蓬勃发展的手游、端游产业。以此为依托，成都引入了一批国内领军企业的研发基地、工作室，开发出了受市场认可的产品，发展趋势明显。

目前，成都正围绕建设西部文创中心和世界文化名城目标，大力发展影视文化产业，积极拓展数字创意产业发展渠道，增加对人才、资金、项目的吸引能力。② 例如，依托四川传媒学院，打造了成都影视硅谷、影视传媒科教产业园，致力于创建国内一流的电影科技、VR/AR、互动影视一体化的大型互动数字创意产业的生态高科技电影科普基地、产业基地和主题小镇，预计实现年产值 50 亿元。③

在产业的发展进程中，成都市数字创意产业龙头企业带动乏力状况开始显现。凭借开发回报率高、市场投资关注强的优势，成都市的数字创意产业在文化创意设计服务业态中的主导地位不断加强，但大型文化创意龙头企业仍旧比较缺乏，全成都市范围内尚无年营业收入超过百亿元的文化创意企业。根据《华西都市报》的报道，成都市按照政府划分标准，营业收入超过 50 亿元的文

① 《发展创意经济 2018 成都 33 个文化创意项目开工》，凤凰网，2018 年 6 月 7 日，http://sc.ifeng.com/a/20180607/6638282_0.shtml。
② 《"文创武侯"再发力 成都·武侯影视文化产业发展论坛成功举办》，四川在线，2017 年 9 月 18 日，https://sichuan.scol.com.cn/fffy/201709/55993909.html。
③ 《定了！成都影视硅谷，四川传媒学院新校区周六开工！》，搜狐网，2017 年 9 月 22 日，http://www.sohu.com/a/193902012_739972？qq-pf-to=pcqq.c2c。

创企业不足 6 家，产业园区大规模建设尚在起步阶段。①

在积极发展自身的数字创意产业，引领全省产业发展，形成西部片区集聚效应的同时，在全省的数字创意产业布局中，成都市及"环成都"周边地区资源占据比例过大。全省数字创意产业骨干文化企业的分布呈现出极度的不均匀，骨干文化企业高度集中在成都市及"环成都"周边地区，成都市骨干文化企业数占全省的比例超过 50%。全省数字创意产业中的部分主要业态，如动漫、游戏、影视、网络文学、在线教育等核心企业、骨干企业绝大多数位于成都，这些业态的不均衡分布情况尤为明显。

按照成都市的相关规划，到 2022 年力争培育创意独角兽企业 2 家，创意龙头企业 15 家以上。仅在 2018 年，成都市处于重点推进状态的文化创意产业项目就有 33 个。数字创意产业中的影视、数字出版、创意设计等都将是建设重点，并将打造一批创意小镇、创意空间、特色街区。②

目前，成都已经成立了 31 家文化创意产业园区，进一步促进包括数字创意产业在内的相关业态健康快速发展，推动园区规范化管理和转型升级。③ 而根据成都市建设西部文创中心的相关规划，数字创意产业还将进一步突出集聚效应，形成人才、品牌高地（见表 6 - 11）。④

表 6 - 11 成都市文化创意产业园区数字创意产业分布情况（部分）

分布情况	分布情况
蓝顶艺术区	腾讯西部创新创业中心
红星路文创产业园	少城·视井文创产业园
峨影·1958 国际影视创意孵化园	成都西村文化创意产业园
视觉科技广场	成都东软数字创意文化产业园

资料来源：《成都日报》2018 年 9 月 26 日。

① 《成都将发展六大新经济形态》，腾讯大成网，2017 年 11 月 10 日，http：//cd. qq. com/a/20171110/013070. html。
② 成都市人民政府：《成都市关于推进创意经济发展的实施方案》，2018。
③ 《31 家首批成都市文创产业园区出炉》，四川新闻网，2018 年 9 月 26 日，http：//scnews. newssc. org/system/20180926/000910284. html。
④ 成都市人民政府：《建设西部文创中心行动计划（2017—2022 年）》，2018。

（二）《王者荣耀》：国内游戏产业的成功范例

作为目前国内数字游戏产业的代表之作，《王者荣耀》是一款设计、生产于四川的手游作品。这款游戏依托以成都市为核心的数字游戏产业集聚区，通过引进腾讯游戏的开发、运营力量，由成都的腾讯游戏天美工作室"L1"团队完成设计、开发。

四川的数字游戏产业在情节设置、产品开发上具有很强的传统文化挖掘能力，这与四川具备三国文化、三星堆文化等深厚的人文底蕴相关联。四川本土企业也开发过一系列相关素材的产品，有着丰富的经验和市场积累。《王者荣耀》同样取材中国传统文化中的经典人物，按照市场流行的安卓、iOS 平台 MOBA（多人在线竞技对战游戏）类手游标准进行打造。

作为四川数字游戏产业的代表，成都是全国重要的数字游戏生产基地。《王者荣耀》借助成都良好的产业环境和人才储备开展研发、运营和后期维护，于 2015 年 11 月上线公测，以竞技对战为玩法，兼具玩家共同参与的PVP（玩家对玩家）对战、PVE（玩家对系统）冒险模式，并可以参与网络实时排名及等级提升。

《王者荣耀》是"成都出产"的数字游戏中最成功的案例之一。根据腾讯公司的统计，《王者荣耀》全球注册用户突破 2 亿人。游戏的研发基地位于成都，且开发团队成员超过 70% 为四川人。

在产品功能设定和市场定位上，《王者荣耀》为四川数字游戏产业起到了良好的示范作用。该款游戏满足了玩家对手游平台对战游戏的需求，且游戏的动画、特效均能发挥智能手机、平板电脑的性能优势，为玩家提供更佳的体验。在文化元素的转换过程中，团队将游戏人物设定为中国古代人物，按照种类赋予不同的技能，使用户能够在游戏中扮演不同的角色，这为四川数字游戏企业进行创意开发提供了借鉴思路。

《王者荣耀》的基本操作原理和形式来源于具有众多玩家的《魔兽世界》等 PC 端游戏，也符合智能移动终端日益普及的市场背景。在重开发、轻市场以及重创意、轻体验的四川数字游戏产业领域，起到了良好的示范效果。

　　四川优秀的数字游戏产品，在后期盈利、连续开发方面的成功案例较少。《王者荣耀》的收入主要来源于游戏产品的售卖，游戏中"皮肤""角色"等游戏产品价格并不昂贵，却在最基本的游戏体验之外为玩家提供了个性化、差异化的选择和服务，其收入稳居腾讯手游第一位。这对四川本土企业在产品设计和运营规划上具有极强的参考价值。

　　根据 IP 流量的数据统计，《王者荣耀》在国内网游、漫画、影视等 IP 群体中具有高关注度、高活跃性，其影响指数在前五位，已经成为四川数字游戏产业的代表作。

　　《王者荣耀》的成功，说明四川本土开发团队有能力完成具有高质量和较强竞争力的游戏产品。但《王者荣耀》也借助了腾讯的运营、管理、品牌优势，困扰本土团队的"开发到运营""运营到获益"的瓶颈仍未打破。

（三）四川：将完美世界西南总部迁到成都

　　随着产业的发展，四川也在积极引进具有业界领先优势的龙头企业入驻，并将研发基地、孵化平台等落地投产，以此达到对产业发展的带动和人才、项目的集聚。

　　2017 年 11 月，完美世界西南总部迁至四川省成都市成华区，从事游戏研发及教育开发等方面的工作。作为全球领先的文化娱乐产业，完美世界控股集团不仅拥有全球化的业务布局，更涵盖了影视、游戏、动画、漫画、在线教育、网络文学等多个业态类型。这对于本土企业具有极强的示范借鉴效应，与之相对应的则是巨大的产业配套市场及效益增值前景。

　　完美世界在较为擅长的动漫、游戏领域，凭借强大的研发与转换能力以及对优质资源的敏锐判断，收集了一系列优质的产业资源，出产的包括同名的《完美世界》《武林外传》《诛仙》在内的多款游戏均拥有较为良好的市场反馈，类型从主机游戏向手游领域快速延伸。为了扩大游戏的影响力，增强市场传播效果，完美世界也积极举办各种电竞比赛，并与包括纵横中文网、百度书城在内的网络文学平台进行合作，以推广游戏资源，形成良好的市场影响。完美世界对四川的数字创意产业具有一定的集聚带动效应，产生了良好的示范作用。

（四）北京：四川数字创意产业的引路者

作为全国政治、经济、文化中心，北京在资源储备优势、产业集聚效应、人才吸引作用等方面与四川具有可以横向对比的条件。[①] 尤其是北京在对传统文化的开发利用上，充分发挥了其"与生俱来"的品牌效应，结合数字创意产业的技术发展，不仅在产业上表现出了新的活力，也拓展了产业覆盖面，对整体的文化创意产业起到了支撑作用。

从数字创意产业的发展情况来看，北京在全国具有规划、科研和发展的先行示范地位，其对于文化创意、数字创意产业的定义和分类，具有一定的行业指导作用。在政策扶持上面，四川和北京都出台了一系列规划、政策和方案，对整体产业发展都积极进行引导。北京采取试验区、贸易基地、示范基地进行产业集聚和发展带动，四川则对准核心产业、优势项目、主导产品等持续发力，二者各有千秋，但北京对行业的上下游联动和产业的发展带动更为明显，整体布局也更为合理。

从技术储备层面来看，北京在移动网络、信息检索、游戏软件和平台开发等多个方面具有优势，而四川对于技术的追求和平台的建设也有提前布局，移动5G、智能制造等产业水平先进，两者在相应企业的集聚上具有一定的共同点。但北京以其全国的核心地位，在龙头企业、行业领军企业上具有四川不可比拟的优势。为了弥补这方面的缺陷，四川也在积极谋划，通过体制、政策的扶持，吸引企业落地落户。其中以成都"人才新政"为代表，其以人才带动创新创业和企业落户的思路，具有一定的可操作性，也为产业发展所需的人才基础开创了良好的局面。

与此同时，北京和四川均拥有一批高水平的高等院校、研究院所，北京

---

① 江光华、沈晓平：《数字技术与设计服务引领北京创意产业发展》，《科技智囊》2017年第10期。

院校更为集中，优势更为明显。四川在专业人才的队伍建设上发力，依托一批国际领军企业，建立了自身较为稳固的人才培养渠道和平台，包括音乐、创意设计、游戏动漫等，四川的研发基地、产业从业队伍已经初步显现行业优势。

在资源开发储备上，四川和北京均具有悠久的历史和众多遗迹、博物馆，虽然北京以故宫、天安门等为代表的资源具有一定的优势，但四川因为面积更大，自然、民族、民俗资源更为丰富，因而更具开发前景。而四川也在"互联网＋"上取得了长足的发展，与北京虽然在整体规模上有一定的差距，但基础已经夯实，后续发展潜力值得期待。

动漫游戏产业是四川和北京共同的着力重点。在产值规模上，北京有一定的优势，其网络游戏产业占全国约30％的市场份额；而以成都"全国动漫第四城"为代表的四川动漫游戏产业，也凭借近年来多个行业领军企业的研发基地、工作室开发出的重量级产品，实现了快速的增长。双方在移动端手游、网络游戏等方面均具有一定的市场影响力。在市场带动上，北京对投资资金，尤其是海外资金的吸引能力更强，相关产品出口规模更大；而四川相关领域正处于起步阶段，差距较为明显。产品创新方面，近年来北京漫画产业异军突起，形成了一批具有市场影响力的作品，起到了良好的产业带动作用，这一点值得四川借鉴。

在数字出版和创意设计方面，北京和四川均在积极抢占市场，布局相应产业，探索自身的供给侧结构性改革。北京依托自身丰富的文博资源，以故宫博物院等一批试点、龙头主体为代表，探索资源向产品转化的产业生态链条，取得了良好的效果。而四川则立足文化、旅游市场需求，进一步开发具有地域、民族、民俗特色的创意设计产品。两地的产业规模、产值和从业人员、市场主体数量均保持了快速增长。四川在网络文学方面具有一定的优势，而北京的"北京味儿""北京品牌"等更具影响力。

在整体产业配套和服务健全上，北京具有领先的布局观念，其院所、高校、企业、大师、平台五位一体的产业资源要素配置体系已经基本形成，文化与旅游的融合发展较为成熟，这些都是四川正在着力解决，甚至尚未完全意识到的层面。北京采取的"基金＋媒体＋孵化器"创新孵化模式，同样适用于目前正通过园区吸引企业入驻，从而带动产业发展的四川。

同时，北京和四川均在以数字创意推动城市化进程，建设创意园区，做好企业和市场主体的服务工作。品牌会展、重要节（会）、主题博览等也成为共同争夺的市场和持续布局的领域，但北京凭借龙头企业的带动取得的效果更为明显，其基础支撑也更为稳定。布局上，四川还应借鉴北京模块化、区域化的规划方式，加速形成"一干多支"的业态格局，既支持以成都为中心进行发展，也不过分依赖于成都、集中于成都。

四 政策分析

（一）产业相关政策

2017年，文化部结合国家"十三五"规划和国家战略产业发展规划，制定并发布了《关于推动数字文化产业创新发展的指导意见》。[①]

四川省结合自身特点，以上述文件精神为指引，颁布了《四川省"十三五"文化产业发展规划》[②]，将数字创意产业作为重要组成部分予以明确。

同时，在国家层面，随着数字创意产业的蓬勃发展，数字创意产业也进入了国家"十三五"规划中的战略新兴产业行列，并在规划中再次予以明确与强调（见表6－12）。[③] 其也被视为进一步扩大和升级信息消费、持续释放发展活力和内需潜力的途径之一。[④]

---

① 文化部：《关于推动数字文化产业创新发展的指导意见》，2017。
② 四川省人民政府：《四川省"十三五"文化产业发展规划》，2017。
③ 国务院：《"十三五"国家战略性新兴产业发展规划》，2016。
④ 国务院：《关于进一步扩大和升级信息消费 持续释放内需潜力的指导意见》，2017。

表 6－12　国家及四川省数字创意产业相关政策规划

文件名称	主要内容	关键词
《关于推动数字文化产业创新发展的指导意见》	①提升数字文化产品、服务质量,优化供给结构,使数字文化消费成为扩大文化消费的主力军	数字产品提升
	②培养一批数字文化行业内的领军企业和各具特色的创新型中小微企业	行业企业培养
	③增强动漫、游戏、网络文化、数字文化装备、数字艺术展示等重点领域实力	装备实力增强
	④完善产业生态体系,到 2020 年形成导向正确、技术先进、消费活跃、效益良好的数字文化产业发展格局,抢占国际领先地位	产业体系完善
《四川省"十三五"文化产业发展规划》	①媒体融合发展取得重大突破,媒体数字化率、融合率达到 100%	媒体融合突破
	②推出 2～3 个在全国有较强影响力的融合发展新媒体产品,建成 3～5 个有强大实力、传播力、影响力和公信力的新型媒体集团,形成 5～8 个全国知名新型媒体品牌	品牌影响扩大
《"十三五"国家战略性新兴产业发展规划》	①到 2020 年,形成文化引领、技术先进、链条完整的数字创意产业发展格局	发展格局形成
	②发展目标确定为相关行业产值规模达到 8 万亿元	产值规模达到

在国家级层面的具体指导意见、总体战略发展布局,四川省具体实施细则中,数字创意产业受到了高度重视,相关产业的产值及社会、经济效益前景受到普遍肯定。

产业整体培养领军企业,构建完善的产业生态链、生态圈成为发展的共同目标,以此衍生出的消费刺激和经济拉动效应日趋明朗。

通过重点项目培育和国际化合作,以动漫产业等为主的数字创意产业受到资本的关注,数字创意产业发展进入"提质增效"阶段,显现出产业引领和示范效应。

随着产业的投入升级,数字创意逐渐转向融合、集聚发展的方向。借助政策的实质性实施,数字创意产业进入"全面发展"阶段,开始进行硬件、软件的同时提升和发展(见表 6－13)。

表6-13 数字创意产业政策规划重点领域

文件名称	主要内容	关键词
《关于推动数字文化产业创新发展的指导意见》	①推动动漫产业提质升级和游戏产业健康发展,不断丰富网络文化产业内容和形式	内容形式丰富
	②增强数字文化装备产业实力,大力发展数字艺术展示产业,超前布局前沿领域	装备实力增强
	③培育数字文化产业市场主体,推进创新创业和集聚发展	市场主体培育
	④构建数字文化领域标准体系,参与国际分工与合作,不断优化产业市场环境	标准体系构建
	⑤落实相关政策,不断强化服务与人才支撑,持续推动"放管服"等管理改革	相关政策落实
《四川省"十三五"文化产业发展规划》	①实施巴蜀文化艺术精品生产体系重点项目建设,搭建展演展览平台,建设文艺作品评价标准和体系	体系平台搭建
	②适时申办国家级综合艺术盛会,与互联网相结合,推进数字艺术档案、数字美术馆建设	数字技术推进
	③发展现代文化产业体系重点项目,开发一批四川特色文博创意产品	特色产品开发
	④实现动漫游戏产业提质转型升级发展,促进新型文化业态发展,推动文化产业转型升级	产业形态升级
	⑤实施新型文化业态打造工程,完成各主要业态类型的重点项目培育,不断扩大对外产品和服务贸易,推进文化遗产与科技融合	新型业态打造
《"十三五"国家战略性新兴产业发展规划》	①创新数字文化创意技术和装备,提升创作生产技术装备和传播服务技术水平,实现内容提升和标准统一	设备水平提升
	②丰富数字文化创意内容和形式,促进优秀文化资源创造性转化,鼓励创作当代数字创意内容精品	精品内容打造
	③提升创新设计水平,提升工业设计和人居环境设计水平,建设一批工业设计中心、工业设计集聚区,以平台建设和政策、购买扶持促进创新设计成果转化	设计水平提升
	④不断推动数字创意产业与周边产业融合发展	融合发展推动

（二）经验借鉴

1.北京：功能区建设推动产业融合发展

北京是开展数字创意产业研究、规划和推动发展的先行城市之一，其对数字创意产业的相关规划对四川具有积极的借鉴意义。《北京市"十三五"时期现代产业发展和重点功能区建设规划》①，对数字创意产业的相关指导思想将进一步促进产业的发展与壮大。

一方面，北京通过发展壮大创意交易行业，加快建设一批由试验区、贸易基地、示范基地、产业基地构成的集聚发展园区。这对包括设计服务、广告会展和产权交易等在内的行业起到了良好的促进作用。同时，在龙头企业的带动上，北京也为四川树立了鲜明的示范，一批"北京设计"品牌的推出，拉动了整个市场的发展。另一方面，融合发展成为业态的主流，数字创意产业不仅融入了设计服务、会展等传统行业，也与工业设计、智能终端设计等新兴产业实现了结合。这对于四川发展自身产业品牌，构建业态优势有着积极的借鉴意义。

2. 广东：技术和装备产业带动整体发展

在经济发达的珠三角地区，广东作为数字创意产业起步较早的省份，制定和出台的《广东省战略性新兴产业发展"十三五"规划》②，将数字创意产业提升到了战略的发展高度。

立足于自身大数据、人工智能等产业的技术优势，广东正全力发展数字文化创意技术和装备产业，作为拉动数字创意与多个关联产业融合发展的渠道。广东在虚拟现实开发、混合现实娱乐等方面确定了国内的领先地位。以此为拉动，对岭南文化的开发和保护取得了实质性的进展，在文化资源进行数字化转化和开发、促进优秀文化资源创造性转化等方面取得了较大的成效。这对同样旨在深耕自身优秀文化和旅游资源的四川，也有值得学习的地方。

五　决策建议

（一）坚持产业发展的鲜明思想

根据四川目前数字创意产业的发展特点，应当进一步加大对自身独特文

---

① 北京市人民政府：《北京市"十三五"时期现代产业发展和重点功能区建设规划》，2017。
② 广东省人民政府：《广东省战略性新兴产业发展"十三五"规划》，2017。

化资源的挖掘。按照《四川省"十三五"文化产业发展规划》中的思路，以产业化的思想对准市场发展空间，坚持构建符合市场规律的产业引导环境，培育龙头企业、骨干企业和中小微企业。结合国家"十三五"战略支柱性产业规划，在政策制定上进一步倾向于产业化运作的特点，采取"产业＋基金""利润＋补贴"等多元化的方式，形成产业发展的良好政策局面。在整体产业上加强人才培养与市场需求之间的对接，为形成高质量发展格局，打造文化强省奠定坚实的基础。

（二）强化实施产业带动战略

《四川省"十三五"文化产业发展规划》中明确提出，立足四川省悠久的历史文化及丰富的红色文化、民俗文化、现代文化资源储备，加快实施产品的精准对接、主题开发及市场运作，将资源转化为产业。同时在产业园区、产业功能区的设立上结合各市（州）自身的资源特点，分类定位，实现差异化发展。

要立足市场需求做好产业、人才的规划，做大做强一批具有市场前景、数字创意技术领军水平的创意企业、产业项目、功能设施，成为数字创意进一步产业化的重要支撑。在产业的布局上，要注重因地制宜、格局合理，既以资源转换为产业发展的基础，又以整合发展、融合发展为根本目的，打造特色鲜明、形态各异、功能互补的数字创意产业"四川品牌"，促进产业发展。

要注重数字创意产业中部分重点产业的引导和带动作用，借鉴国内发展经验，针对目前人才资源不足、基础薄弱的产业，加大投入和培育力度。对于发展较为成熟的领域，提前做好市场规划与发展引导。在影视、虚拟现实等产业中培育代表性企业，加强整个产业的领军企业引进和培育，形成骨干企业队伍，促进产业健康发展。

（三）坚定发挥产业集聚效应

数字创意产业的产业生态需要一条完整的生产链，与设计开发、大数据应用、市场营销和推广等相关产业密不可分，相互影响。在产业发展的同时，需要各部分协同发展，才能起到完整的市场格局占有和协同作用。因此，在进一步发展数字创意产业的同时，要针对产业的需求，对相应的上下游产业链进行健全补充，推动产业的组团和集聚。同时，依托四川在中西部地区经济发展的核心优势，加大对相应人才、团队和企业的吸引，在落户、创业等方面给予支持和奖励，加快形成数字创意产业的人才高地。

要坚持在规划上形成产业集聚的发展格局，同时配套建设产权交易所、人才公寓、园区服务主体等，形成对产业的基础托底。可以有意识地形成地域上的差异发展，以示范性园区、龙头企业或人才队伍构建相应的集聚化发展基础。在产业发展的初期采取引导、扶持策略，使其能够产生集聚效应、吸引效应，形成具有规模化潜质的产业集群。在这一过程中，初步改变成都过大过强的产业集聚格局，使得部分产业前端能够在各市（州）落户，形成全省产业的合理化布局。这既能够利用和开发各地的资源特色，又不影响成都作为全省中心的地位，也符合省委"一干多支""四区协同"的发展战略要求和定位。

此外，将龙头企业的培育纳入工作重点，认识到龙头企业的带动、集聚、示范作用及品牌效应。产业集聚上，可以采取按照龙头企业需求配置相关产业的原则，不回避"垄断""寡头"产业格局，从而起到快速对整个产业的培育、带领和拉动作用。对于处于产业底层的中小微企业加大扶持力度，在政府采购等方面给予一定的政策照顾，形成产业集聚的"金字塔"格局，对整体产业发挥积极的支撑作用。

（四）坚持产业品牌打造策略

要认识到四川数字创意产业的整体品牌形象对于全省经济、社会发展，以及数字创意产业逐步向国民经济支柱性产业发展的重要意义。通过整体的产业品牌塑造，形成对资源的整合和配置的优化，放大对于人才、资金、设备和市场主体的吸引作用及产业的整体增值效应。

选择具有产业基础和一定品牌影响力的企业，对其进行重点扶持，如峨眉电影制片厂，就是数字创意产业很好的转型升级对象。这样既在原有品牌形象的基础上实现了产业的增值，又缩短了市场开拓和占有的时间周期，对四川扩大数字创意产业的区域影响力、知名度和品牌效应具有积极的意义。

在产业的发展和品牌的选择上，不限于图书、报刊、电影、电视剧、动漫游戏、艺术品、文化旅游、创意设计、演艺娱乐等领域，对新兴技术采取积极、宽松的量化态度。例如，可以在动漫、游戏等领域，鼓励腾讯天美、完美世界等加大其在四川的研究、开发力度，形成整体研发基地、人才队伍向四川倾斜的趋势。

在产业品牌的建设上，健全政府部门推动优秀数字创意产品生产销售的扶持机制，储备一批品牌项目，培育一批具有四川特色和国际影响力的优秀数字创意企业、产品系列和品牌。同时，利用政策的杠杆撬动作用，引导企业利用自身市场主体的灵活性，加强品牌形象战略的实施，从而形成政府、市场和企业主体的良好配合，打造四川数字创意产业的良好品牌。

（五）提高产业精品开发效率

在数字创意产业的整体发展上，牢固树立精品化的意识，形成一批具有市场竞争力的数字创意产品。例如，依托四川原有出版发行等基础优势，推动产业的融合发展和资源的拓展利用，创作和生产一批数字影视、动漫游戏精品。也可对蜀锦、蜀绣、唐卡等传统民俗和文化产品进行"二次开发"，结合数字创意产业的规律，开发一批符合市场需求、迎合时下潮流的新产品，巩固四川自身精品文化的地位。

在资源转换上，要注重效率的提高，对于已经具有一定市场影响力和品牌形象的数字创意产业行业、企业，要进一步鼓励和支持其进行下一步开发。通过合理规划和积极引导，将历史遗迹、自然风景等与数字创意进行有机结合，对资源进行进一步转换，提高效率和产业化水平。

（六）注重产业创新驱动和融合发展

一方面，加强数字创意产业与科技、设备制造、会展博览等产业的融合发展，加快构建数字创意产业对于经济的整体带动和引领作用；另一方面，加大技术研发和创新开发，不断保持整体产业的核心主体和技术竞争力，着力摆脱观念、制度的滞后和人才缺乏的不利局面，协调解决政府、市场、企业、社会的供需矛盾，抓好对于技术的支持培育，推动新平台、新渠道的涌现，形成一批专业化的技术支持、研发配套和服务企业。

要注重电子商务、网络服务等产业的支撑性作用，延伸数字创意产业的生产链条，不断挖掘新的增长点和支撑点。在金融、市场等方面采取多种方式进行资源的配置和整合，提升产业的应变能力。

此外，不断加快数字创意产业与其他产业融合发展，形成良好的资源交流和业务互动，推动构建融合发展格局，实现产业健康、创新发展。

（七）提升文化创意产业企业发展活力

应清楚地认识到四川省的文化创意产业企业化发展处于起步阶段。文化创意产业仍需纵深进行供给侧结构性改革，通过市场化运作的手段，促进产业园区、基地建立优质均衡的收入利润结构，通过不断提升营业收入在总利润收入中的占比，保障产业发展的活力和市场主体的健康运行。

要降低营业成本，以扩大利润空间，减轻企业压力，释放发展活力。除严格控制、降低并优化产业园区、基地的自身运营成本之外，文化创意产业还应该通过降低营业税率、降低融资成本、完善营商制度等多种手段，形成政府与产业主体的良性互动，进一步减轻企业负担，降低成本支出。

参考文献

《2017 年财富世界 500 强排行榜》，财富中文网，2017 年 7 月 20 日，http：//www. fortunechina. com/fortune500/c/2017 - 07/20/content_ 286785。

《2017 年在线教育市场规模近 2000 亿》，搜狐网，2017 年 6 月 26 日，http：//money. 163. com/17/0626/07/CNREQ2CS002580T4. html。

《500 名川内网络写手签约各大网络文学平台》，网易新闻，2015 年 6 月 10 日，http：//news. 163. com/15/0610/06/ARNRRNVJ00014AED_ mobile. html。

《创意产业与发展创意产业的重要性：联合国教科文组织的视角》，搜狐网，2017 年 9 月 23 日，http：//www. sohu. com/a/194072173_ 99957768。

北京市人民政府：《北京市"十三五"时期现代产业发展和重点功能区建设规划》，2017。

北京市统计局、国家统计局北京调查总队：《北京市文化创意产业分类标准》，2006。

本刊编辑部：《游戏产业——小众娱乐裂变》，《四川省情》2018 年第 6 期。

〔德〕彼得·康纳利斯等：《世界经济论坛 2002—2003 年全球竞争力报告》，方丽英等译，机械工业出版社，2003。

〔加〕查尔斯·兰德利：《伦敦：文化创意城市》，载《世界文化产业发展前沿报告（2003～2004）》，社会科学文献出版社，2004。

柴欣、郁珅菊：《互联网视域下数字创意产业内容研究》，《中国报业》2018 年第 16 期。

常琳颖：《浅析数字媒体在文化创意产业中的应用与研究》，《新闻研究导论》2018 年第 4 期。

陈海燕：《四川网络文学发展现状、问题及对策研究》，《西南石油大学学报》（社会科学版）2018 年第 3 期。

陈洪、张静、孙慧轩：《数字创意产业：实现从无到有的突破》，《中国战略新兴产业》2017 年第 1 期。

陈俊：《文化创意产业的人才素质要求》，《新闻前哨》2013 年第 9 期。

陈学明：《西方马克思主义教程》，高等教育出版社，2001。

《成都创意设计周新亮相　藏羌彝文化产业走廊成都开班》，新浪四川，2018 年 11 月 7 日，http：//sc. sina. com. cn/news/b/2018－11－07/detail－ihmutuea7773890. shtml。

《成都将发展六大新经济形态》，腾讯大成网，2017 年 11 月 10 日，http：//cd. qq. com/a/20171110/013070. html。

成都市人民政府：《成都市关于推进创意经济发展的实施方案》，2018。

成都市人民政府：《建设西部文创中心行动计划（2017—2022 年）》，2018。

程丽仙：《数字创意成经济增长新动力》，《中国文化报》2016 年 9 月 30 日。

〔美〕戴维·莫谢拉：《权力的浪潮》，高铦等译，社会科学文献出版社，2002。

《第二届"金熊猫"网络文学奖公布》，成都全搜索，2018 年 8 月 7 日，https：//www. doulook. com/1721. html。

第十七届中国西部国际博览会组委会：《四川文化创意产业发展分析报告》，2018。

《定了！成都影视硅谷，四川传媒学院新校区周六开工！》，搜狐网，2017 年 9 月 22 日，http：//www. sohu. com/a/193902012_ 739972？qq－pf－to＝pcqq. c2c。

《发展创意经济　2018 成都 33 个文化创意项目开工》，凤凰网，2018 年 6 月 7 日，http：//sc. ifeng. com/a/20180607/6638282_ 0. shtml。

冯俏俏、黄文卿、贾亦男：《数字媒体艺术与文化创意产业发展的关系研究》，《艺术研究》2012 年第 2 期。

《关于文化创意产业的思考》，网易新闻，2018 年 2 月 23 日，http：//news. 163. com/18/0223/16/DBBHU6CO00018AOR. html。

广东省人民政府：《广东省战略性新兴产业发展"十三五"规划》，2017。

国务院：《"十三五"国家战略性新兴产业发展规划》，2016。

国务院：《关于进一步扩大和升级信息消费　持续释放内需潜力的指导意见》，2017。

国务院：《关于推进文化创意和设计服务与相关产业融合发展的若干意见》，2014。

花建：《文化创意产业与相关产业融合发展的四大路径》，《上海财经大学学报》2014 年第 4 期。

黄维敏：《四川网络文学产业调研报告》，载《四川文化产业发展报告（2016）》，社会科学文献出版社，2016。

霍步刚：《国外文化产业发展比较研究》，东北财经大学硕士学位论文，2009。

〔英〕霍金斯：《创意经济：如何点石成金》，洪庆福等译，上海三联书店，2007。

《31 家首批成都市文创产业园区出炉》，四川新闻网，2018 年 9 月 26 日，http：//scnews. newssc. org/system/20180926/000910284. html。

江光华、沈晓平：《数字技术与设计服务引领北京创意产业发展》，《科技智囊》2017 年第 10 期。

蒋多、杨矞：《微笑曲线中的价值链攀升之路——中国自主研发网络游戏"走出去"的第一个十年》，《国际文化管理》2016 年第 00 期。

金元浦：《当代世界创意产业的概念及其特征》，《创意产业与中国电影》2007 年第 21 期。

《聚焦丨来"四川动漫产业高峰论坛"探讨国产动漫的核心力量》，搜狐网，2018 年 5 月 29 日，https：//www. sohu. com/a/231042124_ 246495？qq－pf－to＝pcqq. c2c。

李春华：《"文化生产力"：一个经济与文化互动发展的当代范畴》，《生产力研究》2005 年第 4 期。

李凤亮、赵雪彤：《数字创意产业与国家文化软实力提升路径研究》，《广西民族大学学报》（哲学社会科学版）2017 年第 6 期。

李嘉珊、宋瑞雪：《"一带一路"倡议背景下中国对外文化投资的机遇与挑战》，

《国际贸易》2017年第2期。

李嘉曾：《历史积淀、时代潮流与创意的有机结合——英国创意产业的经验与启示》，《中国战略新兴产业》2017年第1期。

李陵、田少煦：《珠三角数字创意产业的发展走向》，《湖南师范大学社会科学学报》2011年第3期。

〔美〕理查德·凯夫斯：《创意产业经济学：艺术的商业之道》，孙绯等译，新华出版社，2004。

林拓等主编《世界文化产业发展前沿报告（2003～2004）》，社会科学文献出版社，2004。

美国国际知识产权联盟：《美国经济中的版权产业》，2002。

聂聆：《全球价值链分工地位的研究进展及评述》，《中南财经政法大学学报》2016年第6期。

荣跃明：《超越文化产业：创意产业的本质与特征》，《毛泽东邓小平理论研究》2004年第5期。

深圳市数字创意与多媒体行业协会：《世界各国数字创意产业生态圈》，2018。

沈山：《论文化创意产业与艺术授权经营》，《经济前沿》2004年第12期。

石磊、李弋、田大菊、谢婉若：《新媒体时代数字出版的机遇与发展策略——以四川数字出版产业为例》，《新闻界》2012年第24期。

〔澳〕斯图亚特·坎宁安：《从文化产业到创业产业：理论、产业和政策的含义》，载《世界文化产业发展前沿报告（2003～2004）》，社会科学文献出版社，2004。

《2017四川省优秀网络小说30部》，腾讯网，2018年3月22日，https：//new.qq.com/omn/20180322/20180322A0OI7Q.html。

《四川"一核四带"文化产业区域布局》，四川新闻网，2014年5月13日，http：//scnews.newssc.org/system/20140513/000381468.htm。

《四川规上文化产业营收创意设计增长最快达48.1%》，新浪四川，2018年6月19日，http：//sc.sina.com.cn/news/m/2018－06－19/detail－iheauxvz5365864.shtml。

四川省人民政府：《四川省"十三五"文化产业发展规划》，2017。

四川省人民政府：《四川省"十三五"战略性新兴产业发展规划》，2017。

《四川省首家在线教育创业孵化器落地成都》，腾讯教育，2017年3月2日，http：//edu.qq.com/a/20170302/016336.htm。

四川省统计局：《产业规模稳步发展　创意产业引领强——2017四川文化产业"成绩单"》，《四川省情》2018年第3期。

《四川数字出版传媒有限公司：做新媒体出版运营服务商》，冰河文化工作室，2017年3月5日，http：//www.bingheworks.com/Article_ Show.asp? ArticleID＝5829&ArticlePage＝1。

《四川数字出版传媒有限公司版权工作站正式揭牌》，四川省版权局，2018年10月25

日，http：//byod. chinabyte. com/138/14578638. shtml。

《四川文化产业"百花齐放"本土影视作品陆续登陆央视》，国际在线，2018 年 1 月 29 日，http：//sc. cri. cn/20180129/dae7c9ce－1168－4c0e－d586－a7a88d50dec0. html。

四川文化创意产业研究院、中国人民大学创意产业技术研究院：《中国西部省市文化产业发展指数（2017）》，2017。

汤永川、刘曦卉、王振中、盘剑、王健、周明全、唐智川：《数字创意产业向其他产业无边界渗透》，《中国战略新兴产业》2017 年第 9 期。

陶冶、张世龙、于俭：《重新认识熊彼得的创新理论》，《经济论坛》2009 年第 13 期。

《投资 165 亿元　中广影视产业功能区落户大邑》，凤凰网，2018 年 6 月 29 日，http：// sc. ifeng. com/a/20180629/6692207_ 0. shtml。

王俊、汤茂林、胡玉玲：《国外创意阶层研究进展》，《江苏商论》2007 年第 5 期。

王振如、钱静：《北京都市农业、生态旅游和文化创意产业融合模式探析》，《农业农村经济》2009 年第 6 期。

《"文创武侯"再发力　成都·武侯影视文化产业发展论坛成功举办》，四川在线，2017 年 9 月 18 日，https：//sichuan. scol. com. cn/fffy/201709/55993909. html。

文化部：《关于推动数字文化产业创新发展的指导意见》，2017。

《文化创意业：催生新业态》，《宁波经济·财经视点》2008 年第 12 期。

吴春华：《山东省互联网文化创意产业融合发展研究》，《江苏商论》2018 年第 9 期。

吴连英：《四川数字出版的 SWOT 分析》，《新闻研究导刊》2015 年第 22 期。

《西博会首设四川文创展　邀您共赴巴蜀文化盛宴》，四川新闻网，2018 年 9 月 20 日，http：//news. sznews. com/content/2018－09/20/content_ 21095987. htm？v＝pc。

夏光富、刘应海：《数字创意产业的特征分析》，《当代传播》2010 年第 3 期。

香江波：《英国创意产业经济贡献对我国的启示》，《出版参考》2012 年第 34 期。

向宝云、张立伟主编《四川文化产业发展报告（2016）》，社会科学文献出版社，2016。

肖永亮：《数字媒体在创意产业发展中的地位》，《当代传播》2005 年第 1 期。

新加坡政府经济检讨委员会：《创意产业发展策略：推动新加坡的创意经济》，2002。

邢华：《文化创意产业价值链整合及其发展路径探析》，《经济管理》2009 年第 2 期。

徐立萍、姚怡宁：《数字媒体艺术设计人才梯队建设与培养模式探究》，《新闻传播》2017 年第 19 期。

徐延：《文化创意产业概念辨析》，《当代传播》2007 年第 4 期。

许意强：《国外数字创意产业特色鲜明 欧美日韩各具特色》，《中国企业报》2017 年 4 月 25 日。

薛晓东、谢梅：《数字传媒产业自组织运营模式研究》，《电子科技大学学报》（社科版）2007 年第 1 期。

颜复萍：《近年四川影视文化产业的发展与思考》，《中华文化论坛》2016 年第 11 期。

杨润东、汪霏霏：《韩流涌动的文化成因和产业运作》，《当代电视》2008 年第 6 期。

姚东旭：《文化创意产业的界定及其意义》，《商业时代》2007 年第 8 期。

姚欣雨：《体育旅游产业与文化创意产业融合发展模式研究》，《现代营销》2018 年第 11 期。

袁帅：《文化创意产业的概念及内涵研究》，沈阳航空航天大学硕士学位论文，2009。

臧志彭：《数字创意产业：科技与文化协同发展》，《中国社会科学报》2018 年 11 月 6 日。

臧志彭：《数字创意产业全球价值链：世界格局审视与中国重构策略》，《中国科技论坛》2018 年第 7 期。

臧志彭：《数字创意产业全球价值链重构——战略地位与中国路径》，《科学学研究》2018 年第 5 期。

张永敏、张艳玲、李丽艳：《农业与文化创意产业融合发展研究》，《乡村科技》2018 年第 22 期。

赵璐、赵作权、王伟：《中国东部沿海地区经济空间格局变化》，《经济地理》2014 年第 2 期。

中国互联网络信息中心：第 41 次《中国互联网络发展状况统计报告》，2018。

中国音像与数字出版协会：《2017 年中国网络文学发展报告》，2018。

〔日〕中野晴行：《动漫创意产业论》，甄西译，国际文化出版公司，2007。

中娱数字创意研究院：《2016 中国数字创意产业发展报告》，2016。

朱勇、吴易风：《技术进步与经济的内生增长——新增长理论发展述评》，《中国社会科学》1999 年第 1 期。

邹广文：《文化产业发展：我们向发达国家学习什么》，《人民论坛》2006 年第 8 期。

Ana Isabel, Escalona-Orcao et al. , "Location Conditions for the Clustering of Creative Activities in Extra-metropolitan Areas," *Applied Geography*, 2018(91).

第七章
文化传承与创新

中华文化源远流长、博大精深、绚烂多彩，中华文明生生不息。中国作为世界四大文明古国之一，有着悠久的历史，在多次的民族交融和朝代更迭中，中华文明的内涵不断丰富，形成了以汉族文化为中心，多民族文化和谐共荣的局面。中华文化绵延千年，得益于文化传承不断，历史进程的各个时期文化的力量深深熔铸在中华民族的生命力、创造力和凝聚力之中。

一 文化传承与创新情况

（一）文化传承与创新概念界定

1949 年中华人民共和国成立后，民族文化的继承和发扬就一直是党和国家的工作重点。根据文化和旅游部发布的相关文件①，我国文化传承与创新工作主要包括对物质文化遗产的保护和非物质文化遗产的保护和传承，以及对二者价值的创新开发。物质文化遗产是具有历史、艺术和科学价值的文物，即传统意义上的"文化遗产"，包括古遗址、古墓葬、古建筑、石窟寺、石刻、壁画、近代现代重要史迹及代表性建筑等不可移动文物，历史上各时代的重要实物、艺术品、文献、手稿、图书资料等可移动文物，以及在建筑式样、分布均匀或与环境景色结合方面具有突出普遍价值的历史文化名城（街区、村镇）。

而非物质文化遗产是指各种以非物质形态存在的、与群众生活密切相关

---

① 《文化部关于印发〈文化建设"十一五"规划〉的通知》，法律图书馆，2006 年 9 月 14 日，http：//www.law－lib.com/law/law_view.asp? id＝176000。

且世代相承的传统文化。根据联合国教科文组织《保护非物质文化遗产公约（2003）》[①]（Convention for the Safeguarding of the Intangible Cultural Heritage）的定义，无形文化遗产是指被各群体、团体、有时为个人视为其文化遗产的各种实践、表演、表现形式、知识和技能及其有关的工具、实物、工艺品和文化场所。非物质文化遗产主要指人类以口头或动作方式相传，具有民族历史积淀和广泛、突出代表性的民间文化遗产，曾被誉为历史文化的"活化石""民族记忆的背影"。包括：口头传说和表述，包含作为非物质文化遗产媒介的语言；表演艺术；社会风俗、礼仪、节庆；有关自然界和宇宙的知识及实践；传统的手工艺技能。根据我国国情，国务院批准发布《国家级非物质文化遗产名录》[②]（共四批）分类标准，我国非物质文化遗产可分为：民间文学、传统音乐、民间舞蹈、传统戏剧、曲艺、杂技与竞技、民间美术、传统手工艺、传统医药、民俗十个类目。

（二）中国文化传承与创新情况

我国文化传承和创新的相关政策可以分为两个阶段。

第一阶段，1949 年新民主主义革命的胜利，让中国走向了社会主义社会，国家发布文化方面的政策文件主要围绕文艺工作，文化传承创新的相关政策较少。社会制度的转变让社会文化也发生了翻天覆地的变化，新的思想新的文化是时代的潮流。1956 年中共中央政治局扩大会议正式提出在科学文化工作中实行"百花齐放，百家争鸣"的方针，我国文学艺术得到繁荣发展，文艺领域出现好戏连台，异彩纷呈的局面。改编自中国历史故事和传说的优秀作品《蔡文姬》（郭沫若）、《海瑞罢官》（吴晗）都是该时期的作品。在文化事业方面，这一时期文化事业改造的重点内容是戏曲艺术：鼓励自由竞赛，培养先进戏曲艺人，取缔腐朽的戏曲制度。

---

① 《保护非物质文化遗产公约（2003）》，非物质文化遗产网，2016 年 10 月 8 日，http：//www. ihchina. cn/3/18945. html。

② 《国务院关于公布第四批国家级非物质文化遗产代表性项目名录的通知（2014）》，非物质文化遗产网，2016 年 8 月 19 日，http：//www. ihchina. cn/3/18567. htm。

　　1962 年中共中央批准通过了《文艺八条》①，以"贯彻执行'百花齐放，百家争鸣'的方针；正确地开展文艺批评；批判地继承民族遗产和吸收外国文化；改进领导作风；加强文艺界的团结"为主要内容。戏剧工作在整理保留传统优秀剧目的基础上开始注重现代剧的创作，产生了大量反映历史新时代、人民新生活的戏剧作品。1965 年 7 月、8 月，广州举行戏剧观摩演出大会，参加观摩演出的有歌剧、话剧、京剧、豫剧、汉剧、楚剧、湘剧、桂剧、粤剧、广东汉剧、琼剧、曲剧、越调、花鼓戏、祁剧、采茶戏、彩调、湘昆、花朝戏共十九个剧种。

　　20 世纪 80 年代，在文化产业发展、全球化挑战加剧等多种因素的影响下，文化发展战略热兴起，政府文化战略意识觉醒。1997 年，党的十五大报告为当代中国文化政策的转型与重构作了"定调"。既要改革开放，又要坚持社会主义主流意识形态；既要继承和发扬优秀民族文化传统，又要吸纳外国优秀文化，走中国式的文化现代化之路。指明了继承发扬优秀民族文化的重要性。20 世纪 90 年代中后期，文化发展战略热和新一轮的文化建设高潮先后在全国兴起，几乎每个省份都在制定自己的文化发展战略，文化战略的理论研究也取得了一些成果。

　　第二阶段，2000 年以来，随着党的十六大高度评价文化的战略意义，全国文化体制改革全面铺开，国家针对文化传承和创新发布的政策逐渐增多，内容更加详细。

　　这一阶段，国家政策开始关注非物质文化遗产的传承和保护。2005 年，国务院办公厅发布了《关于加强我国非物质文化遗产保护工作的意见》②（下文简称《意见》）。《意见》提出加强我国非物质文化遗产保护工作，需要充分认识我国非物质文化遗产保护工作的重要性和紧迫性，确立了非物质文化遗产保护工作的目标、方针和工作原则；提出建立名录体系，逐步形成

①　《文艺八条》，百度百科，2018 年 5 月 26 日，https：//baike. baidu. com/item/% E6% 96% 87% E8% 89% BA% E5% 85% AB% E6% 9D% A1/5792661？fr = aladdin。
②　《关于加强我国非物质文化遗产保护工作的意见》，中国政府网，2005 年 8 月 15 日，http：//www. gov. cn/zwgk/2005 −08/15/content_ 21681. htm。

有中国特色的非物质文化遗产保护制度，加强领导，落实责任，建立协调有效的工作机制。

2006 年，国务院批准文化部确定的第一批国家级非物质文化遗产名录共计 518 项，分为民间文学、传统音乐、民间舞蹈、传统戏剧、曲艺、杂技与竞技、民间美术、传统手工艺、传统医药共九个类目。此后，在 2008 年、2011 年、2014 年国务院批准文化部增加了确定的第二、第三、第四批国家级非物质文化遗产名录。从第二批开始增加了民俗类非物质文化遗产，共十个类别，四批名录一共涵盖了 1825 个非物质文化遗产项目，涉及全国 31 个省、自治区、直辖市。

2017 年 1 月 25 日，中共中央办公厅、国务院办公厅印发《关于实施中华优秀传统文化传承发展工程的意见》①，对如何实施中华优秀传统文化传承发展工程做出了具体要求，第一次以中央文件形式专题阐述中华优秀传统文化传承发展工作。文件自 2017 年 1 月实施以来，中宣部、文化部、教育部等部门启动实施了中华文化电视传播、中华文化资源普查、非物质文化遗产传承发展、中华老字号保护发展、中华经典诵读等重点项目。文化部牵头实施了戏曲振兴工程，对全国地方戏曲剧种进行普查，推进京剧"像音像"节目录制，扶持优秀戏曲剧本创作，组织"名家传戏"，推动戏曲进乡村进校园，组织全国基层院团戏曲会演。中宣部等部门支持和指导、国家图书馆组织实施了"中华传统文化百部经典"项目。此外，中国民间文学大系出版、革命文物保护利用、中华文化新媒体传播等项目也在进行中。

在非物质文化遗产传承人培养工作方面。2015 年文化部、教育部启动"中国非物质文化遗产传承人群研修研习培训计划"试点工作，第一批确定清华大学美术学院、中央美术学院等 20 余所院校为"中国非物质文化遗产传承人群研修研习培训计划"试点院校。试点工作实施以来，研培计划得到社会各界的大力支持和广泛参与。全国 80 余所高校举办研修、研习、培

---

① 中共中央办公厅、国务院办公厅：《关于实施中华优秀传统文化传承发展工程的意见》，中国政府网，2017 年 1 月 25 日，http://www.gov.cn/zhengce/2017 - 01/25/content_5163472.htm。

训 390 余期，培训学员 1.8 万人次，部分省、自治区、直辖市启动了本地区研培，全国参与人数达到 5.6 万人次。① 2018 年文化和旅游部、教育部、人力资源社会保障部印发关于《中国非物质文化遗产传承人群研修研习培训计划实施方案（2018—2020）》的通知，计划 2018 年至 2020 年，文化和旅游部、教育部、人力资源社会保障部在全国范围内遴选约 100 所本科高校、职业院校（含技工院校）、科研机构和相关单位，每年组织开展约 200 期研修、研习和培训。各省级文化行政部门会同本级教育、人力资源社会保障行政部门，组织实施本地区的研培计划。年度参与研培人数约 2 万人次。研培计划以研修、研习、培训为主要形式，同时包括项目研究、学员回访、展览展示、研讨交流等拓展内容，开展研究、回访、展示和宣传，逐步形成规范的研培工作体系。我国近年来颁布的部分文化传承和创新相关政策文件见表 7 - 1。

表 7 - 1　我国近年来颁布的部分文化传承和创新相关政策文件

名称	发布机关	发布年份	文号
《文物事业"十五"发展规划和 2015 年远景目标(纲要)》	国家文物局	2002	
《国务院办公厅转发文化部、建设部、文物局等部门关于加强我国世界文化遗产保护管理工作意见的通知》	国务院办公厅	2004	国办发〔2004〕18号
《关于加强我国非物质文化遗产保护工作的意见》	国务院办公厅	2005	国办发〔2005〕18号
《国务院关于加强文化遗产保护的通知》	国务院	2005	国发〔2005〕42号
《国务院关于公布第一批国家级非物质文化遗产名录的通知》	国务院	2006	国发〔2006〕18号
《国务院办公厅关于成立国家文化遗产保护领导小组的通知》	国务院办公厅	2006	国办发〔2006〕33号

① 《文化和旅游部　教育部　人力资源社会保障部印发关于〈中国非物质文化遗产传承人群研修研习培训计划实施方案（2018—2020）〉的通知》，非物质文化遗产网，2018 年 5 月 3 日，http://www.ihchina.cn/14/54717.html。

续表

名称	发布机关	发布年份	文号
《文化部关于印发〈文化建设"十一五"规划〉的通知》	文化部	2006	文政法发〔2006〕25号
《国家文化和自然遗产地保护"十一五"规划纲要》	国家文物局	2007	
《历史文化名城名镇名村保护条例》	国务院	2008	国务院令第524号
《国务院关于公布第二批国家级非物质文化遗产名录和第一批国家级非物质文化遗产扩展项目名录的通知》	国务院	2008	国发〔2008〕19号
《国务院关于公布第三批国家级非物质文化遗产名录的通知》	国务院	2011	国发〔2011〕14号
《国务院关于公布第四批国家级非物质文化遗产代表性项目名录的通知》	国务院	2014	国发〔2014〕59号
《国务院办公厅转发文化部等部门关于推动文化文物单位文化创意产品开发若干意见的通知》	国务院办公厅	2016	国办发〔2016〕36号
《国务院办公厅关于转发文化部等部门中国传统工艺振兴计划的通知》	国务院办公厅	2017	国办发〔2017〕25号
《中共中央办公厅 国务院办公厅关于实施中华优秀传统文化传承发展工程的意见》	中共中央办公厅、国务院办公厅	2017	
《中共中央办公厅 国务院办公厅关于加强文物保护利用改革的若干意见》	中共中央办公厅、国务院办公厅	2018	
《文化和旅游部 教育部 人力资源社会保障部印发关于〈中国非物质文化遗产传承人群研修研习培训计划实施方案（2018—2020）〉的通知》	文化和旅游部、教育部、人力资源社会保障部	2018	文旅非遗发〔2018〕4号

资料来源：中国政府网。

（三）四川文化传承与创新情况

总体来说，四川省关于物质文化遗产和非物质文化遗产的保护和开发工作成果显著，确定了推进"振兴川剧"工程、加强保护发展少数民族特色文艺项目、大力发展网络文艺事业、推进巴蜀文化名家培养工程、继续实施"天府英才"工程、继续推进"千人计划"等方面的工作，积极发展四川省优秀传统文化重要工程和重要项目，取得了令人瞩目的成就。将文化的传承和文化产业的发展有机结合，继承优秀文化的同时，也给文化产业注入了中华文化厚重的文化积淀，激活了传统文化在现代社会的生命力。将文化传承深入群众日常生活和基础教育当中，成果显著。2017年，四川省委办公厅、省政府办公厅联合印发《关于传承发展中华优秀传统文化的实施意见》①，提出传承发展的主要目标是在2020年初步形成优秀传统文化传承发展体系。

1. 四川省物质文化遗产的保护和开发情况

四川省是一个文化资源大省，省内具有丰富的物质文化遗产资源。本部分以四川省物质文化资源为分析对象，对其不可移动文物，历史文化名城、名镇、名村，历史遗迹的保护和开发情况进行梳理。

（1）物质文化遗产的保护情况

四川省第三次全国文物普查调查登记不可移动文物65231处，其中新发现不可移动文物51836处（见图7-1），数量位居全国第三。② 根据《第一次全国可移动文物普查数据公报》③，截至2016年10月31日，全国可移动文物共计108154907件（套），其中，四川省可移动文物数量达2029342件（套），数量占比3.17%，文物数量在全国排名第九；收藏单位数量594个，数量占比5.32%，位居全国第五。被认定为四川省一级文物的共计3461件（套），其中包括三星堆青铜面具、金沙遗址出土的太阳神鸟金箔、西汉铜车马、秘戏陶俑、何家山二号墓摇钱树等珍贵藏品。④

① 《我省印发传承发展优秀传统文化实施意见 2020年初步形成优秀传统文化传承发展体系》，四川日报网，2017年9月11日，http：//epaper.scdaily.cn/shtml/scrb/20170911/172954.shtml。

② 《65231处不可移动文物 四川全国第三》，四川新闻网，2011年12月31日，http：//scnews.newssc.org/system/2011/12/31/013410953.shtml。

③ 《第一次全国可移动文物普查数据公报》，国家文物局，2017年4月7日，http：//www.sach.gov.cn/art/2017/4/7/art_722_139374.html。

④ 《文物数量全国排第六》，四川日报网，2016年11月17日，http：//epaper.scdaily.cn/shtml/scrb/20161117/147822.shtml。

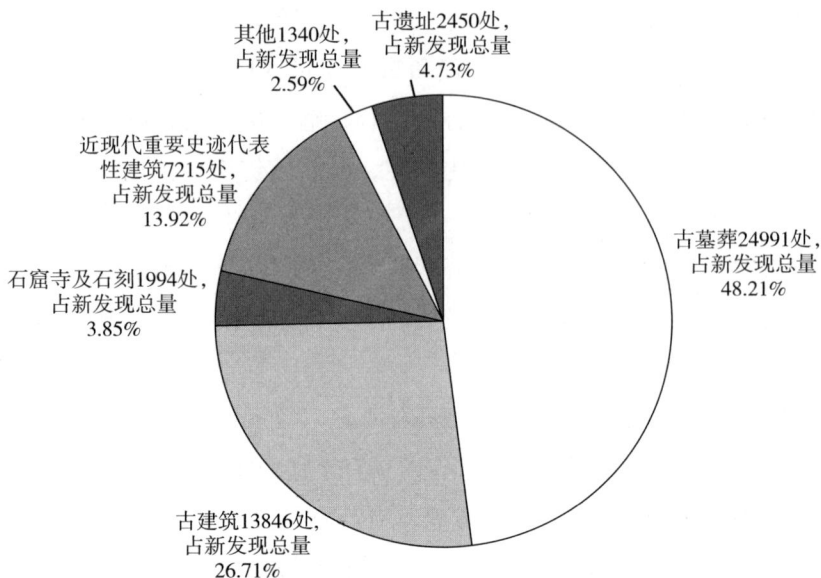

图7－1　四川省第三次全国文物普查新发现不可移动文物分类统计

资料来源：四川省文化厅。

　　文物抢救保护工作成效明显：四川金川刘家寨新石器时代遗址入选2012年度"全国十大考古新发现"；四川成都老官山西汉木椁墓、四川石渠吐蕃时代石刻入选2013年度"全国十大考古新发现"。三星堆遗址、罗家坝遗址、城坝遗址、宝墩遗址考古发掘工作取得新成果。江口沉银遗址第一阶段考古发掘出水文物3万余件，受到国务院、文化部、国家文物局、四川省委省政府的高度重视（见表7－2、图7－2）。

表7－2　2016年四川省文物保护以及考古研究所获奖项目统计

项目名称	所获成就/奖项	报送单位	奖项级别
川渝石窟文物保护项目	纳入《国家文物事业发展"十三五"规划》	四川省文化厅	国家级
江口沉银遗址水下考古	获国家文物局批准实施并取得重要成果	四川省考古研究所	国家级

项目名称	所获成就/奖项	报送单位	奖项级别
"虚拟考古体验馆"项目	中国考古学大会金镈奖	四川省考古研究院公共考古中心	国家级
"全国系列公共考古论坛"项目	中国考古学大会金镈奖	四川省考古研究院公共考古中心	国家级
邛窑遗址保护规划项目	中国考古学大会"金尊奖"	成都文物考古研究所	国家级
四川省理县桃坪羌寨保护与复原项目	2016年度亚太地区文化遗产保护奖	四川省	国际级
三苏祠灾后文物抢救保护工程	2016年度全国十佳文物保护工程	四川省	国家级

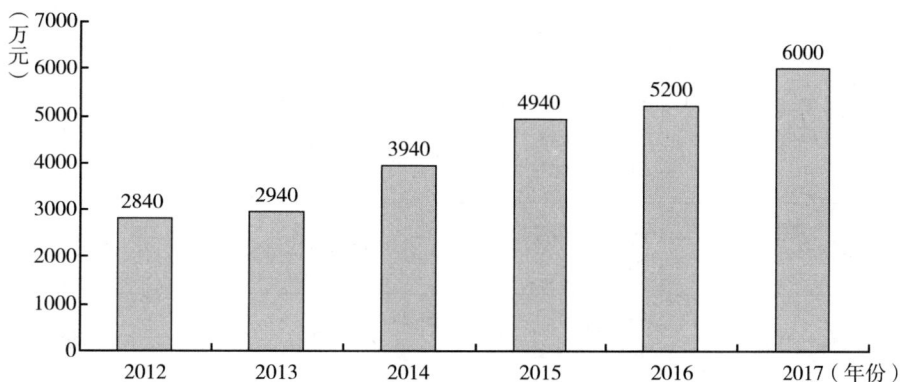

图7-2　四川省级文物保护专项补助资金情况

资料来源：四川省文化厅。

四川省文物保护单位工作成果瞩目。四川近年屡屡入选"全国十大考古新发现"，大遗址和传统村落保护成就"亮眼"，博物馆形成特色品牌，文博事业蓬勃发展（见表7-3）。

表7-3　四川省文物保护单位一览

单位：处

保护单位	数量
全国重点文物保护单位	230
省级文物保护单位	969

截至 2018 年 4 月底，四川全省登记备案的博物馆共有 262 家，其中国家一级博物馆 8 家，国家二级博物馆 6 家，国家三级博物馆 18 家。成都·中国皮影博物馆、攀枝花·中国三线建设博物馆 2 个"国字号"博物馆落户四川。初步形成主体多元、类型多样、结构优化、特色鲜明、富有活力、覆盖广泛的博物馆体系（见表 7-4）。①

表 7-4 2016～2018 年四川省博物馆所获奖项统计

获奖项目/单位	所获成就/奖项	评奖单位	奖项级别
朱德故居纪念馆基本陈列"人民的光荣"	"第十四届（2016 年度）全国博物馆十大陈列展览精品"优胜奖	中国博物馆协会、中国文物报社	国家级
成都金沙遗址博物馆"永恒之城——古罗马的辉煌"特展	"第十四届（2016 年度）全国博物馆十大陈列展览精品"优胜奖	中国博物馆协会、中国文物报社	国家级
四川博物院	2017 年最具创新力博物馆	中国博物馆协会	国家级
成都武侯祠博物馆	2017 年第五届全国文明单位	中央文明办	国家级
成都博物馆"现代之路——法国现当代绘画艺术展"	"第十五届（2017 年度）全国博物馆十大陈列展览精品推介"国际及港澳台合作入围奖	中国博物馆协会、中国文物报社	国家级
成都皮影动漫——老鼠嫁女（成都皮影艺术博物馆）	2018 年"互联网＋中华文明"示范项目库	国家文物局	国家级

四川省博物馆建设真正做到了让博物馆"活"起来。2017 年四川省政府工作报告中提出"推动更多博物馆、纪念馆免费开放"；同年在全国率先

---

① 《四川迎来博物馆热　全省年接待观众 6748 万人次》，百家号，2018 年 4 月 27 日，https：//baijiahao.baidu.com/s？id＝15987724282362216741&wfr＝spider&for＝pc。

实施博物馆错时延时开放，四川博物院、成都博物馆、武侯祠博物馆、杜甫草堂博物馆、金沙遗址博物馆等主要博物馆均已施行常态化错时延时开放；建立了部门间联系协调机制，完成青少年教育项目库，推出了 230 余个特色鲜明的教育项目。据测算，四川博物馆、纪念馆及文化遗产、文物保护单位拉动全省旅游收入 5000 亿元左右。一些博物馆的衍生活动已经成为当地的品牌文化活动，比如成都武侯祠博物馆"成都大庙会"、成都杜甫草堂博物馆"诗圣文化节"、成都金沙遗址博物馆"金沙太阳节"、自贡恐龙博物馆"恐龙复活节"等。同时，全省 39 家博物馆还开展了文创产品开发工作，形成 864 个品类 1274 种 5594 款文创产品，2017 年四川省博物馆文创产品全年销售额约 6100 万元。

（2）历史建筑（群）、人类文化遗址保护

四川省古建筑、古墓葬、古遗址等不可移动文物数量位于全国前列，分布相当广泛且密集。在各市（州）中，不可移动文物数量在分布上较为不均，成都市和宜宾市的不可移动文物总数居全省前列，均在 6000 处以上，属于不可移动文物大市，南充市和泸州市紧随其后，分别是 5864 处和 5226 处。另外，不可移动文物存量较少的市（州）有 5 处，分别是眉山市、德阳市、广元市、凉山彝族自治州和攀枝花市，总数均低于 2000 处，其中攀枝花市的不可移动文物总数为全省最少，只有 413 处。从总体上看，川东地区不可移动文物数量多于川西地区，这与历史文化名城、名镇、名村的情况相似，呈现出"东多西少"的布局（见表 7-5）。

表 7-5　四川省文化遗址保护工程一览

类目	数量	内容
国家历史文化名城	8 座	成都市、自贡市、宜宾市、阆中市、乐山市、都江堰市、泸州市、会理县
国家历史文化名镇	24 座	邛崃市平乐镇、大邑县安仁镇、阆中市老观镇、宜宾市翠屏区李庄镇等

续表

类目	数量	内容
国家历史文化名村	6 个	丹巴县梭坡乡莫洛村、攀枝花市仁和区平地镇迤沙拉村、汶川县雁门乡萝卜寨村、阆中市天宫乡天宫院村、泸县兆雅镇新溪村、泸州市纳溪区天仙镇乐道街村
国家考古遗址公园	2 个	广汉三星堆考古遗址公园、成都金沙考古遗址公园
第三次全国文物普查调查登记不可移动文物	65231 处（其中新发现不可移动文物 51836 处）	—
列入《中国世界文化遗产预备名单》遗产	4 处	"古蜀文明遗址""藏羌碉楼与村寨""中国白酒老作坊""蜀道"
列入《中国传统村落名录》村落	225 个	成都市邛崃市平乐镇花楸村、成都市金堂县五凤镇金箱村、绵阳市北川县青片乡上五村、绵阳市北川县马槽乡黑水村等
大遗址保护"十三五"专项规划	9 处	三星堆遗址、金沙遗址、邛窑、成都平原史前城址、明蜀王陵墓群、罗家坝遗址、城坝遗址、蜀道、茶马古道

资料来源：四川省文化厅。

四川地区的历史文化名城、名镇、名村与自然风光和人文景观融为一体，特色各异，地域特征明显，呈现出"黛瓦、青石、照壁"的鲜明特色。四川省内历史文化名城、名镇、名村在开发利用上以旅游开发为基本模式，将文物与自然景观、特色旅游结合在一起，通过发展旅游业，带动餐饮、住宿、产品开发等相关产业的发展。以不可移动文物为核心，与自然景区旅游开发相结合，打造人文景点。各古镇根据自身的文化遗产展示自己的历史、人文、民俗等特色。如李庄古镇为游客提供颇具当地特色的李庄白肉，设置传统的龙舟、秧歌、腰鼓、川剧等民间表演；洛带古镇拥有客家风俗，可品尝客家菜，参观洛带客家公园凤仪馆，或深入当地人群中体会南北移民杂处、南腔北调共存的民俗特色。

此外，红色文化资源是四川省物质文化遗产的重要组成部分。对红色文化的开发利用在于用文物价值打造相应的爱国主义教育基地或文化产业园区、遗址公园，延伸文物的社会效益和附加价值，并与可移动文物、文化教育、产业开发相结合，从而形成相应的博物馆、爱国主义教育基地、文化产业园区和遗址公园等，体现出不可移动文物的展示、教育、创造、休闲等功能，对旅游开发、社会教育、产业发展等具有有效的推动作用。

2. 四川省非物质文化遗产的保护和传承

截至2018年12月，四川省拥有6个联合国教科文组织非物质文化遗产项目，139个国家级、522个省级非物质文化遗产项目，69名国家级、764名省级非物质文化遗产项目代表性传承人在国家级非物质文化遗产名录（第一、第二、第三、第四批）中。① 四川省非物质文化遗产项目涵盖民间文学、传统音乐、传统舞蹈、传统美术、民俗、戏剧、传统技艺等中华优秀传统文化。格萨尔史诗音乐、泸州雨坛彩龙舞、伫舞、川剧、川北灯戏、川北大木偶戏、绵竹木版年画、蜀锦制作技艺、竹纸制作技艺、甘孜州南派藏医药、都江堰清明放水节等都被收录其中。②

2017年6月3日，四川省第十二届人民代表大会常务委员会公布了《四川省非物质文化遗产条例》③，对非物质文化遗产代表性项目保护单位和传承人的认定条件、认定程序、权利义务等作了进一步细化（见表7-6）。

表7-6 《四川省非物质文化遗产条例》对非物质文化遗产的界定

界定	具体内容
本条例所称非物质文化遗产，是指各族人民世代相传并视为其文化遗产组成部分的各种传统文化表现形式，以及与传统文化表现形式相关的实物和场所	传统口头文学以及作为其载体的语言
	传统美术、书法、音乐、舞蹈、戏剧、曲艺和杂技
	传统技艺、医药和历法
	传统礼仪、节庆等民俗
	传统体育和游艺
	其他传统文化表现形式

① 四川人大网，2016年9月27日，http：//www.scspc.gov.cn/lfgz/lfdt/201609/t20160927_31575.html。
② 《四川省19个项目入选第四批国家级非遗项目名录》，中国政府网，2014年12月4日，http：//www.gov.cn/xinwen/2014-12/04/content_2786488.htm。
③ 四川人大网，2017年6月5日，http：//www.scspc.gov.cn/tzgg/201706/t20170605_32743.html。

在政策意见的指导下，四川省非物质文化遗产的保护工作主要包括对非物质文化遗产的调查、非物质文化遗产的传承、非物质文化遗产文化的传播与非物质文化遗产的利用四方面内容。四川省非物质文化遗产的调查情况前文已有资料，此处不再赘述。

（1）非物质文化与遗产的传承与传播情况

非物质文化与遗产的保护工作与物质文化遗产的保护工作不同，非物质文化遗产是以人为本的活态文化遗产，与人的生活密切相关，是世代相承的传统文化表现形式，非物质文化必须通过传播被大众所知才能得到滋养，通过传承的方式生生不息才能得到保护。四川省非物质文化遗产的传承情况可以分为非遗保护组织和非遗传承人两部分。

四川省非遗保护组织中成立最早、力量最大、影响范围最广的是四川省非物质文化遗产保护协会。2015年1月25日，为推进四川省非物质文化保护工作，四川省非物质文化遗产保护协会正式成立。该协会由从事和支持非物质文化遗产保护工作的工作人员、研究人员、专家学者、非物质文化遗产保护名录项目保护单位人员、项目代表性传承人和有志于非物质文化遗产保护的社会活动家、企业家等社会各界人士自愿组成，具有全省性、专业性、群众性和非营利性等特点，对四川省非物质文化遗产保护、研究、传承和利用等做出了许多贡献。非遗协会的运作将以非遗项目、活动、课题、研究为主抓手，发挥非遗保护的"智库"作用，广泛开展与社会各类行业协会组织的合作，主动参与政府职能部门乃至个体传承人做不到、做不了的项目研究和课题等，共同推动非遗保护传承和弘扬的各类事业。2017年9月，由四川省非物质文化遗产保护协会牵头，搭建"四川非遗展示平台、网络平台"（以下简称"四川非遗平台"），并设立省非遗保护协会"项目拓展工作部"。"四川非遗平台"的搭建旨在联系、协助和组织会员单位及会员，合理利用和发挥各自的资源优势，使其更符合现代社会的文化建设和市场需求，帮助各会员单位和会员的非遗保护传承项目获得更大的社会效益和经济效益。

非物质文化遗产传承人的保护工作对保护非物质文化遗产来说非常重

要。2017年，四川省委办公厅、省政府办公厅联合印发《关于传承发展中华优秀传统文化的实施意见》，针对非物质文化遗产的传承工作提出了非物质文化遗产传承发展工程①，将开展国家级、省级非遗传承人抢救性记录（见表7-7）。

表7-7　四川省非遗传承人保护相关政策依据

相关政策	发布机关	发布时间	相关内容
《关于传承发展中华优秀传统文化的实施意见》	四川省委办公厅、省政府办公厅	2017年	开展国家级、省级非遗传承人抢救性记录，对蜀绣、蜀锦、青神竹编等独具魅力的非遗项目及具有突出市场前景的非遗项目进行生产性保护和集聚区整体性保护，让非遗变成产业和文旅资源
《"天府工匠"培养工程实施方案》	四川省人民政府	2018年	围绕川菜、川茶、川酒、蜀绣、蜀锦、竹编、雕刻、羌绣、彝绣、唐卡、彩灯、陶艺、漆艺等非物质文化遗产和民间传统手工艺，打造一批天府传统技艺带头人，在技能大师和劳模创新工作室等平台建设方面优先给予支持
《四川省传统工艺振兴实施计划》	四川省文化厅、省经济和信息化委、财政厅	2018年	鼓励支持四川省非遗项目传承人通过师徒代际传承、进校入企入村专业培训等方式，培养一大批扎根民间的传统技艺传承人和守护者。到2020年，传统技艺传承人数量大幅度增加，传统技艺得到有效保护和传承

在文化和旅游部非物质文化遗产司的统筹部署下，国家级非物质文化遗产代表性传承人抢救性记录工作全面启动。四川省积极响应，根据相关工作要求，优先启动了10名70周岁以上的、不满70周岁但体弱多病的国家级

---

① 《我省印发传承发展优秀传统文化实施意见 2020年初步形成优秀传统文化传承发展体系》，四川省人民政府网站，2017年9月11日，http://www.sc.gov.cn/10462/10464/10797/2017/9/11/10433291.shtml。

代表性传承人抢救性记录工作，涉及 6 大类 10 个项目，并启动省级非物质文化遗产代表性传承人数字化保护抢救试点工作。抢救性记录工作主要以纪录片的形式，记录下这些国家级非遗知识和精湛技艺，为后人传承、研究、宣传、利用非物质文化遗产留下宝贵资料。

除此之外，四川省在培养非遗传承人方面也做出了许多努力。2015 年 11 月，文化部、教育部在全国启动了"中国非物质文化遗产传承人群研修研习培训计划"，到 2018 年四川省共有四所高校入选（见表 7-8）。

表 7-8　四川省高校非遗传承人研修研习培训计划情况

入选批次	承办方	工作成果
第一批（2015 年）	成都纺织高等专科学校	蜀绣培训（五期），彝绣、彝族服饰普及培训班
第二批（2016 年）	西南民族大学	羌族刺绣传承人群普及培训（三期）、藏族"唐卡"普及培训班
	四川大学	绵竹年画非遗传承人群研修研习培训班（两期），陶艺、石刻类非遗传承人群研修研习培训班（两期），道明竹编非遗传承人群研修研习培训班
第三批（2018 年）	四川艺术职业学院	川剧培训班

（2）非物质文化遗产的传播

非物质文化遗产依托于人的活动而存在，要使非物质文化"活"起来，仅有人传承延续是不够的，还需要让非物质文化遗产从民族的、小范围的、封闭的圈层走向大众视野，推进非遗进校园进社区见人见物见生活。近年来四川省通过开展非遗进社区进校园活动，将传统文化艺术的种子播撒在群众和青少年的心中，为优秀传统文化创造更好的沃土、更好的氛围，让非物质文化遗产真正走入寻常百姓家。

社区非遗知识传播主要依托高校和社会组织的工作。自 2016 年以来，四川大学开办了多场非遗知识讲座，普及非遗知识，包括绵竹年画、荥经砂器、会理绿陶、安岳石刻、百花石刻、攀枝花苴却砚等中国非物质文化遗产传统技艺门类。2018 年全国非物质文化遗产策展高级研修班于成都举办。来自全国 31 个省、自治区、直辖市从事非遗保护工作相关单位共计 180 余名学员参加了培训。

在中小学文化遗产教育方面，四川省一直走在前面。早在 2014 年，"非遗传承进校园"示范活动便确立了首批 10 所"非遗传承基地学校"。2016 年，成都市第二批非物质文化遗产传承基地学校又增加了 10 所中小学。这些学校一校一特色，木偶戏、瓷胎竹编、蜀绣、青城武术、剪纸等成都非遗项目已经分别成为它们教学的一大亮点。此外，四川省非物质文化遗产保护中心定期举办暑期非遗"夏令营活动"，以父母和孩子一起动手参与的方式，带领大众体验非物质文化艺术。

2018 年四川省委宣传部等部门联合出台《四川省戏曲进校园实施方案》，推动以川剧为代表的戏曲传承发展。方案鼓励戏曲非遗传承人走进学校，打开了艺术类非物质文化遗产与广大学生之间的通道。戏曲工作者可在学校担任艺术教师，举办校园戏曲知识讲座或戏曲名家精品公开课，并对本校教师进行戏曲理论知识和专业技能培训，壮大教师队伍；可采取流动舞台车、演出小分队等方式，把优秀戏曲剧（节）目送进学校。

2018 年，在成都市政协十五届一次会议上，第十五届市政协委员、成都金沙遗址博物馆副馆长王方提交了"延续城市文脉将文化遗产教育纳入国民教育体系"的提案，提出充分利用本市的文化与教育资源，将文化遗产教育从基础抓起。她建议，成都市应充分利用本市丰富的文化遗产资源，以延续天府文脉为牵引，以留住历史记忆为主导，开发文化遗产特色课堂，开展文化遗产教育，推动成都城市文化遗产以及文化技艺、民俗、戏曲等非物质文化遗产融入保护传承和创新发展中。成都市教育局在答复函中积极采纳了王方的提议，并对未来工作提出了指导思路（见表 7 - 9）。

表7-9　2018年成都市教育局推进文化遗产教育工作计划

工作思路	具体要求
完善文化遗产教育传承发展体系	①整合在蓉高校资源,搭建研究平台,设立研究课题,梳理文化遗产资源 ②依托全市文博单位,结合中小学校教育实际,探索推广文化遗产特色教育课程 ③加强线上线下互动,发展线上课堂教育和专题培训,推动线下实地学习实践
大力推进文化遗产教育研学旅行	①制定出台"成都市中小学生研学旅行实施方案",加强研学旅行示范基地建设,充分挖掘成都历史、文化资源,建设一批历史文化型研学旅行基地 ②加强对实践基地的监督和管理,逐步形成立足天府、联通全国的研学旅行网络
加强文化遗产教育队伍建设	①全市中小学校确定管理人员和教师专门负责馆校合作工作,馆校活动要计入教育教学工作量 ②博物馆根据活动的需要增加专业人员配置,建设专(兼)职的馆校合作导游队伍 ③探索建立馆校合作师资队伍建设、培养和管理机制
加大文化遗产教育宣传推广力度	综合运用报纸、书刊、电台、电视台、互联网站等各类载体,融通多媒体资源,统筹宣传、教育、文化等各方力量,加大文化遗产教育宣传普及力度

（3）非物质文化遗产的利用

①传统文化的再创作。四川省从中华优秀传统文化中寻找主题、提炼题材、汲取养分,把传统文化中的有益思想、艺术价值与我国新时代特点和要求相结合,创新艺术表达形式,积极利用网络媒体实施网络文艺创作传播计划,推出一大批具有四川特色的、文化底蕴深厚的重要文艺工程以及文艺项目。

2017年度四川共有34个项目获得国家艺术基金立项资助,资助资金总额2454万元。总体来看,2017年度"舞台艺术创作""青年艺术创作人才""传播交流推广""艺术人才培养"四类项目的立项总量占全国立项总量的3.5%,与2016年度的28项相比,增加了6项,同比增长了21%。资助金额增长172万元,同比增长7.5%。①

———————

① 《四川34个项目获得2017年度国家艺术基金》,四川新闻网,2017年7月11日,http://scnews.newssc.org/system/20170711/000797174.html。

2017 年，青年艺术创作人才立项资助项目 13 项，获得资助资金总额 190 万元。与 2016 年相比，数量上增加了 7 个，增长 116.7%，资助金额增长 123.5%。艺术基金青年艺术创作人才项目的申报工作逐渐摆脱自发状态，各类艺术高等院校、艺术表演团体、艺术创作单位、艺术研究院（所）、文化馆、美术馆、创作中心（室）等艺术机构、单位开始有组织地指导、动员和支持青年艺术工作者申报项目（见表 7-10）。

表 7-10 2017 年舞台艺术创作资助项目大型剧和作品

剧目	资助金额	单位
川剧《铎声阵阵》	250 万元	四川省川剧院
话剧《苏东坡》	250 万元	四川人民艺术剧院有限责任公司
民族舞剧《长风啸》	399 万元	四川省歌舞剧院有限责任公司
音乐剧《卓玛卓玛》	400 万元	绵阳市歌剧舞剧院
木偶剧《丝路驼铃》	100 万元	南充市非物质文化遗产保护中心
儿童剧《海上的诺苏火布》	120 万元	四川省文化厅剧目工作室

资料来源：国家艺术基金官网。

②非遗文化产业项目情况。2016 年至 2018 年，四川省被《中国文化产业重点项目手册》收录的文化产业项目中有 17 项属于非遗精品，并优先获得国家级和省级文化产业发展基金支持（见表 7-11）。

表 7-11 四川省非遗精品文化产业项目

时间	项目名称	项目类别
2016 年	成都·中国丝绸文化产业创意园	重点文化旅游产业项目
	昭化三国文化产业园区	
	印刷文化产业博览馆	重点文化会展项目
	成都国际熊猫灯会	
	《格萨尔王》	重点动漫项目

续表

时间	项目名称	项目类别
2017 年	《凤凰之千年公主》	重点动漫项目
	《年画村的故事》	
	子昂故里文旅项目	重点文化旅游产业项目
	彝族服饰产业创意园区	
	走马羌寨羌绣文化旅游综合开发项目	
2018 年	域上和美当代民族工艺创意研发中心	重点工艺美术项目
	非物质文化遗产"怀远藤编"文创产品开发	
	中华彩灯传统工艺提升工程	
	蜀锦蜀绣创新产品研发	
	雅安全手工软包皮拖鞋制作技艺生产保护及衍生品开发应用	
	东女国藏羌彝文化产业走廊丹巴特色文化小镇	重点文化旅游产业项目
	雅安高颐阙汉文化民俗旅游基础设施建设	

资料来源：历年《中国文化产业重点项目手册》。

③非遗文化旅游。2017 年，四川省委办公厅、省政府办公厅印发《关于传承发展中华优秀传统文化的实施意见》，提出传承发展的主要目标，并梳理出 17 个主要项目。① 对蜀绣、蜀锦、青神竹编等独具魅力的非遗项目及具有突出市场前景的非遗项目进行生产性保护和集聚区整体性保护，让非遗变成产业和文旅资源。

四川省有大量古镇旅游资源，在发展中逐渐与非物质文化遗产相融合，达到相辅相成的效果（见表 7 - 12）。

---

① 《我省印发传承发展优秀传统文化实施意见 2020 年初步形成优秀传统文化传承发展体系》，四川省人民政府网站，2017 年 9 月 11 日，http://www.sc.gov.cn/10462/10464/10797/2017/9/11/10433291.shtml。

表 7 -12　四川省古镇旅游景区非遗文化展示情况

古镇名称	传播传承的非遗项目	项目级别
安德镇	郫都区豆瓣传统制作技艺	国家级
洛带镇	四川客家龙舞	省级
	客家婚俗	市级
新繁镇	新繁棕编	国家级
	何氏药浴	省级
黄龙溪镇	火龙灯舞	国家级
	船工号子	省级
柳街镇	柳街薅秧歌	省级
平乐镇	瓷胎竹编	国家级
道明镇	道明竹编传统手工技艺	国家级
桂花镇	桂花土陶传统制作技艺	省级
安仁镇	川西传统婚俗	市级
甘溪镇	明月窑制作技艺	市级

二　存在的问题与不足

　　四川省拥有丰富的文化资源，承载着深厚的文化底蕴，这种资源上的绝对优势和不可替代性使得四川文化产业在全国文化产业发展中成为不可忽视的一个部分，甚至可能成为全国文化产业发展的主要推进器之一。① 丰富的文化底蕴为四川省提供了更多可以传承与创新的文化资源，挖掘、利用好这些资源，实现文化产业的创新发展，成为四川省首先要解决的问题。

---

① 中国产业调研网：《2016 年中国四川省文化现状调研及发展趋势走势分析报告》，2016。

（一）物质文化遗产开发中存在的问题

经过调查，四川省在对历史文化名城、名镇、名村进行开发的过程中，缺乏科学的规划，主要体现在以下几个方面。

①开发无规划。在已经开发的历史文化名城、名镇、名村中，前期的开发缺乏有效的规划。在开发已经成型时，才有规划的意识。

②无规划不开发。四川省70%的历史文化名镇仍然保存着原生态的特性，还未进入开发状态。这种不开发的原因在于没有科学的规划，从而找不到开发的着手点。

③规划不科学。在缺乏科学合理规划的情况下，许多古镇的开发者尚未对古镇资源做深入调查便盲目开发，导致古镇失去了个性和魅力。

④资源开发民间参与性不足。在资金投入、文物资源研究、人员使用、产品开发等方面，民间参与性较弱，政府主导力量过强。

⑤区域合作不够。四川省各历史文化名城、名镇、名村所属政府之间存在地域意识，地方保护主义思想浓厚，区域合作不够充分，没有形成良好的合作内环，在一定程度上削弱了区域竞争力，不利于共赢。

（二）非物质文化遗产传承中的问题

四川省非物质文化遗产资源传承保护工作成果卓著，但也还有几个问题值得重视。

1. 保护的速度落后于消亡的速度

非物质文化遗产面临表演者与欣赏者日趋老龄化的问题，而且这种文化的传承是依靠言传身教的，后继无人使国粹很难得到传承与发展。四川的剧种在建国初期达20余个，到了20世纪末，除了川剧、川北灯戏、川北大木偶戏较为出名外，其他剧种已难得一见。全国闻名的年画区域有四川的夹江、绵竹，但20世纪80年代，传统木版年画，除专家、学者、外国人外，很少有人问津，正在迅速消亡。

2.非物质文化遗产整体原生态破坏严重

开发者的经济活动或商业活动有其自身规律，对非物质文化遗产的保护会产生多种形式的影响。清明放水节是四川省都江堰地区的传统节日。每年清明时节，都江堰市便迎来了从公元 978 年开始的一年一度的清明放水节大型民俗活动，以纪念率众修建都江堰水利工程、造福成都平原的李冰父子。但随着旅游产业的发展，放水节的形式和内容不断丰富，商业因素是否对传统文化造成了影响值得商榷。

3.非物质文化遗产传承的培养力度不足

许多非遗传承地区经济较为落后，非遗传承需要经济支撑。格萨尔的传承人日渐减少，加之其表演特点对演员素质要求高，演员需要从小培养，在现代化因素的冲击下培养经费严重不足，也构成了其无法被有效保护的瓶颈，格萨尔面临失传危险。非遗传承人群的文化素养不足、创新能力不强，行业整体实力和市场竞争力不足，传承人群收入过低，降低了青年人从事非遗传承的积极性，制约了非物质文化遗产的可持续发展。

4.非物质文化遗产保护的专业机构和人才缺乏

四川缺乏非物质文化遗产保护专业机构和人才，省内的专门研究工作依靠四川省民族民间文化保护工程专家委员会开展，缺乏有影响力的相关研究。

（三）不可移动物质文化遗产资源转化中的问题

1.与现代科技的结合力度不够

新技术利用程度不足。虽然四川省各大博物馆都在文物展示中运用了声、光、电等新技术，但在运用方式上较为保守，缺乏以下一代信息技术为主导的体验式展示。这种体验式展示采用多媒体技术将数字、文字、声音、图形、图画和动画等有机地结合起来，最终形成能与受众直接互动的"幻影成像"展示项目。高新技术尚未普遍使用。目前四川省不可移动文物资源的转化与利用尚未普遍使用高新技术手段，大量不可移动文物资源的知名度和开发度不高，在空间上的固定性降低了其与更多受众进行互动的可能性，相关产业活动难以有效开展。

2. 资源内涵把握不准

博物馆在产业化过程中最大的优势就是拥有丰富的文化资源。但是开发者并未抓住内涵重点，没有深入挖掘其文化价值。这就必然导致文化产业开发浮于浅表，真正的文化竞争力没有得到实现。目前四川地区很多不可移动文物资源在产业化的过程中，其文化旅游资源开发的整体水平还不高，文化内涵挖掘不够，只注重表面开发，没能很好地发掘内部文化精髓。例如，旅游开发只考虑一种形式上的产品，没有注意到这个产品背后所蕴含的深刻核心价值。

3. 与产业系统的合作偏弱

文化事业单位资源产业化的转化能力较弱，缺乏相关经验。需要依靠经验丰富、市场运作能力较强的文化企业。虽然四川省个别博物馆与企业合作较多，且产生了丰厚的经济效益和良好的社会效益，但多数文化事业单位与文化企业的合作仍然偏少。

（四）文化旅游产业的问题

1. 旅游开发模式单一

四川省历史文化名城、名镇、名村主要采用政府主导模式，以旅游带动整体经济。然而，政府主导模式受财力和物力限制，不能使市场发挥有效配置资源的作用，市场效应未得到充分体现。调查发现，四川省的历史文化名城、名镇、名村，尤其是古村镇与古街在开发的时候存在模式同质化的问题，缺乏商业特色，旅游项目雷同，旅游产品相互模仿，古镇趋向同质化竞争。

2. 宣传推广力度不够

历史文化名城、名镇、名村旅游资源作为新兴的旅游产业，目前还缺少广泛的市场认知和宣传推广。在笔者调研走访的古镇中，大部分知名度较小的古镇缺乏相应的推广力度，游客很少，只有自驾游和背包游等一些闲散游客，构不成旅游体系。

3. 线路设计内容较为单一

当前"非遗"旅游线路的内容大多还停留在民俗节庆活动和博物馆展示上，形式单一，涉及内容也不够丰富，游客更多的是参观，互动体验较少。经常是有关部门热情投入，非遗传承人辛苦展演，游客草草观看。因为不了解"非遗"的历史脉络，无法深刻体会其文化内涵或感受其氛围，游客容易产生审美疲劳，"非遗"线路显得冷清。

4. 部分地方存在旅游产品同质化现象

少数民族风俗习惯大同小异，所拥有的非物质文化遗产内容也基本相同，文化辨识度不高。不同地区同一民族的"非遗"旅游特色设计相近，在这种情况下，旅游知名度差的地区吸引力弱。如何实现"非遗"差异化发展吸引游客值得思考。

（五）文化产业发展的问题

1. 缺乏专业市场运营团队

在取得瞩目成就的同时，四川省也面临发展瓶颈。四川省文化资源丰富，但是缺乏优秀的专业市场运营团队和人才，缺乏成功的商业运营模式。如何让富集的文化资源实现产业转化是个大问题。面对这样的困境，仅仅加大招商引资力度是不行的，应该注重引进智力资源和人脉资源，为文化资源的产业转化提供新的思路，走创新发展的路径，还要借鉴其他产业发展的成熟经验，在产品、项目和市场的基础上，培养文化产业链条。

2. 产品存在同质化现象

四川省的文物景区在旅游纪念品、旅游食品、旅游活动等方面存在同质化现象。尤其以旅游纪念品为典型，表现为：同一旅游地旅游纪念品的同质化；不同旅游地旅游纪念品雷同化；旅游纪念品质量较低；一些景区内或者周边的文艺表演内容存在一定的相似性；文化产品市场竞争力较弱。四川省多数博物馆的文化产品类型较为传统，在功能上难以满足消费者的使用需求，在外形上与当代大众的审美观念相差较远。此外，产品生产周期长、产品设计理念陈旧等问题，使得博物馆文化产品难以融入市场，从而丧失了转变为文化资本的能力。

3. 对受众需求缺乏研判

从文化产品的营销模式来看，文化产品的生产和供给并未以市场需求为导向，而是以零售式文化产品供给为主，这在很大程度上削弱了文化产品的市场活力。要从质地、内容、大小、包装等方面体现精美、精致、精巧，要富有纪念意义和独有的地域特色。创新开发非遗产品的新应用既要以为现代人服务为宗旨，又要避免以生活化为名的非遗商品的低俗化、低劣化。

4. 对资源的商业价值缺乏甄别

哪些资源可以进行商业化开发，哪些资源不可以进行商业化开发，有没有在政策指引下进行合理利用，如何对文物的价值进行开发，这些问题影响文化产品开发的方向。

三 相关政策以及经验

（一）国家相关政策及经验

我国相继出台了一系列与文化产业相关的政策，为鼓励和支持文化传承与创新创造了有利的发展环境，也为四川省进行文化继承与创新提供了有益经验。

1.《"十三五"国家战略性新兴产业发展规划》①

2016 年 12 月 19 日，《"十三五"国家战略性新兴产业发展规划》（以下简称《发展规划》）正式印发（见表 7 - 13）。

---

① 《国务院关于印发"十三五"国家战略性新兴产业发展规划的通知》，中国政府网，2016年12月19日，http://www. gov. cn/zhengce/content/2016 - 12/19/content_ 5150090. htm。

表 7 - 13　《"十三五"国家战略性新兴产业发展规划》概要

政策方向	具体要求
创新数字文化创意技术和装备	提升创作生产技术装备水平
	增强传播服务技术装备水平
丰富数字文化创意内容和形式	促进优秀文化资源创造性转化
	鼓励创作当代数字创意内容精品
提升创新设计水平	强化工业设计引领作用
	提升人居环境设计水平
推进相关产业融合发展	加快重点领域融合发展
	推进数字创意生态体系建设

2.《文化部"一带一路"文化发展行动计划（2016—2020年）》[①]

《文化部"一带一路"文化发展行动计划（2016—2020年）》以"政府主导，开放包容；交融互鉴，创新发展；市场引导，互利共赢"为基本原则，重点任务见表 7 - 14。

表 7 - 14　《文化部"一带一路"文化发展行动计划（2016—2020 年）》重点任务

重点任务	任务内涵	关键词
健全"一带一路"文化交流合作机制	国际交流机制建设计划	丝绸之路国际联盟/剧院、图书馆、博物馆联盟、美术馆联盟、艺术节、艺术院校
	国内合作机制建设计划	部省对口合作机制、对口项目合作机制、目标任务考核机制、绩效评估办法
完善"一带一路"文化交流合作平台	"一带一路"沿线国家中国文化中心建设计划	"一带一路"沿线国家、中国文化中心
	"一带一路"文化交流合作平台建设计划	"中国新疆国际民族舞蹈节""丝绸之路国际艺术节""丝绸之路（敦煌）国际文化博览会""中国海洋文化节"

---

① 《文化部"一带一路"文化发展行动计划(2016—2020年)》,国家发展和改革委员会网站,2017年7月20日,http://www. ndrc. gov. cn/fzgggz/fzgh/ghwb/gjjgh/201707/t20170720_ 855005. html。

续表

重点任务	任务内涵	关键词
打造"一带一路"文化交流品牌	"丝绸之路文化之旅"计划	沿线国家和地区、"丝绸之路"文化旅游精品线路、文创产品
	"丝绸之路文化使者"计划	艺术家互访、文化艺术人才培训、青少年交流活动、国际青年文物修复、博物馆管理人才
	"一带一路"艺术创作扶持计划	戏剧、音乐、舞蹈、美术、"中华优秀传统艺术传承发展计划"
	"一带一路"文化遗产长廊建设计划	考古合作、文物科技保护与修复、人员培训等项目，实施文物保护援助工程
推动"一带一路"文化产业繁荣发展	"丝绸之路文化产业带"建设计划	文化旅游、服务平台、征集发布、宣传推介、融资洽谈、全方位服务、长效机制
	动漫游戏产业"一带一路"国际合作行动计划	动漫游戏产业、交流推广、互联互通、产业生态体系、国际产能合作
	"一带一路"文博产业繁荣计划	"互联网＋中华文明"、"文物带你看中国"、旅游、影视、出版、动漫、游戏、建筑、设计、产业结合、国际流通
"一带一路"文化贸易合作	"一带一路"文化贸易拓展计划	项目合作、职业经理人、创意策划人、经营管理人才、交流互访、知名文化会展

3. 《关于推动文化文物单位文化创意产品开发的若干意见》①

《关于推动文化文物单位文化创意产品开发的若干意见》指出，深入发掘文化文物单位馆藏文化资源，推动文化创意产品开发，对弘扬中华优秀传统文化，传承中华文明，推进经济社会协调发展具有重要意义。意见提出，要充分调动文化文物单位的积极性，发挥各类市场主体作用，加强文化资源梳理与共享，提升文化创意产品开发水平，完善文化创意产品营销体系，加强文化创意品牌建设和保护，促进文化创意产品开发的跨界融合（见表7-15）。

---

① 《国务院办公厅转发〈关于推动文化文物单位文化创意产品开发的若干意见〉》，中华人民共和国人力资源和社会保障部，2016年5月17日，http://www.mohrss.gov.cn。

表7-15　《关于推动文化文物单位文化创意产品开发的若干意见》的主要任务

主要任务	具体要求
充分调动文化文物单位的积极性	具备条件的文化文物单位应结合自身情况,依托馆藏资源、形象品牌、陈列展览、主题活动和人才队伍等要素,积极稳妥地推进文化创意产品开发,促进优秀文化资源的传承传播与合理利用
发挥各类市场主体的作用	鼓励众创、众包、众扶、众筹,以创新创意为动力,以文化创意设计企业为主体,开发文化创意产品,打造文化创意品牌,为社会力量广泛参与研发、生产、经营等活动提供便利条件
加强文化资源梳理与共享	推进文化文物单位各类文化资源的系统梳理、分类整理和数字化进程,明确可供开发资源。用好用活第三次全国文物普查和第一次全国可移动文物普查数据
提升文化创意产品开发水平	深入挖掘文化资源的价值内涵和文化元素,广泛应用多种载体和表现形式,开发艺术性和实用性有机统一、适应现代生活需求的文化创意产品,满足多样化消费需求
完善文化创意产品营销体系	创新文化创意产品营销推广理念、方式和渠道,促进线上线下融合。鼓励结合陈列展览、主题活动、馆际交流等开展相关产品推广营销。积极探索文化创意产品的体验式营销
加强文化创意品牌建设和保护	促进文化文物单位、文化创意设计企业提升品牌培育意识以及知识产权创造、运用、保护和管理能力,积极培育拥有较高知名度和美誉度的文化创意品牌
促进文化创意产品开发的跨界融合	支持文化资源与创意设计、旅游等相关产业跨界融合,提升文化旅游产品和服务的设计水平,开发具有地域特色、民族风情、文化品位的旅游商品和纪念品

4.《关于实施中华优秀传统文化传承发展工程的意见》①

《关于实施中华优秀传统文化传承发展工程的意见》于2017年1月25日发布并实施,是中共中央办公厅、国务院办公厅为建设社会主义文化强国,增强国家文化软实力,实现中华民族伟大复兴的中国梦而印发的文件(见表7-16)。

---

① 中共中央办公厅、国务院办公厅:《关于实施中华优秀传统文化传承发展工程的意见》,中国政府网,2017年1月25日,http://www.gov.cn/zhengce/2017-01/25/content_5163472.htm。

表7-16 《关于实施中华优秀传统文化传承发展工程的意见》的重点任务

重点任务	具体要求
深入阐发文化精髓	加强中华文化研究阐释工作,深入研究阐释中华文化的历史渊源、发展脉络、基本走向,着力构建有中国底蕴、中国特色的思想体系、学术体系和话语体系
贯穿国民教育始终	围绕立德树人根本任务,遵循学生认知规律和教育教学规律,按照一体化、分学段、有序推进的原则,贯穿于启蒙教育、基础教育、职业教育、高等教育、继续教育各领域
保护传承文化遗产	坚持保护为主、抢救第一、合理利用、加强管理的方针,做好文物保护工作,抢救保护濒危文物,实施馆藏文物修复计划,加强新型城镇化和新农村建设中的文物保护
滋养文艺创作	善于从中华文化资源宝库中提炼题材、获取灵感、汲取养分,把中华优秀传统文化的有益思想、艺术价值与时代特点和要求相结合,推出一大批底蕴深厚、涵育人心的优秀文艺作品
融入生产生活	注重实践与养成、需求与供给、形式与内容相结合,把中华优秀传统文化内涵更好更多地融入生产生活各方面。加强"美丽乡村"文化建设,发掘和保护一批处处有历史、步步有文化的小镇和村庄
加大宣传教育力度	综合运用报纸、书刊、电台、电视台、互联网等各类载体,融通多媒体资源,统筹宣传、文化、文物等各方力量,创新表达方式,大力彰显中华文化魅力
推动中外文化交流互鉴	加强对外文化交流合作,创新人文交流方式,丰富文化交流内容,不断提高文化交流水平。积极宣传推介戏曲、民乐、书法、国画等优秀传统文化艺术

（二）四川省相关政策及经验

四川省出台、发布了多项文化传承与创新的文件、政策和意见。

1.《关于繁荣发展社会主义文艺的实施意见》[①]

2016年1月,中共四川省委出台《关于繁荣发展社会主义文艺的实施意见》(以下简称《意见》)。《意见》提出以创作生产优秀作品为中心环

---

① 四川省文化厅:《四川出台关于繁荣发展社会主义文艺的实施意见》,四川省文化厅官网,2016年1月15日,http://www.sccnt.gov.cn/zwxx/dtxxzwxx/201601/t20160115_21691.html。

节，对四川省文艺工作的体制机制、人才队伍、产业支撑和创作环境等进行改革创新，推动形成文艺创作生产"高峰"。在四川省确定一批包括文学、影视、戏剧、音乐、舞蹈、曲艺、美术、书法、摄影、民间文艺和传统经典出版等在内的巴蜀文化传承工程项目，推进"振兴川剧"工程，促进地方戏剧、曲艺振兴发展。

此外《意见》提出要大力发展网络文艺，按照"重在建设和发展、管理、引导并重"的方针，大力支持网络文学、网络音乐、网络影视、网络演出、网络动漫等原创网络文艺健康有序发展，建立完善网络文艺原创作品发布平台，支持优秀网络作品进行多种形式的版权开发和申报各级文艺评奖。

同时四川省将大力实施巴蜀文化名家培养工程，力争到2020年培养造就50名左右在全国拥有较高知名度和较强影响力的巴蜀文化名家。

2. 《关于进一步加强文物工作的实施意见》[①]

经四川省人民政府第131次常务会议审议通过，省政府于2016年10月20日出台《关于进一步加强文物工作的实施意见》（以下简称《实施意见》）。《实施意见》全面贯彻习近平总书记、李克强总理关于文物工作的重要指示批示，以国务院《关于进一步加强文物工作的指导意见》和全国文物工作会议重要精神为指引，对当前和今后一个时期四川文物工作进行了全面部署（见表7-17）。

表7-17　《关于进一步加强文物工作的实施意见》内容一览

文物工作方针	基本原则	重要意义
保护为主、抢救第一、合理利用、加强管理	公益属性、服务大局、改革创新、依法管理	立足四川省情和文物工作实际，既对今后一个时期文物事业发展目标任务进行了统筹部署，又针对当前文物工作中存在的问题提出了一些硬性措施

① 四川省人民政府：《关于进一步加强文物工作的实施意见》，2016。

3.《关于全面创新改革驱动转型发展的决定》①

中央把四川列入国家系统推进全面创新改革试验区域，是四川省转型发展关键时期具有里程碑意义的大事。省委十届七次全会做出了《关于全面创新改革驱动转型发展的决定》，这是落实中央决策，贯彻党的十八届五中全会提出的"创新、协调、绿色、开放、共享"的新发展理念，引领四川"十三五"乃至更长时期转变发展思路、发展方向、发展着力点的重大决策，反映出省委对四川发展规律认识把握的新高度，必将带来四川发展理念的重大升华和发展模式的深刻变革。

4.《关于传承发展中华优秀传统文化的实施意见》②

2017年9月，四川省印发《关于传承发展中华优秀传统文化的实施意见》，梳理出17个主要项目（见表7-18）。

表7-18 《关于传承发展中华优秀传统文化的实施意见》内容一览

重点任务	着力方向	主要目标
①古蜀文明保护传承工程②三国蜀汉文化研究传承工程③四川历史名人文化传承创新工程④藏羌彝文化保护发展工程⑤川剧振兴和地方戏曲曲艺保护传承工程⑥非物质文化遗产传承发展工程⑦古籍文献保护研究利用工程⑧最美人文古镇(村落)创建工程⑨四川武术文化传承发展工程⑩巴蜀书画传承发展工程⑪传统节日振兴工程⑫革命文化传承弘扬工程⑬传统工艺振兴发展工程⑭中医药文化传承发展工程⑮巴蜀文化旅游融合发展工程⑯四川老字号保护发展工程⑰文化经典诵读工程	研究阐发、保护传承、创新发展与交流合作	到2020年,优秀传统文化传承发展体系初步形成,研究阐发、保护传承、国民教育、宣传普及、创新发展、传播交流等方面协同推进并取得重要进展;到2025年,优秀传统文化传承发展体系基本形成,弘扬中国精神、体现四川特色的文化产品更加丰富,文化软实力明显提升

① 《中共四川省委〈关于全面创新改革驱动转型发展的决定〉》,四川省人民政府网站,2015年12月2日,http://www.sc.gov.cn/10462/10464/10797/2015/12/2/10360888.shtml。

② 《四川省印发传承发展优秀传统文化实施意见》,今日视点-清廉蓉城,2017年9月11日,http://www.ljcd.gov.cn/show-48-46194-1.html。

四 经典开发案例

（一）宽窄巷子："整旧如旧""整新如旧"展现老成都原貌

成都宽窄巷子文化保护街区位于成都市青羊区。宽巷子和窄巷子是清朝少城最具特色的"鱼骨式"形路网中遗存下来的保存较为完整的两条兵丁巷子，在历经了各个动荡时期后逐渐归于平静，但其所展示的中国城市传统民居的建筑风格却渐渐被人们关注。宽窄巷子保护区北以泡桐树街为界，南以金河路为界，东以长顺上街为界，西以下同仁路西50米至100米为界，总面积约319342平方米，其中重点保护区范围66590平方米。包括泡桐树街、支矶石街、宽巷子、窄巷子、井巷子、西胜街、柿子巷等几条东西向街巷。

宽窄巷子保留着悠久的、传统的成都文化，与北方的胡同文化和建筑风格一脉相承，具有深厚的文化底蕴和文博价值。因此，在景区改造中，对其改造的原则是"整旧如旧""整新如旧"，在对破损的建筑物进行整修、重装的过程中避免对宽窄巷子保留下的文化遗址以及文化特色造成破坏，尽可能还原成都巷子文化、街头文化的场景和氛围，比如古屋、古建筑、青石板路、梧桐树、大碗茶、院落、竹椅、川剧、小吃等，改造后的宽窄巷子保留着原有的"鱼骨式"道路格局，以及院落形态，保护原有的城市肌理，传承了老成都原有的生活状态和生活情调。

宽窄巷子的再造成功之处在于寻找到了文化与经济的契合点。宽窄巷子的保护更新理念是以"成都生活精神"为线索，在原有传统建筑的基础上形成汇聚街面民俗生活体验、公益博览、高档餐饮、特色酒店、娱乐休闲、特色策展、情景再现等业态的"院落式情景消费街区"和"成都城市怀旧旅游的人文游憩中心"，打造"老成都底片，都市客厅"。宽窄巷子贴近当代旅游市场的需求以及文化产业发展新形势，将文化与商业有机结合，打造具有代表性的成都复合型文化商业街。通过着力打造三条主题巷子来诠释宽窄巷子的文化，即宽巷子——老成都的闲生活，窄巷子——老成都的慢生活，井巷子——老成都的新生活。将中餐、茶文化、传统文化和民俗展示放在了宽巷子；将西餐、简餐、咖啡、特色餐饮、现代艺术放在了窄巷子；将酒吧、夜店、小吃城等放在了井巷子。通过不同的商业业态赋予三条巷子不同的文化底色，实现了多元文化在仿古街区的巧妙融合。

如今的宽窄巷子已经成为游客到成都必去的景点，也成为旅游文化地产项目经典案例。宽窄巷子在保护、传承传统文化的同时，充分挖掘、利用文化资源，让传统文化在当今社会仍然有价值、有尊严、有生机。

（二）安仁古镇：多产业联合盘活古镇资源

安仁古镇位于成都平原西部，浓缩了川西近代史的百年风云，宛如一颗闪耀明珠镶嵌在川西旅游环线上。安仁现有保存完好的明清时期老公馆27座，现代博物馆37座；保存比较完整的历史街区及庄园住宅古建筑群面积约30万平方米；保存明清时期的刘氏庄园群、刘湘公馆等古公馆27座；红星街、树人街、裕民街等三条古街；小洋楼（原公益协进社址）、安仁中学（原文彩中学）、钟楼。古文化氛围及旅游优势突出，在全国同类小镇中首屈一指，2009年被授予"中国博物馆小镇"称号。

1. 华公馆数字博物馆

安仁古镇始建于唐朝，而坐落于安仁古镇的华公馆是安仁华侨城根据对刘体中、刘元汤、郑子权三座老公馆空间的可逆性改造和修缮完成，是目前安仁古镇一大独具文博特色的新地标。

公馆改建在遵循不改变老公馆的外貌、建筑主体结构、原建筑风格的原则上，围绕公馆现存的空间改变、风貌缺失、结构破损等问题进行重点修复。修复坚持以公馆本貌为蓝图，修缮加固主体结构，重点保护老公馆中的天井、砖木穿斗式结构、青瓦斜坡顶、木雕花窗、灰塑堂门框等极具川西建筑特色的设计，以重现百年公馆原始的风貌。

华公馆已经举办"来自释迦牟尼佛的故乡——尼泊尔国家博物馆馆藏珍品中国首展""唐朝下午茶——中国古茶器数字艺术3D展"等展览。

2. 安仁创意文化园

安仁创意文化园前身是宁良旧厂房。这个工业旧厂不光承载了人们的集体回忆，还沾染了安仁热情洋溢的生活气息，是安仁的时代缩影。在改造设计下，宁良厂房新生为华侨城创意文化园。在这里已经承办了"重构乌托邦"建筑艺术展和"首届安仁双年展"。国际当代艺术盛会落户安仁古镇，把安仁古镇很好地介绍了出去，让大家知道安仁不仅有深厚的历史底蕴，还有现代文化艺术的优良土壤。

3. 古镇实境体验剧《今时今日是安仁》

《今时今日是安仁》是以安仁古镇为背景的中国首部实境体验剧，剧目讲述了发生在20世纪30年代安仁的一段关于"选择"和"信仰"的故事，融入了裸眼3D、建筑投影、空间成像等科技元素，是安仁华侨城"文化+旅游+城镇化"新战略的实践，也是安仁华侨城倾力打造的古镇一大IP。该项目以安仁本土文化为核心，为人们构建起融合高品位艺术美学、良好艺术氛围与惬意休闲娱乐方式的别具一格的新文化空间，开创旅游演艺全新模式。

《今时今日是安仁》在有着百年历史的老公馆上演，四大公馆的岁月沧桑已然全部融入整个项目中。安仁华侨城将杨孟高公馆、刘元琥公馆、刘元瑄公馆、陈月生公馆进行保护性、艺术性的活化利用，结合白天和黑夜的不同属性，构筑起公馆独特的、穿越时空般的情感空间。

（三）成都国际非遗博览园：发掘非遗文化的商业价值

2009年，国际非遗博览园落户成都，成为非遗文化节的永久载体，非遗生产性保护的永久平台。国际非遗博览园汇聚世界非遗文化精粹，以"记忆、传承、欢乐、和谐"为宗旨，通过人性化的非遗文化科普教育、互动性的非遗文化体验、多元化的休闲娱乐项目、全年不断的非遗节日庆典活动等呈现多姿多彩的非遗文化盛宴，成为面向世界的、以文化演艺为核心的开放式文化旅游和休闲消费目的地（见表7-19）。

表 7-19 成都国际非遗博览园建筑组成及功能介绍

组成	特色建筑	承载功能	实现方式
世纪舞	主题的博览中心、庆典广场	非遗常态博览、大型庆典活动、非遗创意产品销售	大型节庆演艺、国际国内非遗文化展览展示及现代的创意表达等
五洲情	酒店、餐厅、会展中心	酒店度假、会议会展	举办各种国际论坛、高端峰会及专题艺术展等活动，搭建世界性的文化平台，让世界文化融入中国，让中国文化走向世界
西城事	中国非遗传统手工艺展示空间和美术活化博物馆群	展示中华民族非物质文化传统技艺的精湛和璀璨文明	以民族建筑为原型而设计建造的多功能剧场，内部空间以中国非遗名录中经典传统手工艺为主题，打造各具特色的主题文化餐厅、商务会所、精品酒店
时空旅	儿童非遗体验中心"魔幻城"	全球非遗文化集成与娱乐空间	作为非遗体验和教育基地，融合科技展厅、卡通剧场等功能，实现非遗文化立体式的参与和互动
	庆典娱乐空间"欢歌汇"		作为园区户外露天演出展示场所，表演内容主要是国际非遗时尚舞蹈和世界各地的狂欢节庆风俗
	非遗风情街"淘天下"		
百味戏	百家宴街区	餐饮文化活态展示街区，包括传统美食及其制作技艺的互动性表演	以中华民族传统民间表演艺术、非遗美食文化为主题，将中国各地的音乐艺术、舞蹈、戏曲曲艺、杂技竞技、各地餐饮美食及其制作技艺的互动性表演融为一体

博览园投资20多亿元建立了五洲情、世纪舞、百味戏、西城事、时空旅五个建筑园区，建设文化广场、展览馆、展销中心、演绎中心等场所，打造了"美食休闲之旅""手工艺探索之旅""观光农耕之旅""节庆欢乐之旅""非遗魅力之旅"五条精品游览线路。

国际非物质文化遗产节是成都国际非遗博览园的特色活动。中国成都国际非物质文化遗产节是国务院正式批准的国家级、国际性文化节（会）活动品牌，也是国际社会首个以非遗为主题的大型文化活动。2007 年至 2017 年，国际非遗节已经在成都举办了六届，获得了联合国及一些国家的高度赞扬（见表 7 - 20、表 7 - 21）。

表 7 - 20　非遗博览园项目类别

非遗类型	展陈方式	内容	代表项目
民间文学、民间音乐、民间舞蹈、传统戏剧、曲艺、杂技竞技、民间美术、传统手工技艺、传统医药、民俗	展览式、参与体验式、表演式	陈列国内外各项非遗物质载体物品、知名非遗成果、非遗文创产品等；观看制作工艺表演，现场教学，让观众亲身参与各类民间工艺品的制作；举办节庆活动，表演非遗节目	瓷胎竹编、时空隧道；无极剪纸、动感皮影；非遗文化节、非遗美食节

表 7 - 21　成都国际非物质文化遗产节举办单位

主办单位	承办单位	协办单位
联合国教科文组织 中华人民共和国文化部 四川省人民政府	成都市人民政府 四川省文化厅 中国非物质文化遗产保护中心	成都市文化局 成都市金牛区人民政府

五　决策建议

围绕"高质量发展"这一主题，十九大以来国家对既有经济政策做出了调整。在财政政策方面，着力于降低我国境外投资企业税负、启动地方政府债务风险防控工作等；在货币政策方面，淡化总量目标，逐步转向价格调控框架等。同时制定出台了一些有助于推动经济高质量发展的新的科技政策和经济政策，比如《"十三五"环境政策法规建设规划纲要》《关于提高技术工人待遇的意见》《关于进一步加强科研诚信建设的若干意见》《关于积极有效利用外资推动经济高质量发展若干措施的通知》等。在推动文化产业高质量发展方面亦是积极布局，出台了诸如《国家"十三五"时期文化发展改革规划纲要》《关于加强文化领域行业组织建设的指导意见》《居民文化服务业"十三五"规划》《文化部"一带一路"文化发展行动计划（2016—2020年）》《"十三五"时期文化旅游提升工程实施方案》《中国传统工艺振兴计划》《关于加强知识产权审判领域改革创新若干问题的意见》《知识产权对外转让有关工作办法（试行）》《国务院办公厅关于促进全域旅游发展的指导意见》等一系列与文化产业发展密切相关的规划与政策。

（一）在全局中定位文化创新，形成创新驱动的价值取向

党的十八届五中全会强调："不断推进理论创新、制度创新、科技创新、文化创新等各方面创新，让创新贯穿党和国家一切工作，让创新在全社会蔚然成风。"[1] 再一次突出了文化创新在全面创新改革中的重要地位和作用，强化了文化创新在建设文化强省、推动文化繁荣发展中的关键定位。文化创新地位的提升对文化产业发展是有先决意义的，创新是文化产业发展的源头活水，决定了义化市场的活力。将文化创新作为产业发展的第一信条，给行业提供新的思想理念、思维方式和价值导向，就能衍生出新的文化经济转化成果。另外，文化的创新激活能够全面提升全社会的文化自觉和文化自信，提升人们的精神境界、思维能力和道德水平，这既是提升包括软实力在内的综合实力的需要，更是为全面建成小康社会、实现四川"两个跨越"提供强大的价值引导力、文化凝聚力和精神推动力的战略导向和现实需要。

1. 要全面深化文化创新，实现四川的"五位一体"总体布局

习近平总书记指出："中华民族创造了源远流长的中华文化，中华民族也一定能够创造出中华文化新的辉煌。"[2] 建设社会主义文化强国，关键是增强全民族的文化创造活力。党的十八届五中全会将文化创新作为"四大

---

[1] 《十八大以来重要文献选编》（中），中央文献出版社，2016，第792页。
[2] 《习近平谈治国理政》，外文出版社，2014，第156页。

创新"任务之一，摆在了国家创新发展全局的重要位置，达到了前所未有的高度，为四川推进全面创新改革试验指明了方向。文化创新不仅是发展文化的必由之路，而且决定未来的方向、质量和效果，为综合创新改革提供价值引导和社会定位。这是加快全面建成小康社会的重要出发点，也是推进"四个全面"战略布局和"五位一体"总体布局的重要力量。

2. 要在全面创新改革中深化文化创新，提高国家文化软实力

习近平总书记深刻指出，提高国家文化软实力，关系我国在世界文化格局中的定位，关系我国国际地位和国际影响力，关系"两个一百年"奋斗目标和中华民族伟大复兴中国梦的实现。中华民族的生存和发展史告诉我们，民族文化只有在生产生活中才能焕发生机，只有实践才能不断丰富它的内涵，只有创新才能激发它的活力。从四川省的实际情况出发，在未来的战略部署中强调文化创新的力量不但是四川文化发展的长足动力，更是巴蜀文化生命力和凝聚力的重要支持。在新时代，新的文化传播形式和载体赋予了巴蜀文化新的活力，让文化的魅力和吸引力得到滋养，同时，鲜活多彩的当代文化元素的渗透，为传统文化增加了时代思想和精神内涵，也为其注入了市场竞争力，推动了文化资源向产业化转换，体现出文化的竞争力和软实力。文化创新是文化自身繁荣发展的内生动力，更是落实全面创新改革的现实需要。

3. 在全面创新改革中深化文化创新，促进经济社会转型发展

文化源于人的社会实践，又引导、制约着社会实践活动。文化行业在新的时代和新的经济环境中已经成为经济发展的一支重要力量，在四川省全面改革创新的战略布局中举足轻重，是经济社会发展中不可替代的一环。习近平总书记指出，我们要增强信心，从当前我国经济发展的阶段性特征出发，认识新常态、适应新常态、引领新常态。引领新常态的首要任务是引领社会心态，而引领社会心态的第一抓手和核心动力是文化创新，这对于推动经济社会转型发展，全面建成小康社会意义重大。中华民族的历史告诉我们，精神文化的需求是任何时代都不会消失的。改革开放的伟大实践解放了社会生产力也提升了人民物质生活品质，同时催生了人们对精神文化的需求，增加了人们积累文化、创造文明、享受生活的现实需要。在市场经济背景下，当

代人的精神文化需求又有了新的发展和变化，只有文化创新才能引领"以人民为中心的发展"、建设"服务于人的自由全面发展"的当代文化。文化创新要保证方向正确，弘扬社会主义核心价值，同时兼顾市场效益和艺术效益，增加文化产品和服务的正外部效应，提高文化渗透融入经济社会的能力和效果，形成推动现代经济社会转型发展永不枯竭的精神动力和思想源泉。

（二）构建文化创新的融合体系，服务全面创新改革试验区

在全球化、信息化的时代背景下，为实现全面创新改革试验区的战略目标，提高试验区文化创新的能力和效果，既要适应文化交流融合的大趋势，积极参与国际文化交流竞争，扩大中华文化"走出去"的影响力，又要与时俱进，解放和发展文化生产力，推动文化繁荣发展，保证优质文化产品和服务的实力持续提升，提高中华民族"强起来"的精神文化支撑。无论是"走出去"还是"强起来"，无论是推动文化创新，还是建设创新文化，都迫切需要全社会的文化自觉和文化自信，尤其需要广大文化工作者勇于担当，在试验区创建中大胆探索突破，充分释放创新能量，牢牢把握融合趋势，着力推动文化的内容创新、形式创新、传播创新和治理能力创新等，全面构建文化创新的现代格局和工作体系，为全面创新改革服务，提高试验区的创建水平。

1. 推动传统文化与现代文明融合，实现文化内容创新

文化发展内容为王，文化创新首推内容创新（见表 7 - 22）。

表 7 - 22　文化内容创新的内涵阐释

要求	内涵阐释	关键词
创新弘扬优秀传统文化	在继承的基础上，研究梳理、提炼规范、创新创造，形成明确的国学范畴、巴蜀流派、文化表述和内容体系	历史文物、非遗项目、古籍经典和民族风俗
构建以当代科学理念为内核的现代文化体系	坚持马克思主义指导思想，坚持以科学民主、公平正义为主要内涵的现代文明成果，坚持中国特色社会主义道路，为全面创新改革提供先进的思想保障和内容支撑	创新、协调、绿色、开放、共享、以人为本

要求	内涵阐释	关键词
创新推动传统文化和现代生产生活的融合研究	探索形成中国特色的文化建设理论,对传统文化的范畴、内涵、表现形态和传播形式及其与文化软实力各个要素的关系等进行全面的梳理研究	中国特色、传统文化理论体系、文化创新驱动转型发展
推动中华巴蜀文化和世界文化多样性对接和竞争	兼收并蓄,洋为中用,创新文化内涵,形成满足现代人流动生活和多样性生存体验的文化需要	精神文化基础、中外合作、国际化、多样性、开放

2. 推动文化艺术与科学技术融合,实现文化形式创新

日新月异的现代科学技术,为创造出基于传统而又能为现代人接受的文化表现形式和思想艺术载体,提高文化艺术的表现力、感染力,创造无愧于时代的艺术精品提供了巨大的空间(见表7-23)。

表7-23　文化形式创新的内涵阐释

要求	内涵阐释	关键词
运用现代科技设施和技术装备创新文化艺术的表现形式	与传统的表演艺术和手法深度融合,与当代人的审美价值取向相融合	现代数字技术、光电技术、机器人技术、VR技术
开展文学艺术和科学技术融合的理论研究	创新科学技术和艺术美学的沟通结构和机制,努力实现科学的艺术化和艺术的技术化	艺术招式、表演形式、艺术融合创新、四川特色
进行各种艺术门类之间的融合创新	包括艺术学科门类之间的融合和艺术与科学技术的融合,提高满足现代人精神文化需求的有效性和教化效果	特色艺术形式、技术创新、思想性、艺术性、观赏性

3. 推动媒体与网络融合,实现文化传播创新

信息时代,无"网"不胜。文化的社会影响力和教化能力既要靠文化产品和服务的质量,又要靠人群的覆盖面和可及率,还要靠文化融入生产生活的美感和舒适度,这主要取决于现代文化的传播创新(见表7-24)。

表7-24 文化传播创新的内涵阐释

要求	内涵阐释	关键词
巩固传统媒体传播能力，推动传统媒体和网络媒体融合	通过互联互通，线上和线下融合，虚拟与现实融合，提高艺术作品创作和消费的对接契合度，高度重视运用"互联网+"，发挥互联网海量、高效和互动优势，提高用户的体验质量和消费效果	网络媒体、互联网+、线上线下融合
大力发展文化创意产业，运用市场的力量传播文化	巩固传统的文化载体形式，与现代数字化、网络化结合创新文化业态和商业模式，运用市场的价值规律和交换规律，广泛传播艺术思想和精神价值	市场、创新、创意、文化创意产品
建设文化四川云，完善文化传输服务平台	收集整合巴蜀文化数字资源，加快建设文化云计算和大数据库，夯实"互联网+"的软基础建设	云计算、互联网+、文化产业、大数据

4. 推动服务与管理融合，实现文化治理创新

基于互联网的文化创作、传输和消费，对传统的文化管理体制产生了巨大冲击，必须适应文化自身生产、传播和消费的新变化，改革现有文化管理思路、方式和手段，让文化创作、传输和服务对象及消费者广泛参与到现代文化治理中来，面向未来实现文化治理创新（见表7-25）。

表7-25 文化治理创新的内涵阐释

要求	内涵阐释	关键词
遵循文化发展规律，强化文化共享理念	树立以人民为中心的发展理念，在文化产品的生产、传播、消费各个环节，广泛动员人民共建共享	人民为中心、共建共享、法治
深化文化体制改革，完善文化创新政策	转变政府办文化的传统职能，落实文化领域"放管服"改革，实行文化行政权力清单、责任清单和负面清单制度	改革、服务、创新、政府管理
加快文化法治建设	完善以法治文，促进文化创作传播消费和文化治理的融合，实现依法治理和以德治理相结合，使文化发展繁荣既能守住底线，又能健康向上	依法治文、文化治理、道德治理

要求	内涵阐释	关键词
完善基层文化服务机制，体现群众自主自治	落实公共文化服务保障机制，广泛开展基层文化服务，立足群众需求，创新服务方式，推动文化服务供给与人民群众文化需求有效对接	公共文化、文化服务、社会力量
参与国际文化治理活动，提高文化领域的国际话语权	特别要利用联合国教科文组织的影响力和国家"一带一路"建设平台等，完善国际文化开放交流的规则，积极参与国际文化秩序建设	国际文化、开放交流、中华文化

（三）突破文化创新的系统边界，完善全面创新的社会生态

按照习近平总书记落实新发展理念的重要讲话精神和中央实施创新驱动战略的部署，文化创新面临空前的机遇和严峻的挑战，尤其是四川全面创新改革试验区的建设是文化创新的巨大空间和平台。在这个历史机遇期，应抓住平台建设，科学深化文化创新的发展实践，调整构建文化生态，让文化创新成为全面创新改革试验战略布局的一部分，夯实我国文化价值取向和核心价值观的根基，关注文化企业和文化产业主体的培育发展与文化产业行业的平台搭建和环境优化，借助创新驱动的文化力量，推动经济社会的转型发展和全面建成小康社会阶段目标的实现，谱写中国梦四川篇章的战略任务。

1. 夯实文化创新的价值根基，培育创新改革的文化基因

文化产业未来的发展在于创新，创新就是文化产业的未来。解决过去仅靠部门抓文化的范围局限和文化创新职责不清、主体不清等问题，把文化创新放到"五位一体"总体布局中高点定位，放到全面创新驱动的战略中去谋划布局，放到政府议事格局中去建设落实（见表7-26）。

表 7 - 26　夯实文化创新价值根基的内涵阐释

要求	内涵阐释	关键词
要突出思想引领和价值导向,发挥文化引领社会心态、凝聚思想共识的作用	要按照"四个全面"战略布局,用中国特色社会主义理论最新成果武装全党、教育人民,突出社会主义核心价值观和中国梦凝神聚力的重要作用	思想引导、价值导向、中国梦
紧紧围绕全面创新改革试验区的战略目标,突出试验区的创新文化生态建设	发挥文化渗透力优势,培育经济发展新常态的文化动力,打造试验区的价值导向和文化标志,突出科技创新的核心地位	文化渗透、改革、创新
发挥文化惠民益民作用,提高全面小康的文化内涵	将文化繁荣发展摆在全面建成小康社会的高度,充分整合配置传媒和艺术的能量,既要人民喜闻乐见,更要人民感受到教化能量,落实文化惠民、文化脱贫举措,实现人民收入与文明素质的双提升	文化惠民、文化脱贫、全面小康、文明素质

2. 培育文化创新的市场主体，突破服务消费的职责边界

培育文化创新市场主体的内涵阐释见表 7 - 27。

表 7 - 27　培育文化创新市场主体的内涵阐释

要求	内涵阐释	关键词
强化政府在基础条件、基本权益和正确导向上的主体责任,确保文化安全和内容正确	加强文化内容、载体和传播体系建设,主动担当思想理论建设和意识形态安全维护职责,确保马克思主义的指导地位,确保中国特色社会主义理论、道路和制度,确保导向正确、内容健康、覆盖有效	政府指导、马克思主义、中国特色社会主义、导向正确
培育壮大文化企业主体,运用市场机制形成强大的文化服务供给能力	在面向大众的文化需求服务、适应现代消费的文化产品生产等方面,充分发挥市场机制的作用,特别是面向文化服务对象,创新事业和产业融合服务的机制,打破现有事业和产业的界限	大众、消费、市场、产业化、文化服务
培育文化中介机构,创新社会力量参与文化建设的机制	注重第三方咨询评估组织、社会民间文化组织和文化学术研究机构的培育,推动社会文化社团依法注册登记,独立依法发挥全社会和民间的力量广泛参与文化创新	组织机构、社会文化、文化创新、文化社团

3. 搭建文化创新的公共平台，补齐文化繁荣的生态短板

文化创新的重点和难点在于打破传统的条块分割局面，构建提高信息透明度、降低交易成本的公共平台和文化生态体系（见表7－28）。

表7－28　搭建文化创新公共平台的内涵阐释

要求	内涵阐释	关键词
搭建文化艺术资源交换平台	文物、非遗、古籍等厚重的历史文化资源，音乐、舞蹈、戏曲等文艺创作资源，电影、电视、VR等视听资源，都需要建设、展示、评价和交换的大平台，以促进资源利用、流动和交换	文化资源、视听资源、资源利用、大平台
搭建文化科技金融服务平台	文化与科技的融合平台、文化与金融的互助平台急需建设，加快推动历史文化资源转换成为资本证券，推动文化事业设施设备和产品的证券化运营	融合平台、互助平台、证券化运营
建立文化云计算和大数据平台	打通文化艺术各个门类之间的数据壁垒，形成数据存储、交流大空间，通过云计算分析解剖，形成有用的数据支撑和网络服务平台，提供广泛的数字化服务	数据支撑、网络服务、数字化服务、平台建设
建设文化开放交流平台体系，形成多层次的开放空间	参与国家级开放平台建设，推动巴蜀文化"走出去"，并且吸收世界优秀文化成果为我所用。构建省级部门单位信息沟通共享平台，整合各个部门的力量，形成文化创新的合力	平台建设、世界文化、共享平台、文化创新

4. 优化文化创新环境，突破创新改革的机制瓶颈

文化创新需要良好的环境条件和社会生态，需要各种资源的投入和软硬件的保障，需要政府加强领导、统筹整合（见表7－29）。

表7－29　优化文化创新环境的内涵阐释

要求	内涵阐释	关键词
加强人才资源培育保障	文化内容的丰富和服务需求的增加，对文化创意、经营和治理的人才队伍数量、质量和结构要求更高，必须加强文化产业和文化事业融合创新的专业人才培养	人才培养、人才队伍、文化事业

续表

要求	内涵阐释	关键词
加强文化法制保障	一方面努力做到创新改革于法有据,保障创新的规范有序,另一方面对创新改革成果要加强法制化保护,实现依法治文	文化法制、改革创新、规范
营造文化创新的社会环境	培育宽容失败、容错纠错的舆论环境,健全鼓励大胆探索、敢于突破的政策机制,突出文化创新的价值转化,突出文化产品服务的社会效益,培育文化创新改革的正能量	舆论、社会效益、改革
加强软基础建设	把支撑文化软实力的硬基础设施列入发展战略规划,确保投入到位,超前建设。同时需要加强文化创新的评价考核机制、社会参与动员机制和评论引导机制建设,优化文化融入经济、政治、社会和自然生态的机制同样非常重要	软基础设施、文化信息收集传播基础设施、文化艺术专用设施

参考文献

《大遗址保护"十三五"专项规划》,国家文物局,2016 年 12 月 1 日,http：//www. zj. gov. cn/art/2016/12/1/art_ 5495_ 2200878. html。

邓学芬、柯丽芳：《古镇旅游开发研究——以成都周边古镇为例》,《安徽农业科学》2008 年第 23 期。

《第一次全国可移动文物普查数据公报》,国家文物局,2017 年 4 月 7 日,http：//www. sach. gov. cn/art/2017/4/7/art_ 722_ 139374. html。

杜小三、杨静、秦利民等：《促进非物质文化遗产保护与乡村旅游融合发展——以四川省乐山市为例》,《中共乐山市委党校学报》2018 年第 3 期。

《国务院办公厅转发文化部等部门关于推动文化文物单位文化创意产品开发若干意见的通知》,中国政府网,2016 年 5 月 16 日,http：//www. gov. cn/zhengce/content/2016 –05/16/content_ 5073722. htm。

《国务院关于印发"十三五"国家战略性新兴产业发展规划的通知》,中国政府网,2016 年 12 月 19 日,http：//www. gov. cn/zhengce/content/2016 – 12/19/content _

5150090. htm。

侯菊坤：《中国的文物保护法制建设》，《中国法律年鉴》1988 年第 1 期。

李永红：《成都仿古街区的文态依托探析》，《青年与社会（上）》2014 年第
12 期。

梁青山：《四川省文化产业培育成支柱产业路径研究》，四川师范大学硕士学位论
文，2016。

刘亚培：《建国后（1949—1976）党的文化政策演变及其思考》，浙江大学硕士学位
论文，2013。

刘瑶：《非物质文化遗产保护与中国传统文化传承》，哈尔滨工业大学硕士学位论
文，2010。

毛少莹：《中国文化政策 30 年》，文化发展论坛，2008 年 11 月 11 日，http：//
www. ccmedu. com/bbs35_ 75790. html。

四川省人民政府《关于进一步加强文物工作的实施意见》，2016。

四川省文化厅：《四川出台关于繁荣发展社会主义文艺的实施意见》，四川省文化厅
官网，2016 年 1 月 15 日，http：//www. sccnt. gov. cn/zwxx/dtxxzwxx/201601/t20160115_
21691. html。

《四川文化频频"亮眼"》，四川省人民政府网站，2016 年 9 月 1 日，http：//
www. sc. gov. cn/10462/10464/11716/11718/2016/9/1/10394375. shtml。

《四川迎来博物馆热　全省年接待观众 6748 万人次》，百家号，2018 年 4 月 27 日，
https：//baijiahao. baidu. com/s？id＝1598772428236216741&wfr＝spider&for＝pc。

魏俊玲、朱明霞：《论中国传统文化的传承与保护》，《人民论坛》2013 年
第 20 期。

《文化部"一带一路"文化发展行动计划（2016—2020 年）》，国家发展和改革委员
会网站，2017 年 7 月 20 日，http：//www. ndrc. gov. cn/fzgggz/fzgh/ghwb/gjjgh/201707/
t20170720_ 855005. html。

《文物数量全国排第六》，四川日报网，2016 年 11 月 17 日，http：//
epaper. scdaily. cn/shtml/scrb/20161117/147822. shtml。

《"五·一"小长假四川博物馆开放服务数据出炉》，四川省文化厅官网，2018 年 5
月 3 日，http：//www. sc. gov. cn/10462/10464/10797/2018/5/3/10450120. shtml。

《习近平谈治国理政》，外文出版社，2014。

谢辰生：《新中国文物保护工作 50 年》，《当代中国史研究》2002 年第 3 期。

谢梅、王世龙：《文博资源转化与利用——以四川省为例》，科学出版社，
2018。

郑滨：《1860—2009 中国文物保护历程研究》，山东大学硕士学位论文，2010。

《中共四川省委关于繁荣发展社会主义文艺的实施意见》，四川省文化厅官网，
http：//www. sccnt. gov. cn/zwxx/dtxxzwxx/index_ 19. html。

中共中央办公厅、国务院办公厅：《关于实施中华优秀传统文化传承发展工程的意见》，中国政府网，2017 年 1 月 25 日，http：//www. gov. cn/zhengce/2017 – 01/25/content_ 5163472. htm。

中国产业调研网：《2016 年中国四川省文化现状调研及发展趋势走势分析报告》，2016。

第八章
文化建设与城镇化

一　文化建设与城镇化概念界定

文化建设就是发展教育、科学、文学艺术、新闻出版、广播电视、卫生体育、图书馆、博物馆等各项文化事业的活动。它既是建设物质文明的重要基础，也是提高人民思想觉悟和道德水平必不可少的条件。

城镇化是指通过综合途径实现由以农业为主的传统乡村型社会向以工业和服务业等非农产业为主的现代城市型社会逐渐转变的历史过程，包括人口职业、产业结构的转变，土地及地域空间的变化等。它契合了"公园城镇"的发展目标，承接了"乡村振兴"和"精准扶贫"的国家战略，在我国现代化建设过程中具有举足轻重的地位。

文化建设与城镇化有着内在的联结和互动。作为新型城镇化的应有之义，文化建设中的文化基础设施和文化资源是新型城镇化的重要驱动，文化基础设施的建设和文化资源的配置决定了城镇化中文化建设的物质架构和物理基础。同时，乡村文化是城镇化中文化体制建设的重要内容和环节，对促进新型城镇化稳步推进、改变城乡二元结构、促进社会结构科学转型具有重要意义。

（一）文化建设是城镇化建设的核心内容

城镇化内在地涵盖了文化建设，指教育、科学等文化基础设施、文化公共服务的建设与完善，以及利用文化资源促进城镇化的发展，尤其是文化资源对新型城镇化的推动作用。需要注意的是，城镇化过程中对于文化的考量要坚持以人为本，实现人与自然的和谐发展，这表明城镇化的内在本质是人的城镇化，继而转向人的现代化以实现自由而全面的发展。这是农耕生产生活方式转向现代生产生活方式的重要途径，它不仅是空间生产生活等物质生产需求的发展，也是人在这个过程中思想、文化、意识的提升。因此，文化建设是城镇化建设过程中重要的思想保障，具有举足轻重的地位。

（二）文化建设是新型城镇化的重要驱动因素

文化建设是新型城镇化的重要驱动因素。文化基础设施的建设和完善是城镇化中文化资源配置和使用的基础性工作，是城镇化过程中的必然环节和衡量城镇化实现的标志之一，它决定着城镇化中文化建设的物质架构和物理基础。利用文化资源推动农业或工业经济向文化经济转化则是新型城镇化建设和发展的重要创新途径，通过无形文化资源的供给引领精神文明生活的方向。如果说公共文化基础设施是"搭什么台"的问题，那么公共文化服务就是"唱什么戏"的问题。

《国家新型城镇化规划（2014—2020年）》确立了新型城镇化建设的七大基本原则，其中"文化传承，彰显特色"的原则备受关注。规划将"发展有历史记忆、文化脉络、地域风貌、民族特点的美丽城镇，形成符合实际、各具特色的城镇化发展模式"作为原则之一确立下来，进一步明晰了文化建设与城镇化相对接的具体措施。明确指出在推动新型城镇化建设的过程中，要注重发掘城市文化资源，强化文化传承创新，把城市建设成为历史底蕴厚重、时代特色鲜明的人文魅力空间。这对于破解我国当前"千城一面"的困境具有重大的现实意义和深远的历史意义①，也是文化建设与城镇化相对接的政策和实践基础。

成都市政府在其发布的《成都市新型城镇化规划（2015—2020年）》

---

① 《中央纠偏"千城一面"城镇化不能"没文化"》，中国政府网，2014年3月17日，http://www.gov.cn/。

中提出，要以人的城镇化为核心，以人口聚集化、产业集聚化、公共服务功能化为重点，努力探索出一条新型城镇化之路（见表 8－1、表 8－2）。①。

表 8－1　新型城镇化建设的七大基本原则

原则	关键词
以人为本,公平共享	公平
四化同步,统筹城乡	城乡
优化布局,集约高效	集约
生态文明,绿色低碳	绿色
文化传承,彰显特色	文化
市场主导,政府引导	市场
统筹规划,分类指导	统筹

资料来源：《国家新型城镇化规划（2014—2020 年）》，人民网，2014 年 3 月 17 日，http：//house. people. com. cn/n/2014/0317/c164220 – 24650538. html。

表 8－2　文化建设与城镇化对接的具体措施

主要内容	关键词
注重在旧城改造中保护历史文化遗产、民族文化风格和传统风貌,促进功能提升与文化文物保护相结合	功能提升 文物保护
注重在新城新区建设中融入传统文化元素,与原有城市自然人文特征相协调	传统文化
加强历史文化名城名镇、历史文化街区、民族风情小镇文化资源挖掘和文化生态的整体保护,传承和弘扬优秀传统文化,推动地方特色文化发展,保存城市文化记忆	文化资源 文化生态 文化记忆
鼓励城市文化多样化发展,促进传统文化与现代文化、本土文化与外来文化交融,形成多元开放的现代城市文化	文化多样化

（三）乡村文化是城镇化中文化体制建设的重要内容

在探讨城镇化与文化建设的互动关系时，乡村文化建设是重中之重，而

---

① 徐菁、蓝鹰、代曦：《新型城镇化背景下社区文化建设的问题与对策——以成都市龙泉驿区龙安社区为例》，《四川劳动保障》2016 年第 S1 期，第 128～129 页。

"农改居"是城镇化过程的重要环节。"农改居"社区不同于传统农村村落，也有别于城市社区的新型过渡性社区，更多地被称为"村改居"社区。简单来说，就是将农村原有的村民委员会改造成城市居民委员会，并以城市治理的方式对改制后的社区进行管理。具体而言，"农改居"是在村委会的基础上通过变换村民户籍身份、股份化运作原有村集体资产等方式对基层组织进行改建，将村委会转变为居委会，实现服务公共化、资产股份化、就业非农化、福利社保化等预期目标。"农改居"社区人员也因此拥有农民和市民双重身份。但不能将"农改居"简单地理解为户籍身份转变，而是政府、农村基层组织以及农民在互利共赢的基础上对经济利益重新进行分配的过程。其最终目标是促进新型城镇化的稳步推进、破解城乡二元结构，以实现真正意义上的"农改居"人员与城市人口同等待遇，促进社会结构科学转型。

不过，农村的文化建设也存在一些问题，主要体现在精神生活、思维意识以及基层管理上，主要包括文化建设得不到重视，农村地区的管理者多重视经济发展、轻视文化建设等。文化基础设施投入的经济显现性不强，在文化建设中存在形式主义文化建设的问题，一些文化项目没有结合实际需求，最终成为"形象工程"，没有发挥有效作用；文化建设创新力度不够，缺乏针对性。农村的文化建设应该是什么样子，怎样实现，这些基础性问题并没有得到较好解决。发展乡村文化不仅是放电影、建书屋，农民对于农业科学知识、致富信息的实际需求也要得到更多的重视。此外，乡村文化建设工作者的素质参差不齐、职业待遇偏低也是一个问题。文化建设的创新就是要针对本地区实际情况在文化活动形式与内容上拉近与群众的距离。

四川农村社区文化建设存在文化发展失衡、管理不到位、设施落后、人才缺乏、活动单调、经费无保障等问题，认识不足、投入不大、管理体制不健全等则是产生这些问题的主要原因。① 由此，在加强文化

---

① 徐碧英：《农村社区文化建设的问题和对策——以四川地区为例》，《黑龙江史志》2008 年第 16 期，第 15~16 页。

基础设施投入上实现公共文化服务的普惠，应重点着眼于文化资源的挖掘、文化队伍的建设、文化活动的丰富、文化产业的培育和文化管理的创新。[①]

此外，农村自生的民间文化、民俗文化、自办文化、民营文化产业也是城镇化中文化体制建设的重要内容。只有呈现鲜明的地域文化特征，才能更好地实现新型城镇化，而乡村文化建设在促进农村生产发展、生活宽裕、乡风文明、村容整洁、管理民主等方面和推进城镇化进程中发挥着重要作用。[②] 作为经济发展的重要着力点，多元驱动是实现城镇化的基本思路，因此文化资源应当也必须成为新型城镇化的主要驱动因素。[③]但当前文化与城镇化结合得不够紧密，文化因素对城镇化的驱动作用不明显，导致我国城镇化的发展面临城市间"同质竞争"，区域内资源、资金和人才配置低效，城市社会应有的公平、正义及人的精神生态遭到损坏等一系列问题。而要解决上述问题，离不开对文化因素的考量和对文化资源的利用。

二　对四川文化建设与城镇化的政策解读

文化建设和城镇化均有着强烈的政策依赖性，一方面它涉及国计民生，另一方面无论是其建设投入还是整体布局等都需要强有力的资源调动来加以保障，尤其是边远贫困地区，更是担负着文化建设和城镇化的双重任务。自党的十八大以来，四川省委省政府结合全省的实际情况有针对性地出台了许多文化建设和城镇化建设方面的政策，对文化建设和城镇化的推进起绝对的指导作用，指引着文化建设和城镇化的行进方向。

[①] 徐碧英：《农村社区文化建设的问题和对策——以四川地区为例》，《黑龙江史志》2008 年第 16 期，第 15~16 页。

[②] 姚楠楠：《城镇化进程中的农村文化建设研究》，山西大学硕士学位论文，2013。

[③] 祁述裕、朱岚、高宏存、孙凤毅、曹伟、齐崇文、郭全中：《"文化资源与新型城镇化建设"研讨会观点摘要》，《行政管理改革》2013 年第 9 期，第 31~43 页。

（一）文化建设政策及解读

文化建设方面，四川省围绕"文化强省"这一目标，在总结文化建设成果和经验的基础上，积极融入"一带一路"倡议和"长江经济带"国家战略，补齐短板、突出重点、打造亮点，提出文化建设的新观念体系、现代产业体系、保障体系三大具体对策。补齐短板指不断完善贫困地区的公共文化设施网络，推进文化公共服务均等化，这一对策在《四川省"十三五"时期贫困地区公共文化服务体系建设实施方案》中被进一步细化为39条措施和4大保障体系。通过基础设施的完善，四川省政府搭建出一定规模的公共文化物质载体和物理平台，通过公共文化基础设施的建设统筹城乡发展，推进贫困地区文化建设，以文化建设带动"工业化"和"城镇化"良性互动（见表8-3）。

表8-3 "十三五"期间四川省文化建设相关政策

政策	主要内容	关键词
《四川省"十三五"时期贫困地区公共文化服务体系建设实施方案》	1. 加快完善公共文化设施网络	公共文化设施网络
	2. 积极推进基本公共文化服务均等化	基本公共文化服务
	3. 创新提升公共文化服务水平	公共文化服务水平
	4. 不断加强公共文化人才队伍建设	公共文化人才队伍
	5. 积极推动贫困地区群众脱贫致富	脱贫致富
《四川省"十三五"文化发展规划》	1. 繁荣艺术创作生产，推进优秀文艺作品生产与传播推广	艺术创作生产
	2. 加快构建现代公共文化服务体系，创新公共文化服务供给机制	公共文化服务体系
	3. 传承弘扬优秀传统文化，发展博物馆事业，加强文物展示利用	优秀传统文化
	4. 提高非物质文化遗产保护传承水平，推进非遗的合理利用和创新发展	"非遗"保护与传承
	5. 增强文化产业实力和竞争力，优化文化创意产业发展布局，努力扩大文化消费	文化产业竞争力
	6. 建立健全现代文化市场体系，建设文化市场服务品牌	现代文化市场体系
	7. 提高文化开放水平，拓展对外传播领域，扩大对外产品和服务贸易	文化开放水平

《四川省"十三五"文化发展规划》指出，新常态下优秀传统文化传承创新体系构建问题是四川省文化建设的关注焦点。四川省委省政府高度关注全面建成小康社会决定性5年的文化民生问题，"两化互动"和"城乡统筹"加速进程中的文化坚守创新问题，"一带一路"倡议下文化的对外交流合作问题，文化产业文化事业融合发展引领社会文化消费的问题，文化体制机制改革及文化治理能力提升问题，以进一步坚定四川文化发展方向、提升文化深造活力、深化文化体制改革、提高文化治理能力，显著增强文化软实力，实现文化强省的战略目标。①

由于地处"一带一路"和"长江流域经济带"大通道的内陆端口，四川省要推进文化建设，就要充分发挥地理区位优势和文化资源优势，融入国家大战略，培育开放型经济，构筑文化交流大平台，提高四川对周边区域乃至全国的辐射力和国际影响力。要深化文化体制改革，提升文化治理能力，就要厘清政府与市场、企业、社会组织、个人的关系，进一步简政放权。充分发挥政府在公共文化资源配置、管理协调中的主导作用，在产业发展方面的引导和服务作用，不断提高政府效能；充分调动社会力量参与文化建设，培育公益性文化类社会组织，发挥公民个人参与文化创造的积极性和创造性。要在保护的基础上充分挖掘区域文化资源，传承物质和非物质文化遗产，通过文化资源的合理使用助推文化产业和文化服务业的发展，以此推进具有鲜明文化特色的新型城镇化。②

（二）城镇化建设政策及解读

城镇化建设方面，四川省着力推进新型城镇化，走具有四川特色的新型城镇化道路，通过中长期规划实现新型城镇化建设的科学布局、整体谋划、统筹协调，通过特色小镇培育探索新型城镇化的多元化实现路径。

城镇化本质上是人的城镇化，其表征是相对应的物质文化生活的演进和精神

---

① 《四川省人民政府办公厅关于印发四川省"十三五"文化发展规划的通知》，四川省人民政府网站，2017年1月22日，http://www.sc.gov.cn/10462/10464/13298/13301/2017/1/22/10412218.shtml。
② 中国人民大学中国经济改革与发展研究院课题组：《四川省"十三五"推进文化建设总体思路研究》。

文化生活的提升，物质生活是基础，精神生活是内涵。四川省以建设特色小镇为切入点，深挖特色镇发展潜力。根据特色镇自身的区位、特色资源优势和发展潜力，合理确定特色发展方向，着力从特色鲜明的产业形态、和谐宜居的美丽环境、彰显特色的传统文化、便捷完善的设施服务和充满活力的体制机制等五个方面下功夫，重新审视小镇规划并加以调整完善，通过外部培育和内生发展建设特色鲜明、产业发展、绿色生态、美丽宜居的特色小镇，进而带动其他小镇发展（见表8-4）。

表 8-4 四川省城镇化相关政策

政策	主要内容	关键词
《四川省新型城镇化规划（2014—2020年）》	1. 指导思想:中央城镇化工作会议精神,走符合四川省实际的新型城镇化道路	指导思想
	2. 基本原则:以人为本,公平共享;优化布局,集约高效;四化同步,城乡一体;生态文明,传承文化;市场主导,政府引导	基本原则
	3. 发展目标:城镇化质量和水平明显提升、城镇化布局和形态更加优化、城镇可持续发展能力明显增强、体制机制更加完善、城镇化和新农村建设更加协调	发展目标
	4. 七大主要任务:有序推进农业人口转移、优化城镇化布局和形态、增强城镇就业吸纳能力、改善城乡居民居住条件、提高城镇建设水平和质量、推动城乡发展一体化、改革完善城镇化发展体制机制	主要任务
《四川省人民政府关于深入推进新型城镇化建设的实施意见》	1. 推进农业转移人口市民化,落实户籍制度改革政策,推进常住人口基本公共服务全覆盖	户籍制度改革
	2. 优化城镇化布局和形态,积极推进四大城市群建设,深化"百镇建设行动"	城镇化布局
	3. 加强规划建设管理,加快建设城镇道路交通网络和地下管网,创新城市治理	规划建设管理
	4. 坚持城乡统筹发展,推动基础设施和公共服务设施向农村延伸,推进幸福美丽新村建设	城乡统筹发展
	5. 改革完善土地利用机制,规范推进城乡建设用地增减挂钩	土地利用机制
	6. 创新投融资机制,深化政府和社会资本合作,加大政府投入力度,强化金融支持	投融资机制
	7. 完善城镇住房制度,完善城镇住房保障体系,促进房地产市场平稳健康发展	城镇住房制度
	8. 深入推进新型城镇化综合试点,深化试点内容,加强工作统筹	新型城镇化试点
	9. 健全工作推进机制,强化政策协调,强化监督检查,强化宣传引导	工作推进机制

续表

政策	主要内容	关键词
《中共四川省委四川省人民政府关于深化拓展"百镇建设行动"培育创建特色镇的意见》	1. 指导思想:十八大精神,习近平总书记治国理政新理念	指导思想
	2. 基本原则:绿色发展、彰显特色、形态适宜、改革创新	基本原则
	3. 主要目标:300 个试点镇的承载能力明显提升、经济实力明显增强、城镇面貌明显改善	主要目标
	4. 主要任务:巩固提升一批示范镇;培育创建一批特色镇;创新发展理念,坚持统筹推进	主要任务
	5. 改革措施:扩大管理权限、改革财政体制、创新投资机制、保障发展用地、深化户籍改革、推进区划调整、培养引进人才、优化机构设置	改革措施
《关于开展特色小镇培育工作的通知》	1. 培育特色鲜明的产业形态,带动农村发展	产业形态
	2. 构建和谐宜居的美丽环境,小镇建设与产业发展同步协调	美丽环境
	3. 彰显特色的传统文化,形成独特的文化标识,与产业融合发展	传统文化
	4. 便捷完善的设施服务,公共服务设施完善、服务质量较高	设施服务
	5. 充满活力的体制机制,促进小镇健康发展,激发内生动力	体制机制

《四川省新型城镇化规划(2014—2020 年)》提出了到 2020 年新型城镇化要实现的主要目标和五个基本原则。通过优化与资源环境承载能力相匹配的城镇布局,使大中小城市和小城镇发展更加协调(见表 8 - 5)。

表 8 - 5 规划的主要目标和基本原则

主要目标	基本原则
城镇化质量和水平明显提升,常住人口城镇化率力争达到 54% 左右	有序推进农业转移人口市民化,统筹推进农业转移人口落户城镇和基本公共服务均等化
城镇可持续发展能力明显增强,人均建设用地控制在 100 平方米以内	增强城镇就业吸纳能力
城镇化和新农村建设更加协调	改善城乡居民居住条件
城镇化体制机制更加完善	提高城镇建设水平和质量
城镇化布局和形态更加优化,基本形成"一轴三带、四群一区"的城镇化发展格局	推动城乡发展一体化

《四川省人民政府关于深入推进新型城镇化建设的实施意见》指出,四川要在坚持绿色发展、坚持补齐短板、坚持联动推进的基础上推进新型城镇化。到

243

2020 年，城镇化质量和水平明显提升，布局和形态更加优化，可持续发展能力明显增强，同时，城乡统筹发展更加协调，城镇化体制机制更加完善。

《中共四川省委 四川省人民政府关于深化拓展"百镇建设行动"培育创建特色镇的意见》则明确提出要培育一批形态适宜、规模适度、生态宜居、文化特色突出的美丽小城镇。这一根据经济发展水平、财力和政策承载能力，突出重点，加快推进新型城镇化重点工作实施的试点行动对提升城镇承载能力、经济实力，改善城镇面貌、生态环境，优化城镇功能设施、公共服务，壮大城镇特色产业，示范带动全省 2000 余个小城镇竞相发展，促进新型城镇化和新农村建设融合发展，夯实多点多极底部基础，支撑四川全面小康的时代伟业具有重要作用。

（三）"以人为本"的政策指导理念

通过上述对文化建设和城镇化建设的政策展示及解读可以发现，四川省新型城镇化建设和文化建设在"以人为本"理念的指导下，把促进人的发展作为起点和归宿，通过文化资源联系文化建设和城镇化，实现两者互促互进以达到多赢局面。而本部分则进一步提出，文化建设要在搭台子唱戏的基础上，进一步聚焦到文化产业的培育和发展上，通过文化产业带动城镇的传统行业、工商业、服务业，助力四川城镇经济发展。新型城镇化则要通过发挥平台作用、促进融合式发展、文化城镇化建设以及公共文化服务供给，助力四川文化产业振兴。

有关文化建设和城镇化建设的诸多文件中的设想已在一步一步实现。在文化建设和城镇化的互动过程中，为了实现城乡协调发展，成都提出田园城市理想，不断推动成都地区城市和城镇向农村扩张，产生了成都市周边农村集中居住地新型区域形态——涉农社区。"涉农社区"是用于描述城乡一体化进程中形成的农民集中居住社区形态的概念，是"村改居"后以原村民为主，同时开始接纳新居民的城市社区。在一定程度上说，涉农社区的产生是必然的。一方面，涉农社区改变了原有农村社区的地理布局和传统的农村生活结构、管理体制，从而在一定程度上改变了原农村社区居民的社会关联、社会心理和社区认同感，进而中断了原社区的文化发展路径，客观上要求在涉农社区的建设过程中重视新社区的文化建设；另一方面，由于涉农社区形成的具体原因、新社区中的居民组成结构以及原社区背景各有殊异，因而各社区在文化基础、居民的文化需求等方面存在一定的差异，这是在文化建设时必须加以考虑的因素。① 而涉农社区就较好地解决了前文所说的因城镇化进程加快而在原农村社区产生的一系列问题，是成都构建田园城市、协调文化建设与城镇化建设的有益尝试。

三　四川文化建设概况

（一）公共文化服务网络基本建成

四川省图书馆、四川省美术馆、成都博物馆等重大公共文化设施让寸土寸金的市中心成为文化"会客厅"。在全省建成了 4406 个乡镇综合文化站，5 万个村文化室和共享工程基层点，47824 个农家书屋，为百姓织就了一张涉及范围广泛的公共文化服务网络。文化基础建设覆盖面不断扩大，为贫困地区、边远地区百姓的文化生活添薪加火（见图 8 - 1）。

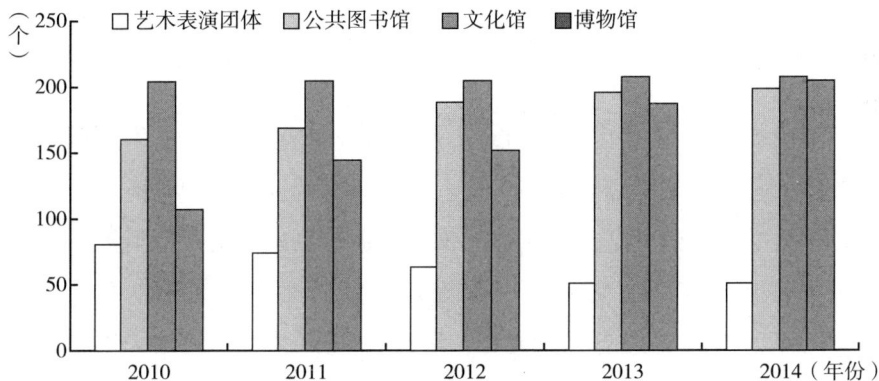

图 8 - 1　四川文化基础建设情况

① 李宏伟、屈锡华：《不同类型涉农社区的经济特征与文化建设——以四川省成都市为例》，《农村经济》2011 年第 3 期，第 43～47 页。

（二）建成一批文化中心

2016 年，四川省建成省级文化中心——四川大剧院，根据《四川省"十三五"文化发展规划》，到 2020 年市（州）要建好博物馆、图书馆、文化馆，县区建好图书馆、文化馆，乡镇建好综合文化服务中心，全省 5 万多个行政村全部建成标准化的幸福美丽新村文化院坝。此外，四川省还加大文化产品供给力度，省级和各市（州）专业文艺院团每年送文化下乡不少于 1000 场，农村免费电影放映不低于 70 万场，满足群众不同层次的文化需求，基本建成现代公共文化服务体系。

（三）加强艺术创作和引导，继承和弘扬中华优秀传统文化

2017 年新创、复排和提升 15 台重点剧目，组织举办 2017 年四川省舞蹈新作比赛、2017 年四川省第二届曲艺杂技木偶皮影比赛、四川省第十六届戏剧小品（小戏）比赛等省级赛事活动，积极开展川剧遗产保护，加强川剧文物抢救性保护工作，引导美术创作健康发展和民众艺术鉴赏水平逐步提高。

（四）完善公共文化制度设计，加强公共文化服务效能

开展 2017～2019 年中国民间文化艺术之乡推荐工作、2017～2019 年四川省民间文化艺术之乡评审命名工作，倡导全民阅读，组织开展全国第六次县级以上公共图书馆评估定级工作。推动贫困地区广播电视节目无线数字化覆盖工程建设[1]，持续开展文化专项扶贫。全年全省送文艺下乡演出不少于 3300 场，省直院团送文艺下乡演出不少于 400 场[2]，不断优化文化产业发展布局，加快文化产业集聚区和产业项目建设。

---

[1] 《四川实施文化惠民扶贫六项工程　同步精准脱贫工作》，中国经济网，2016 年 3 月 3 日，http://www.ce.cn/culture/gd/201603/03/t20160303_9252388.shtml。

[2] 四川省人民政府、四川省文化厅关于 2017 年部门预算编制的说明。

（五）加强文物保护利用，加快推进古籍保护工作

在《四川省"十三五"文物博物馆事业发展规划》的指导下，推进广安市博物馆、资阳市博物馆、南充市博物馆、巴中市博物馆等博物馆的建设，全面提升博物馆服务能力和服务质量建设；开展第一批四川省古籍重点保护单位和古籍保护单位复查，组织实施第二批四川省古籍重点保护单位和古籍保护单位评审命名工作；加大古籍数字化力度，促进转化利用，不断提高保护水平，增强非物质文化遗产传承活力。

（六）扩大对外交流，进一步推动四川文化"走出去"

在文化部"部省合作"框架下，四川省与悉尼、白俄罗斯中国文化中心开展年度合作，组织川剧、木偶、民乐、杂技、现代舞、艺术品、古蜀文明、非遗民俗、动漫游戏、设计文创、美食等十余个特色鲜明、内容丰富的主题演出、展览、讲座、培训项目在海外中国文化中心落地。与文化部探讨共建摩洛哥中国文化中心，借助文化部重点品牌项目"欢乐春节"提升四川文化影响力。配合"一带一路"建设，承办"中国-中东欧国家舞蹈夏令营"等文化部"一带一路"品牌项目，承办和参与"香港元宵彩灯会"等文化部对港澳台重点品牌项目，与驻外使领馆和海外机构进一步深化合作。组织文化企业参加香港国际授权展、美国华人工商大展等国际展会，促进四川文化贸易发展。

（七）推进文化体制改革，现代公共文化服务体系基本建成

加强文化法治保障、干部人才队伍建设，持续提高机关协调运转水平。提升文化财务保障服务能力，构建严督实查监管常态、动态监控预警及违规问题处理机制，完善内部控制体系建设、专项资金申报系统建设，优化财务监督综合服务平台，启用出纳管理系统，探索财务报销管理系统的应用。现

代文化产业体系和现代文化市场体系不断完善，文化产业结构更加合理，文化市场更加繁荣有序，文化科技支撑更加有力，文化消费持续扩大，优质文化产品与服务更加丰富，文化产业对经济转型升级的贡献更加明显。①

（八）产业发展实现转型升级，文化市场监管更加有效

扶持文化产业总资产、总收入超过百亿元的产业集团，新增 3~5 家上市企业；"高清四川智慧广电"拉动超 1000 亿元的消费规模，带动上下游行业新增产值超 3000 亿元。基于全国文化市场技术监管与服务平台的文化市场信用信息数据库涵盖了全省 90% 以上的文化市场经营主体，文化市场技术监管与服务平台在全省县级文化行政部门和文化市场综合执法机构应用率达到 95% 以上。文化建设的三大领域见图 8-2。

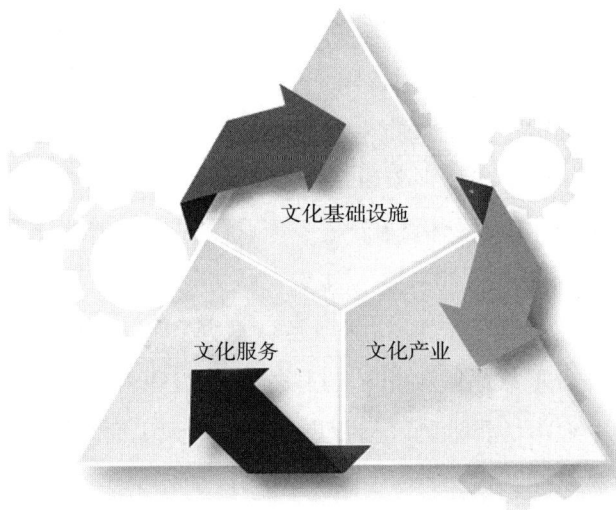

图 8-2　文化建设的三大领域

---

① 《文化厅：〈四川省"十三五"文化发展规划〉解读》，四川省人民政府网站，2017 年 6 月 2 日，http：//www. sc. gov. cn/。

四　四川特色小镇建设现状

小城镇处于城镇化发展承上启下、连接城乡的关键层级，是区域城镇体系的重要组成部分。从世界范围来看，以小城镇为主承载人口和产业是城镇化发展的重要路径之一。发展小城镇是就地就近城镇化的必然选择。从农民的意愿来看，农民对土地和乡愁具有强烈认同，如果能在自己家乡和附近获得较好的发展机会，没有人愿意离开。所以，就地就近城镇化更符合农民的意愿，是促进农业转移人口就近就地城镇化的必然选择。

文化部、财政部《关于推动特色文化产业发展的指导意见》指出要依托各地独特的文化资源，通过创意转化、科技提升和市场运作来发展特色文化产业。① 这对深入挖掘和阐发中华优秀传统文化的时代价值、培育和弘扬社会主义核心价值观、优化文化产业布局、推动区域经济社会发展、促进社会和谐、加快经济转型升级和新型城镇化建设，发挥文化育民、乐民、富民作用，具有重要意义。而要建成特色文化产业发展格局，形成特色文化产业带，就要建设一批带动作用明显的特色文化产业示范区和示范乡镇，打造特色文化城镇和乡村，将特色文化产业发展纳入新型城镇化建设规划，建设有地域特色和民族特色的文化城镇和乡村。在明确城市文化定位和文化产业发展重点的基础上，把特色文化产业项目与城市景观风貌、功能布局紧密融合起来，突出传统特点，彰显文化特色，建设一批文化特点鲜明和主导产业突出的特色文化产业示范乡镇和特色文化乡村，促进城镇居民和农业转移人口就业增收。

而小城镇建设的原则就是尊重其自身的发展规律，坚持小而美的理念，建立有别于大中城市的规划建设标准规范，统筹安排生产、生活、生态三大空间，在布局和空间上维系小城镇的宜居尺度。其中，基础设施建设是小城镇建设的痛点，因此应补齐道路交通、功能设施、公共服务等短板，促使

① 《关于推动特色文化产业发展的指导意见》（文产发〔2014〕28号）。

"小城镇"实现"大服务"。

结合四川省民族地区分布广泛，特色文化资源丰厚的现实基础，在进行特色小城镇建设和培育过程中，要注重在乡村文化生态的保护传承和创新发展过程中挖掘民族地区的特色文化，在保持原有文化连贯性的基础上培育特色文化小城镇，以特色文化强化城镇个性。因此，引导一些专业性特色文化村镇走上文化坚守和产业发展同步推进的良性轨道，就显得十分必要。①

目前，成都市已初步构建了互联网镇群模式。我国正努力实现到2020年有1亿人在小城镇落户的目标，但与此同时，承载这1亿人的小城镇，尤其是中西部地区的小城镇缺乏有竞争力的产业，基础设施和公共服务存在短板。② 城镇化带来的巨大需求与小城镇承载能力不足的矛盾进一步凸显，成都市给出的解决方案是：构建以互联网为内核驱动的镇群。③ 在互联网镇群平台上，实现人才、资金、资源在全球范围内的分配，让小镇直接参与社会化分工，提高小镇的生产效率，增强小镇的发展动力（见表8-6）。

表8-6　成都市互联网镇群模式的"七大"建设主题

主要内容	关键词
互联网+教育	教育
互联网+医疗	医疗
互联网+电商	电商
互联网+文娱	文娱
互联网+双创	双创
互联网+安全	安全
互联网+社会治理	社会治理

---

① 中国人民大学中国经济改革与发展研究院课题组：《四川省"十三五"推进文化建设总体思路研究》。
② 王整、蒲世阳、叶全、李文宇：《西部省份特色小城镇建设的四川实践》，《中国建设报》2016年4月14日。
③ 《成都6大小镇入选全省"人气小镇"十强》，《成都日报》2017年8月27日。

西部地区小城镇的发展面临城镇规模小、布局分散、产业能级弱的问题，导致小城镇不具备大型产业项目、大型市政基础设施和商业服务等项目的承载力，对城镇周围农村居民缺乏吸引力，最终造成小城镇缺乏可持续发展能力，仅靠政府投入资金维持城镇基本"运营"。因此，互联网镇群建设的核心是利用互联网实现全市范围内小城镇间的全领域链接，推动人才、资金、土地、信息等生产要素自由流动和高效配置。[①]

特色小镇建设意义重大，可以促进城市转型升级。近年来，四川"百镇建设行动"成效显著，300个试点示范镇竞相发展。近日，该行动升级，提出到2020年将300个试点镇数量拓展至600个，重点向生态宜居、文化创意、科技教育、现代农业、旅游休闲、商贸物流、特色工业等7个方向发力。成都市"互联网＋"战略与小镇建设相结合的互联网镇群发展模式在国内互联网小镇建设方面首屈一指。

创建特色小镇还是破解经济结构转化和动能转换难题的有益尝试，有利于促进大、中、小城市的协调发展。作为产业升级的主要载体之一，特色小镇包含房地产、酒店、医疗、教育、文化、新城镇建设等各产业的全面繁荣，具备产业升级、科技创新植入以及消费带动等特质，为经济结构调整和转型升级提供新动能。[②] 随着中国城镇化水平和人均收入水平的提高，特色小镇定将成为高端产业和高级人才聚集发展的重要空间载体，与大中城市形成协作互补的产业链，为中国的城镇化提供巨大的发展空间和投资机会。[③]

"十三五"期间，四川省将有550万农村人口转变为城镇人口，全省城镇化率达到54％，城镇人口首次超过农村人口。而在2015年底，四川省的城镇化率还远远低于全国平均水平，小城镇的发展很不充分，动力活力不

---

① 李洋:《首届中国（西部）特色小镇创新发展论坛在成都举行》,《企业家日报》2017年8月30日。
② 韦杰:《特色小镇3.0时代来临　产业升级打造高邮智慧城》,《新华日报》2017年8月30日。
③ 汪霏霏:《特色小镇引导的新型城镇化》,《中国城市报》2018年4月30日。

足。按照《四川省国民经济和社会发展第十三个五年规划纲要》，"十三五"时期四川省每年将有超过 100 万人进城落户，城镇化率年均提升 1.2 个百分点。① 推进小城镇建设，要瞄准人的城镇化，以科学规划推动产业集聚，同时注重保护环境，切实提高小镇的可持续发展能力和吸引力。以特色小城镇集群提升承接大中城市的产业、物流、人流疏解功能，支撑县域经济底部基础，辐射幸福美丽新村建设，形成城、镇、村协调发展的新局面。②

五　文化建设、文化资源与城镇化路径

（一）以旅游推动城镇化

20 世纪 50 年代以后，乡村旅游成为国外旅游研究的热点问题，并于 20 世纪 80 年代将研究视角转移到旅游与城镇化的关系上来。Safavi 指出旅游与城镇化是相伴相生的关系，Mullins 则首次提出旅游城镇化的概念，认为旅游是推动城镇化发展的主要动力，强调旅游城镇化是经济快速重组和社会空间变化的过程。③ 国内学者将对乡村旅游生态化转型的研究放在新型城镇化的背景下进行④，根据实证研究得出"新型城镇化与乡村旅游存在高度正相关关系"这一结论⑤，指出乡村旅游对城镇化有切实的推动作用。⑥

随着乡村旅游在旅游市场中展现出的巨大发展潜力，政府开始以旅游来

---

① 《"十三五"期间四川省城镇化率将突破 50%》，四川新闻网，2016 年 6 月 14 日，http：//scnews. newssc. org/。

② 参见 http：//sichuan. scol. com. cn/dwzw/201606/54594316. html。

③ 邓静、徐邓耀、周光美、余霞：《乡村旅游与新型城镇化发展关系研究综述》，《安徽农学通报》2018 年第 14 期，第 137～140 页。

④ 李莺莉、王灿：《新型城镇化下我国乡村旅游的生态化转型探讨》，《农业经济问题》2015 年第 6 期，第 29～34 页。

⑤ 王琴梅、方妮：《乡村生态旅游促进新型城镇化的实证分析——以西安市长安区为例》，《旅游学刊》2017 年第 1 期，第 77～88 页。

⑥ 孙缘、夏学英：《新型城镇化视阈下辽宁省乡村旅游发展研究》，《中南林业科技大学学报》（社会科学版）2015 年第 3 期，第 69～72 页。

实际推动新型城镇化。特别是国家旅游局将 2006 年定为"乡村旅游年"后，我国乡村旅游研究进一步深入，在理论和实证研究等方面取得了一系列的成果。

旅游是如何带动城镇化发展的？其中的逻辑值得我们思考。作为新型城镇化的重要路径，旅游城镇化模式的逻辑起于旅游消费，包括以大都市为代表的金融消费模式和以特色城郊为代表的休闲消费模式两种。主要做法就是在原有文化资源和特色的基础上挖掘特定的文化主题，形成文化品牌来吸引游客。人的聚集会大大推动城镇化的规模和速度，倒逼城镇拓展区域空间、完善基础设施、壮大服务行业，大大释放社会活力。在旅游型城镇化过程中，无论其地方文化资源丰厚与否，相关政策的出台都起到了绝对的引领作用。

四川省藏区虽然旅游资源丰富，但交通设施落后，极大限制了藏区旅游业的发展。规划因此提出要强化交通网络支撑，建设综合交通枢纽，实现客运"零距离"换乘。为实现这一目标，四川省旅游局产业处实施了"藏区旅游公路无缝对接"建设工程，着力构建重点景区的旅游交通路网和配套设施体系，实现旅游城镇与机场、客运集散中心的无缝对接。①

四川省要发展旅游仍面临一系列挑战，呈现出发展不充分、不平衡的问题。因此，党的十九大以来，四川省已经在规划若干各具特色的城市群，建设"一干多支"的旅游城市格局。川东阆中市已开始进行有益的尝试，在产业间互动融合的基础上将旅游与其他产业互联互通。加大对张飞牛肉、保宁醋、卓尚丝绸等企业旅游产品的研发；依托现有农业园区加快城市游向乡村游辐射、区域游向全域游转变的进程；围绕旅游壮大三产，整合文化旅游资源，把阆中建成宜居宜游宜商的活力之城。②

---

① 《四川旅游怎样融入新型城镇化》，《四川日报》2014 年 3 月 18 日。
② 《四川阆中：文旅、工旅、农旅等多样化旅游带动城镇化》，中国经济网，2018 年 7 月 4 日，http：//district. ce. cn/zg/201807/04/t20180704_ 29624656. shtml。

（二）以特色民族文化驱动城镇化

文化是驱动经济增长的重要因素，民族文化则是驱动民族地区新型城镇化建设的基本要素。[①] 民族文化作为我国各民族共同创造和享用的物质财富和精神财富的总和，内容非常丰富，涵盖宗教文化、制度文化、物质文化、语言文字文化、文学艺术文化等。我国的少数民族大都有自己的特色文化，这些文化是我国多样性文化的重要组成部分，不仅应当在城镇化建设的进程中得到保护和传承，而且是促进城镇化建设的重要文化资本。

依托民族文化资源的保护性开发和产业化发展来促进城镇化，克服工业化推进城镇化的传统路径依赖，是转变经济发展方式、优化产业结构的重大战略举措，也是促进民族地区经济发展和社会稳定的现实要求。民族地区在长期的发展过程中形成的独特文化是推进特色城镇化建设的宝贵资源，不仅有利于提升民族地区的城镇化水平，而且有利于传承和发展民族文化。在具体实践中，许多地区已经有意避免"千城一面"的城镇化，强调对民族文化的保护和传承。民族文化对城镇化的驱动和构建作用主要表现为"文化基因"，在新型城镇化的建设和发展中提供精神动力。通过具有文化内涵的城镇化建设，不仅可以形成一大批文化品牌明显的特色小城镇，而且可以根据时代要求与时俱进地对民族文化进行创新性保护和创造性发展。下文将以四川藏区为例具体说明特色民族文化如何融入新型城镇化的实践当中。

四川藏区位于川西北高原，涵盖藏、羌、彝、回、纳西等 5 个少数民族，总人口超过 200 万，是我国重点生态功能核心区以及生态脆弱区。区域内民族文化资源得天独厚，与当地特有的自然禀赋相结合，有着浓重的民族文化交融色彩，这是四川藏区独有的竞争优势。但自改革开放以来，藏区与省内其他地区的经济差距逐渐拉大，城乡二元结构、"三农"等问题制约着经济的良性循环和健康发展，危及社会稳定和长治久安，成为复杂、重大的

---

① 秦德智、赵德森、邵慧敏：《民族文化与城镇化的双螺旋耦合机制研究》，《思想战线》2016 年第 2 期。

经济问题、社会问题和政治问题。①

四川藏区是康巴文化的发祥地，其独特的民俗文化资源、宗教文化和特殊的地域文化资源是发展文化产业的源泉和动力。依托独特的文化资源，四川藏区的民族文化产业特色体系基本构建，培育出一批民族文化品牌与文化精品，成为旅游发展潜力最大的地区。以阿坝州为例，截止到 2015 年底，全州建立了 1 个国家级的文化产业示范基地，2 个省级文化产业示范基地，还有茂县民俗文化商业街区、四川禹王谷大禹文化产业园以及 3 个若尔盖西部牧场体验园。② 2014 年，四川藏区共接待游客 3692.6 万人次，实现旅游总收入 323.97 亿元，相当于藏区 GDP 的 64.43%，旅游业增加值占 GDP 的 21%。③ 旅游业的发展极大地促进了城镇基础设施建设，藏区内旅游收入的提高不仅直接为城镇化发展提供了较大的经济支持，也吸引了更多的投资商加入城镇建设队伍，为藏区新型城镇化建设添砖加瓦。

（三）充分利用文博资源

新型城镇化过程的重要一环就是对原有文化资源的合理开发与利用，对原有文化遗产的保护、传承和创新。城镇化发展水平不仅取决于经济实力，也取决于文化实力。文化遗产保护是文化建设不可或缺的组成部分，承载着城市文明和历史底蕴，是城市乡镇可持续发展的动力，得到了党和政府的高度重视。习近平总书记也多次就做好城镇化建设中文化遗产的保护，促进其在社会发展中发挥更好作用做出指示，提出"保护为主、抢救第一、合理利用、加强管理"的工作方针，切实加大文物保护力度，推进文物合理适度利用。

在新型城镇化背景下，文化遗产的保护可以说机遇与挑战并存。四川文

---

① 四川省县域经济学会课题组：《四川民族地区县域经济发展研究》。
② 唐剑、李虹：《四川藏区民族文化资源保护利用与新型城镇化建设协调发展研究》，《贵州民族研究》2016 年第 11 期，第 65～69 页。
③ 《2014 四川藏区实现总收入 323.97 亿元 形成旅游发展新格局》，人民网，2015 年 7 月 23 日，http://sc.people.com.cn/n/2015/0723/c345167-25697514.html。

化遗产历史悠久、内涵丰富，拥有建筑、遗址、馆藏、文学、工艺、饮食及民俗节庆等多种类型，且多具有较高的美学价值、经济价值和科研价值。但当前城镇化的快速推进不断挤压四川文化遗产的生存空间。有学者提出了遗址公园模式、文化广场模式、历史街区模式、旅游古镇模式、民俗节庆模式和实景演出模式等六种保护模式，为全面推进文化遗产保护与新型城镇化的协同发展提供若干参考借鉴。①

文化遗产是千百年的历史积淀，散落在城镇中的文物建筑不仅是珍贵的文化遗存，更承载着一个城市的记忆和丰富的历史信息。② 以安仁古镇为例，位于成都市大邑县的安仁古镇拥有 27 座民国老公馆、25 座现代博物馆、国内规模最大的近代地主庄园以及最大的博物馆聚落——建川博物馆，是中国唯一的博物馆小镇。安仁镇拥有较高的知名度，相关企业也积极参与共建。③

（四）以休闲文化凸显特色

要提高城市的核心竞争力，就要找出该城市文化中最具特色的地方，这也是在与其他城市进行竞争时的关键优势。④ 2013 年"第三届中国十大休闲城市"榜单公布，成都榜上有名。"中国十大休闲城市"由中国（国际）休闲发展论坛发布，每三年推选一次，在前三届"中国十大休闲城市"中，成都从未跌出榜单，成都休闲文化的基因可见一斑。休闲文化作为成都文化的重要特色，造就了天府之国的独特魅力。成都是蜀文化的集中性代表区域，历经 3000 多年历史积淀，其特殊的自然地理与历史沿革造就了成都独特的休闲文化，体现为以小吃、川菜、火锅三足鼎立形成的"吃"文化，

---

① 陈炜、王媛：《新型城镇化背景下四川盐文化遗产保护模式》，《社会科学家》2015 年第 11 期，第 92～96 页。
② 刘玉昕：《做好城镇化建设中文化遗产的保护》，《文物世界》2018 年第 3 期，第 55～56 页。
③ 陈泳、钟文：《投资 1200 亿 全面提档升级成都三个古镇》，《成都日报》2016 年 5 月 30 日。
④ 庞甲光、李荃辉、颜军：《成都周边城镇化进程中的休闲文化建设》，《前沿》2008 年第 11 期，第 134～137 页。

以老成都盖碗茶为特色的"喝"文化，以及以农家乐为代表的成都"游"文化等。[①] 休闲文化激发了人们的生活热情，促进了身心健康，推动了经济增长和社会进步，在提升城市核心竞争力和促进城镇化进展方面意义重大。因此，对休闲文化的研究十分必要。

作为文化建设的一部分，休闲文化不仅是城市文化辐射的必然要求，也是城市自身发展的需要。成都的休闲文化具有和谐包容、积极向上的特点，对改善社会风气、提高城市的整体文明程度发挥着不可估量的作用。不仅如此，随着改革开放的深入和社会结构的调整，加强休闲文化建设，对调控居民行为、加强组织管理等都有积极的作用。

保护生态环境是城镇化建设的关键因素和发展休闲旅游的基础。在科学规划的指导下通过招商引资的方式吸引人口、资本和物质等生产要素的集聚，推动区域经济多元化发展。为城镇化带来大量游客的同时，休闲旅游增加了城镇的就业机会，并利用其极具关联性的产业特征，带动城镇交通和基础设施的提升。[②]

成都市锦江区的三圣花乡积极打造融商务、休闲、度假、文创于一体的高端旅游休闲地区品牌，其以"花乡农居""幸福梅林""江家菜地""荷塘月色""东篱菊园"为主题的景点先后被国家旅游局、建设部、文化部等部门授予"国家 AAAA 级旅游景区""首批全国农业旅游示范点""中国人居环境范例奖""国家文化产业示范基地""市级森林公园"称号，成为全国城乡统筹发展的示范项目。

（五）以藏羌彝文化带动城镇化

在利用文化资源推动经济转型、实现就地城镇化的过程中，跨区域合作日益重要。一方面，依行政区划来规划利用文化资源、发展文化经济的现状与文化资源跨行政区划分布的特点相矛盾，这一点在少数民族文化资源的利用上尤为突出。另一方面，跨区域合作是城市协调发展的现实需要，事关我国城市的

---

① 《成都休闲文化经历了3000多年积淀》，《成都日报》2013 年 1 月 13 日。
② 刘云：《休闲旅游与区域城镇化互动融合实证研究》，《江淮论坛》2014 年第 3 期。

持续健康发展和我国全面现代化的整体布局，也是推进新型城镇化顺利发展的必然选择①，有利于推进跨区域的基础设施建设和生态环境保护，在实现大中小城市和小城镇合理分工、功能互补、协同发展方面起着积极作用。

因此，要推动西部地区的经济社会发展就要以新型城镇化建设为突破口，注重规划的战略性，加快新型城镇化与产业集群布局的联动发展，全面提高西部地区经济社会发展的水平。②建立和完善跨区域城市发展协调共进机制，同时，探索建立跨区域城市间的规划对接、产业分工协作等相关机制，着力打破市场分割，形成统一、开放、有序的市场体系。清理和废除妨碍区域统一市场和公平竞争的各种规定和做法，着力推进区域市场一体化进程。而上述所有机制都需要法律来保障，因此建立健全法律保障机制，形成城市间协调发展的法律法规框架显得紧急而必要（见图 8-3）。

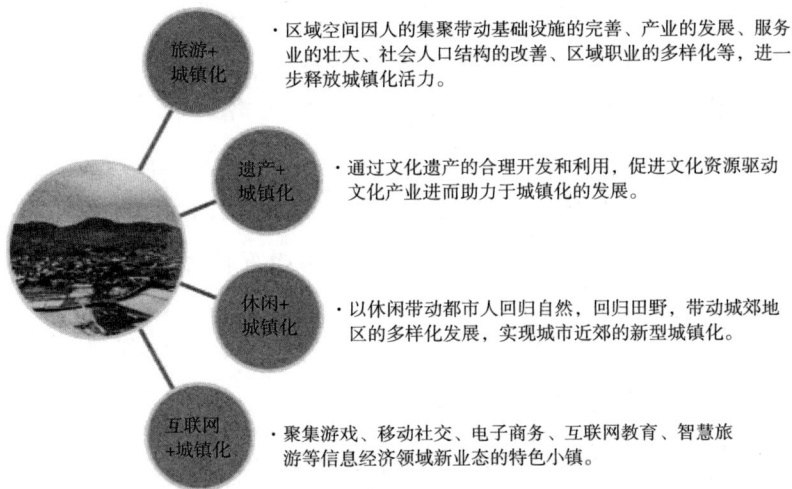

- 旅游+城镇化 · 区域空间因人的集聚带动基础设施的完善、产业的发展、服务业的壮大、社会人口结构的改善、区域职业的多样化等，进一步释放城镇化活力。

- 遗产+城镇化 · 通过文化遗产的合理开发和利用，促进文化资源驱动文化产业进而助力于城镇化的发展。

- 休闲+城镇化 · 以休闲带动都市人回归自然，回归田野，带动城郊地区的多样化发展，实现城市近郊的新型城镇化。

- 互联网+城镇化 · 聚集游戏、移动社交、电子商务、互联网教育、智慧旅游等信息经济领域新业态的特色小镇。

图 8-3 城镇化与产业集群联动发展

---

① 喻新安：《建立和完善跨区域城市发展协调机制》，《光明日报》2014 年 3 月 15 日。
② 张建军、段利民、赵祥翔：《新丝绸之路经济带跨区域合作机制研究》，《西安电子科技大学学报》（社会科学版）2016 年第 4 期，第 87～96 页。

文化部已经做出了有益的探索和尝试。为整合四川、西藏、云南、青海和甘肃五省（区）八州的民族文化资源，文化部联合地方政府制定了《藏羌彝文化产业走廊发展总体规划（草案）》，对上述区域进行整体性谋划，拟通过形成跨行政区划的合力将该地区建成国际文化旅游目的地、国家级文化与旅游融合发展试验区，为区域经济和文化发展提供了新思路。[①] 中共四川省委十届三次全会也特别强调要大力推进藏区和彝区跨越式发展，建设以"藏羌彝文化产业走廊"为核心区域的民族文化产业带。中央第五次西藏工作会议对于推进藏区实现跨越式发展和长治久安做出战略部署，要求切实把保障和改善民生作为藏区经济社会发展的出发点和落脚点，切实推进基本文化设施建设，提高精神文化产品供给能力，丰富各族群众的精神文化生活，为藏羌彝地区文化产业提供了良好的发展机遇和坚实的政策保障。

六　案例分析

（一）华侨城集团：以旅游推动城镇化的典范

当前，成都正全面贯彻落实《成渝城市群发展规划》，不断提升和完善经济中心、科技中心、文创中心、对外交往中心和综合交通枢纽功能，加速建设国家中心城市和国际化大都市。华侨城集团紧跟新型城镇化这一国家战略和成都的城市定位，结合自身经验，提出"文化 + 旅游 + 城镇化"创新发展模式，不断探索城镇化建设的新路径，是"中国新型城镇化的引领者"。[②] 通过与金牛区人民政府、大邑县人民政府、双流区人民政府合作，集团将天回、安仁、黄龙溪等地打造成国家级新型城镇化示范区，其在成都安仁古镇、黄龙溪古镇、天回古镇等的项目也已初见规模，同时广元、自

---

① 祁述裕、朱岚、高宏存、孙凤毅、曹伟、齐崇文、郭全中：《"文化资源与新型城镇化建设"研讨会观点摘要》，《行政管理改革》2013 年第 9 期，第 31 ~ 43 页。

② 《华侨城——中国新型城镇化的领跑者》，华侨城，2017 年 11 月 7 日，http：//www.chinaoct.com/hqc_ m/624043/624045/624048/index.html。

贡、宜宾等的项目相继落地，加快推动资源重整和升级改造，是文化旅游带动新型城镇化发展的典范。

2016年华侨城集团与成都文旅集团携手，投资100亿元在大邑县安仁古镇打造"中国文博第一镇"，欲使之成为国家级文化旅游度假目的地、国家级文化产业基地以及全国文化旅游带动型新型城镇化发展示范项目。[①] 此外，华侨城集团依托雄厚的文化旅游资源优势，积极投身文化产业建设，通过对文化主题景区、酒店、文化艺术、演艺、节庆、创意产业及相关产品制造等领域的经营，对文化资源配置进行优化，获得更多经济效益、社会效益和文化效益。下文将以华侨城集团的天回、安仁、黄龙溪三个项目为例具体说明"文化＋旅游＋新型城镇化"这一新型模式是如何运作和在城镇化过程中起作用的。

根据和金牛区人民政府签订的"文化北城核心区项目"合作协议，华侨城集团投资600亿元将天回打造成国家级新型城镇化示范区；与大邑县人民政府、成都文化旅游发展集团有限责任公司的"安仁项目"合作协议，将安仁打造成全国文化旅游带动新型城镇化发展的典范；与双流区人民政府的"黄龙溪项目"合作意向协议，将黄龙溪打造成集文化体验、科技创意、生态观光、度假休闲于一体的旅游目的地。

1. 安仁古镇

安仁古镇是中国文博第一镇，每年游客超过400万人次。[②] 华侨城集团和成都文旅集团的联手打造，会进一步推动安仁古镇文化旅游的发展和相关文化产业的入驻。

作为安仁发展的灵魂，博物馆在此次整体打造中得到了充分的重视与利用，安仁历史博物馆、中国民间国宝博物馆等大型藏馆定期举行世界知名博物馆和文化机构的巡展，虚拟现实、全息投影等高科技手段得到全方位应用。同时，引入文物鉴定、拍卖、发行等产业化内容，激活古玩市场。在此

---

① 陈泳、钟文：《投资1200亿 全面提档升级成都三个古镇》，《成都日报》2016年5月30日。

② 《文化＋旅游＋新型城镇化 华侨城打造成都三古镇》，四川省人民政府网站，2016年5月30日，http://www.sc.gov.cn/10462/10749/10750/2016/5/30/10382372.shtml。

基础上，现代会展业被引入安仁镇，中欧小城镇论坛、国际级艺术文化展览、大型室内街区演艺秀等同步落户安仁。博物馆、会展业、文创产业等文博集群的引入丰富了安仁镇的产业链，产业、文化、旅游"三位一体"和生产、生活、生态融合发展的模式向世界展示着"百年中国、四海安仁"的形象。

2. 天回古镇

天回镇是成都古老的旱码头、南方丝绸之路的起点，华侨城在对其进行改造之前，系统梳理了其历史文化背景，致力于将本土和国际进行融合发展，打造国际丝路文化新城和成都文化北城核心区。

作为成都主城区最大的综合开发项目，天回核心产业项目旨在以"一路两核七心"的重点布局将天回打造成为国际化的丝路文化新城。"一路"即体现蜀国历史与经典的"蜀道门廊"，天回镇是古蜀道的起点，世界级的文化瑰宝东汉汉墓就在这里出土，是输出四川历史和古蜀文化的窗口和西南地区承接丝路文化经济圈的一个支点。"两核"指向编年体式历史文化名镇的天回大观和世界最大的花园艺术——凤凰花雨。改造后的"两核"将丰富的文化底蕴和城市花园般的绿被植物融合起来，成为成都市的旅游门户和区域特色文化核心。"七心"是全新引入的项目，包括"丝路万国"、"天月湾"、创智公园、"丝路文心"、"冰雪世界"、"天回客厅"与"航空航天科技乐园"。项目涉及16.68平方公里和四川省484项非物质文化遗产。歌舞剧、文化创意产业园区、公共文化服务项目、山地特色园林艺术花园、露天音乐广场等将天回打造成集文化、旅游、生态于一体的国家级文化产业创意示范基地。

3. 黄龙溪古镇

黄龙溪古镇有2100多年的历史，是成都旅游人气最高的古镇和天府新区唯一的历史文化名镇。黄龙溪有丰富优质的生态资源，自然环境优越，完整体现了成都的自然生态景象。通过和双流区政府合作，华侨城集团投资500亿元对黄龙溪及其周边区域进行改造，拟将其打造成成都的后花园。华侨城对黄龙溪的打造不是简单的扩张，而是在古镇特色的基础上整合古镇水特色和文化资源将其塑造成成都最美"水"主题古镇。以黄龙溪原有的生态格局为底版构造"十里八湾"的新型布局，呈现黄龙溪的历史记忆、当代生活与未来发展，推动古镇生活与文科创产业的交融发展，为游客带来文化、生态与科创和谐交互的多元体验。此外，黄龙溪古镇还将全面提升管理和服务，将黄龙溪建设成为国家级文化创意产业基地、国家美丽乡村建设样板、国家级文化旅游新型城镇化示范区，整合古镇生活与文科创产业，展现历史记忆、当代生活与未来发展。

（二）洛带古镇：特色民族文化嵌入城镇化的有益尝试

位于四川省成都市龙泉驿区的洛带镇是四川省"百镇建设行动"中第三批试点镇，于三国时期建镇，历史悠久，古迹遍地，是客家文化的代表。[1] 2015 年 1 月第三批"百镇建设行动"名单公布后，龙泉驿区旅游局加快了对古镇的建设步伐，对八角井街、黄家河片区进行综合改造，对古镇核心区特色院落和"财神大道、三百神梯"等旅游景点在保护的基础上进行完善，并对以日前保存最为完整的乡村教堂——古镇基督教堂为核心的广场片区进行改造，为古镇注入更多的特色民族文化色彩。此外，洛带相关部门正加紧落实成都私家收藏博物馆集群项目、国际浓园公共艺术村项目以及客家民居建设，以改善旅游景区环境，推动产业发展。2017 年 10 月，洛带古镇入选成都市第一批非物质文化遗产特色小镇，成为特色民族文化与城镇化相结合的典型。

当前在民族地区进行新型城镇化建设也存在诸多问题，四川藏区在城镇化进程中就面临着民族文化资源保护力度不够、民族文化基础设施滞后、城镇体系发育不完善、城镇功能弱小的困境，而作为推动民族文化与城镇化互动发展的三个主要驱动力，政府、市场和文化必须在其中发挥作用。需要通过有效的政府引导机制、依托差异化发展模式、注重民族文化资源的开发与保护、加强旅游业与文化资源保护利用深度融合

---

[1] 《成都十大古镇获评首批"非遗特色小镇"你去过几个》，腾讯·大成网，2017 年 10 月 13 日，https://cd.qq.com/a/20171013/007031.htm。

等途径进一步促进四川藏区民族文化资源保护利用与新型城镇化建设的协调互动发展。①

（三）成都：诗歌之城的新型城镇化探索

十九大报告指出，要坚定文化自信，推动社会主义文化繁荣兴盛。成都早有"诗城"的美誉，诗仙李白生长在蜀，诗圣杜甫久居蜀中，也正因如此，韩愈将巴山蜀水的雄奇壮美与李杜诗歌的超拔绝伦有意识地联系在了一起，成为"自古诗人皆入蜀"的滥觞。成都的诗歌文化最早可以追溯到南北朝时期，彼时政治分裂，中华文明向南扩张，四川成为蜀国创立者的避难所，其地理位置的孤立使其孤悬于远古中原文化之外，为文学诗歌的创作提供了便利，从而在中华文化史上扮演了一个重要角色。大量吟咏成都的不朽诗作，不仅为我们研究成都的自然、人文和城市精神的传承、演变提供了独特的视角②，其遗迹也成为今天著名的旅游胜地。充满诗意的成都取得了持续的人文效应，诗已经成为一种生活方式，也成为推动新型城镇化的切实动力。

在成都大力推进文化建设的过程中，诗歌文化起到了关键作用，成都市民诗词文化的参与度也远超其他城市，如龙泉驿的乡村诗歌节和桃花诗会，都江堰的诗意柳街活动，广汉、新都、青白江三地联合举办的桃花诗会，青白江的樱花诗会，清源际诗歌吟诵会等，可以说诗歌文化造就了这座城市的精神和文化品格，为成都注入了城市魂魄，并持续推动着成都在文化领域的发展与创新。

七　总结

从文化角度思考文化资源、文化产业与城镇化建设的内在联系对于把握

---

① 唐剑、李虹：《四川藏区民族文化资源保护利用与新型城镇化建设协调发展研究》，《贵州民族研究》2016 年第 11 期，第 65～69 页。

② 汤巧巧：《新诗诗人笔下的成都文化》，《成都大学学报》（社会科学版）2015 年第 5 期，第 38～42 页。

文化建设在新型城镇化建设中的作用具有重要意义。城镇化建设不是人为的"造城运动"，而是产业发展带动相关元素集聚的自然过程。

城镇化最重要的是人的城镇化，因此文化建设是城镇化建设过程中必须加以考虑和重视的方面，要保护好传统文化资源，实现人口、资源、环境、生态、文化的发展，建立一种新的文化生态平衡。

城镇化建设必然会带来新的文化空间布局，在此背景下，如何传承原有文化，创造新的文化就成为我们必须予以重视和解决的问题。城镇化建设中对既有文化生态的破坏是致命性的，一旦毁坏就难以复原，成为城市建设的致命伤和文化发展的灾难，因此要释放城市文化活力、增强城市服务功能，为城镇化提供精神动力和智力支持。

参考文献

陈炜、王媛：《新型城镇化背景下四川盐文化遗产保护模式》，《社会科学家》2015年第11期。

邓静、徐邓耀、周光美、余霞：《乡村旅游与新型城镇化发展关系研究综述》，《安徽农学通报》2018年第14期。

李莺莉、王灿：《新型城镇化下我国乡村旅游的生态化转型探讨》，《农业经济问题》2015年第6期。

刘玉昕：《做好城镇化建设中文化遗产的保护》，《文物世界》2018年第3期。

庞甲光、李荃辉、颜军：《成都周边城镇化进程中的休闲文化建设》，《前沿》2008年第11期。

祁述裕、朱岚、高宏存、孙凤毅、曹伟、齐崇文、郭全中：《"文化资源与新型城镇化建设"研讨会观点摘要》，《行政管理改革》2013年第9期。

秦德智、赵德森、邵慧敏：《民族文化与城镇化的双螺旋耦合机制研究》，《思想战线》2016年第2期。

孙缘、夏学英：《新型城镇化视阈下辽宁省乡村旅游发展研究》，《中南林业科技大学学报》（社会科学版）2015年第3期。

唐剑、李虹：《四川藏区民族文化资源保护利用与新型城镇化建设协调发展研究》，《贵州民族研究》2016年第11期。

王琴梅、方妮：《乡村生态旅游促进新型城镇化的实证分析——以西安市长安区为例》,《旅游学刊》2017 年第 1 期。

徐碧英:《农村社区文化建设的问题和对策——以四川地区为例》,《黑龙江史志》2008 年第 16 期。

徐菁、蓝鹰、代曦:《新型城镇化背景下社区文化建设的问题与对策——以成都市龙泉驿区龙安社区为例》,《四川劳动保障》2016 年第 S1 期。

姚楠楠:《城镇化进程中的农村文化建设研究》,山西大学硕士学位论文,2013。

喻新安:《建立和完善跨区域城市发展协调机制》,《光明日报》2014 年 3 月 15 日。

张建军、段利民、赵祚翔:《新丝绸之路经济带跨区域合作机制研究》,《西安电子科技大学学报》(社会科学版)2016 年第 4 期。

第九章
文化体制改革

一 文化体制改革的相关概念界定

文化建设是我国社会主义初级阶段"五位一体"总体布局的核心内容之一,文化体制改革也是我国全方位改革事业的重要组成部分。[1] 与市场化的改革相比,我国的文化体制改革相对滞后,文化缺乏活力和竞争力,进一步深化文化体制改革是当前我国迫切需要解决的问题。

(一)文化体制的概念

文化体制作为促进文化发展的核心动力和灵魂所在,应该得到进一步的认识。文化体制是指为适应社会经济的发展阶段,文化产品一定的生产、管理和传播的具体形式和运行方式,主要包括文化生产组织、文化管理制度、文化管理形式、文化管理方法以及传播方式等。[2] 作为我国一种现存的体制,指的是文化领域内以单位为载体的各种社会关系总和的具体规约,以及文化个体和单位如何设置、运作的特定内在逻辑关系的制度安排。[3] 一个国家的文化体制是为了满足一定的国家文化管理职能而建立的,反映和表现了执政主体在一定历史时期关于国家文化管理的执政理念和执政追求,是基于

---

① 王海珍、陈少峰:《改进文化事业效率是深化改革的关键》,《中华儿女》2014 年第 5 期,第 42~43 页。
② 陶彦霓:《文化体制改革与文化创新》,《云南社会科学》2004 年第 4 期,第 118~123 页。
③ 傅才武、陈庚:《三十年来的中国文化体制改革进程:一种宏观分析框架》,《福建论坛》(人文社会科学版)2009 年第 2 期,第 105~115 页。

国家文化管理理论的目标以及政治设计。①

文化体制广义上指的是一个国家的政策系统，是在适应当下经济发展的文化生产、管理和传播形式的基础之上，为满足国家的文化管理职能而设计的；狭义上指的是以文化个体和单元设置与运作的制度安排。

（二）文化体制改革的概念

一些学者对文化体制改革的概念性举措进行了总结。文化体制改革是以发展为主题，以改革为动力，以体制创新、机制创新为重点，宏观上形成科学有效的文化管理体制，微观上建设富有效率的文化生产和服务运行机制，最终形成以公有制为主体、多种所有制共同发展的文化产业格局和统一开放、竞争有序的现代文化市场体系的过程。② 文化层面上的体制改革是以文化为核心，以发展为主题，解决文化生产关系与先进文化生产力之间矛盾的改革。③ 执政党为了使文化适应当下的政治、经济和社会发展的需要，以特定文化的意识形态为价值导向，按照计划和步骤，循序渐进地改变旧的文化发展体制等，并按照文化自身发展规律和社会主义精神文明建设的特点与规律，建立起一套新的文化体制和运行机制，以适应特定历史时期的政治、经济和社会发展。④

基于此，文化体制改革主要是国家制度层面上的改革，是在遵循社会主义经济建设规律的基础之上改良旧有的文化体制或建立一套全新的文化体制和运行机制，以适应当前社会主义市场经济发展的要求。

（三）文化体制改革的切入点

只有在适应先进文化的发展要求，遵循市场经济规律的前提下，才能充

---

① 崇尚伟、温洪泉等：《文化产业导论》，复旦大学出版社，2010，第228页。
② 《中共中央国务院关于深化文化体制改革的若干意见》，《人民日报》2006年1月13日。
③ 解学芳：《文化体制改革：文化产业的一项制度安排》，《学术论坛》2007年第8期，第138~141页。
④ 邱仁富：《改革开放三十年我国文化体制改革论纲》，《甘肃理论学刊》2008年第4期，第41~44页。

分发挥文化产业发展的动力作用。① 中国文化体制改革的主要问题是体制内部改革比体制外部改革更快，外部改革比核心体制改革更快。② 学界认为深化文化体制改革是文化发展的根本出路：文化体制改革与文化创新相互促进，文化体制改革应该从宏观的国家文化管理体制、文化产业政策的创新、法律制度的建设，中观的行业协会、行业规范体系的创新，微观的企业文化事业和组织管理体制创新三个方面进行。③ 要明确文化单位和部门的改革目标定位，理顺文化行业的管理性资源和经营性资源，实现管理和举办的分离。④

二 文化体制改革的必要意义

（一）促进文化产业结构调整的需要

当前的文化产业形式较为单一，随着新兴技术的日新月异以及在文化和经济领域的深入应用，传统的文化产业形式难以适应时代的新要求。首先，只有通过文化机制、体制的创新，通过文化体制改革和科技创新的结合，才能改变固化的发展理念，从注重传统的演艺娱乐、出版印刷、民俗文化产业的发展，向注重文化新业态的发展转变。其次，打破行业体制隔阂，才能在现有产业资源的基础之上，促进文化资源与新技术、新业态结合，发展新型的文化创意产业，推动文化产业实现跨越式升级，完善文化市场布局。最后，突破市场准入门槛，才能为文化市场培育大批优质主体，以竞争力带动文化市场活力的提高，营造科学完善的文化生态市场，推动文化由依靠第二产业带动转变为依靠第一、第二、第三产业联合带动。

① 朱三平：《文化体制改革与文化产业发展论析》，《求索》2004 年第 11 期。
② 杨琳：《二十年来文化体制改革进程评估》，《江汉大学学报》（人文科学版）2006 年第 2 期。
③ 丁和根：《文化体制改革：关键在于制度创新》，《新闻界》2004 年第 2 期。
④ 傅才武：《行业差异与深化文化体制改革的实现途径》，《江汉大学学报》2005 年第 3 期。

（二）提高文化领域自主创新能力的需要

当前，我国文化领域普遍存在的问题是缺乏自主创新能力，而文化体制改革则是提高自主创新能力的突破口。文化体制改革偏重制度层面上的创新，注重为文化产业的发展提供创新的文化政策环境，应以"创新""融合"为导向推进文化资源与科学技术结合，提高我国文化领域的自主创新能力。传统的文化产业过于单一，已经无法适应新时代的要求，只有结合现代科技，以制度改革助推文化产业发展模式的转变，才能推动文化产业实现跨越式发展。必须加快文化体制深化改革的步伐，大力推进文化资源与高新技术的结合，培育先进文化，为文化领域的创新再添活力。

（三）满足受众日益增长的精神文化需求的需要

文化是由人民创造的，也要服务于人民。而随着生活水平的提高以及新时代的到来，人民群众的需求已经从"物质文化的需要"发展成"美好生活的需要"。同时，与之对应的文化矛盾也由"落后的文化生产"转向"文化发展不平衡不充分"。通过文化体制改革，促进文化产业转型，才能促进文化适应当前经济发展的新常态、对接新的社会需求。当前，文化体制改革的重点之一，就是完善文化产品的供给侧结构性改革，通过公共服务体系的进一步完善以及文化产品供给能力的提高，为人民群众提供更丰富、更优质的公共文化产品和服务，满足人民日益增长的精神和文化需求。同时，推进文创产业改革的举措，也能开发文化市场的创意，以"文化产品＋创意"的模式满足年轻化、时尚化的受众需求。

（四）扩大内需的需要

文化体制改革能够促进文化市场的发展和繁荣，进而提高文化产品和服务的供给能力。文化市场供给力的提高，能够刺激居民的文化消费，促进消费、投资及出口"三驾马车"的协调发展，为文化经济的发展提供支撑。当前，文化消费已经成为重要的经济增长点，也是扩大内需最具潜力的领域之一，但当前单一的文化产品和服务，无法满足受众的消费需求。只有通过文化体制改革的进一步深化，才能促进文化资本同社会资本相结合，以文化市场竞争促进文化产品和服务升级，提供多元化、多样化的文化产品和文化服务，增加社会对文化消费的整体预期，带动居民的文化消费欲望，进而拉动内需。

（五）拓展国际发展空间的需求

抓住市场环境、时代机遇，利用深化文化体制改革的政策支持，是促进中华文化"走出去"、拓展国际发展空间、增强文化软实力的需要。[①] 当前，我国存在文化知名度高但文化产品国际影响力不大的矛盾。十六大报告明确指出文化领域也要实施"走出去"战略，"十三五"规划中又明确提出要完善文化开放格局，讲好中国故事、传播中国声音。我国高度重视文化对外交流、对外传播，依靠扎实的政策保障，提供信息服务平台和人才培养基地，促进文化产业不断升级。这一系列举措能够促进国际知名文化品牌的建设和发展，为推动中华文化"走出去"注入新的活力；能够促进国际知名市场主体和文化企业的培育，从而促进我国文化经济的发展；能够充分利用国际国内两种资源、两个市场，增加文化对外贸易，促进我国文化的国际交流。

三　全国文化体制改革的进程

（一）第一阶段：萌芽阶段（1978～1992年）

1978年，中国共产党第十一届中央委员会第三次全体会议顺利召开，改革开放的征程随之正式启动。随着经济的发展，文化逐渐复苏，文化事业也进一步繁荣，固有文化体制的弊端逐渐暴露出来，越来越无法适

[①]　陈顺江：《评英文版歌剧〈红楼梦〉对中国文化走出去的成功探索》，《戏剧文学》2018年第11期，第92～95页。

应新经济体制的要求。与当时文化体制相对应的行政管理机制也存在诸多问题。首先，结构体系不够完善，大批专业文艺团体同质化，浪费了众多人力、物力和财力资源；其次，采用单一的公有制经济体制，文艺团体的所有支出都源于国家财政，加重了国家财务负担；再次，当时的分配制度也并不完善，并且存在严重的平均主义，个人收入与个人演艺付出联系不大；最后，行政人事制度涣散，缺乏准入审核制度、人才流动机制以及淘汰机制，导致机构臃肿，很难调动文艺工作者的积极性。在文化事业各项体制都需要进一步完善的复杂背景下，文化体制改革迫在眉睫（见表9-1）。

表9-1　全国文化体制改革第一阶段概览

主要特点	主要进展
(1)建设具有新民主主义革命时期解放区体制特色的文化 (2)建立在扬弃"文革"时期文化体制的基础之上 (3)苏联模式加以中国化的体制产物 (4)与社会主义计划经济体制相适应 (5)文化体制具有正面的导向和教化作用,促成了系列优秀作品、出现了众多优质人才	(1)按照《关于艺术表演团体的改革意见》的精神指示,开始改良和精简艺术团体的布局,改革市县专业文艺团体 (2)开始借鉴经济体制改革中的"承包责任制"这一重大举措,促进改革文化单位,着力解决国家统包统管、分配不均等问题 (3)"全面所有制"和多种所有制双轨并行。在《关于艺术表演团体的改革意见》和《关于加快和深化艺术表演团体体制改革的意见》[1]两个文件精神的指导下,我国艺术表演团体开始由政府统包统管向多种所有制形式转变。《关于进一步繁荣文艺的若干意见》又明确提出了实行少数全民所有制院团和多种所有制艺术团体"双轨制"的具体改革意见[2]

注：[1]《中国改革全书·文化体制改革卷》，大连出版社，1992，第4页。
[2]韩永进：《中国文化体制改革32年历史叙事与理论反思》，中国艺术研究院博士学位论文，2010。

（二）第二阶段：探索阶段（1992~2002年）

1992年，邓小平南方谈话进一步解放了思想，党的十四大也顺利召开，我国的改革进入了一个新阶段，同时，文化发展也逐步积累经验，开启了改革的进一步探索。随着改革开放的深化，社会主义市场经济的基础不断壮

四川文化经济报告（2018）

大，为文化改革的进一步深化奠定了扎实的根基，也为文化体制改革提供了新的方向，文化体制改革稳步推进（见表9－2）。

表9－2　全国文化体制改革第二阶段概览

主要特点	标志性进展
（1）文化体制改革的认识水平进一步提高。中共十四届六中全会指出，深化文化体制改革是文化事业发展、繁荣的根本出路① （2）文化的产业属性得到进一步认识。《中共中央关于制定国民经济和社会发展第十个五年计划的建议》第一次以正式文件的形式明确了"文化产业"的概念，标志着我国对文化产业属性的认可 （3）文化市场初具规模	（1）深化文化艺术院团的内部改革，建立健全内部竞争激励机制。改革国家经费投入机制，实行演出补贴制，多演多得 （2）设立专项资金支持优秀创作、艺术精品，激发院团的竞争活力，调动起生产创作的积极性 （3）改革电视台以及广播电台等的预算管理机制，实行预算包干的管理模式。"费用包干、结余留用、超支不补" （4）建立起了包括演出、影视音像、文化娱乐、图书报刊以及文化旅游在内的社会主义文化市场体系，规范文化市场行为，文化市场初具规模 （5）建立健全文化单位把社会效益放在首位的保障机制 （6）完善法治建设。国家陆续出台和颁发了包括《著作权法》《广播电视管理条例》等在内的，涵盖舞台艺术、新闻出版、广播影视、文化经济等诸多领域的200多部法律法规、管理条例、政策性文件 （7）以集团化建设为突破口。《中央宣传部、国家广电总局、新闻出版总署关于深化新闻出版广播影视业改革的若干意见》创造性地提出了要以集团化建设为重点和突破口，组建一批综合性的大型文化集团

注：①《中共中央关于加强社会主义精神文明建设若干重要问题的决议》，《人民日报》1996年10月14日。

（三）第三阶段：全面展开阶段（2002～2012年）

2002年十六大的召开确定了未来一个阶段党和国家的总的奋斗目标和行动纲领。这一阶段，全国文化领域体制改革的步伐明显加快，文化体制改革的方向、切入点以及主要任务更加明确。① 全国各省份在党中央的领导下积极探索文化体制改革的试点工作，文化体制的改革工作全面展开，改革的方向更加明确、方法也更加清晰（见表9－3）。

---

① 刘彦武、路卓铭：《从文化自觉到文化主动：新时期党的文化行动路线》，《中共四川省委省级机关党校学报》2008年第1期，第84～85页。

表9－3　全国文化体制改革第三阶段概览

主要特点	主要进展
(1)文化体制改革兼具我国市场经济体制改革的特色 (2)理论和实践结合探索。一方面文化体制的理论基础不断夯实,另一方面实践层面也有很大突破 (3)以"国有文化事业单位转企改制"为主要切入点重塑国有文化市场 (4)政策性导向作用明显	(1)2002年明确了文化事业和文化产业的界限,提出文化事业、文化产业要协调发展 (2)2003年6月召开全国性的文化体制改革试点工作会议,专门研究文化体制改革试点工作的部署 (2)《完善社会主义市场经济体制若干问题的决定》进一步明确和深化文化体制改革的目标,"突出文化建设在三个文明协调发展中的基础性和战略性地位"① (3)《中共中央关于加强党的执政能力建设的决定》指出,要根据社会主义精神文明建设的特点和规律,遵循我国市场经济的特色 (4)文化部门陆续出台了多项政策举措,鼓励和支持民营企业投资文化领域,助推民营企业转变为文化产业的主力军,主要通过分离改制、整体改制以及直接进行股份制改造推进改制工作 (5)《关于深化文化体制改革推动社会主义文化大发展大繁荣若干重大问题的决定》指出,增强中华文化的世界影响力和感召力,实施文化"走出去"工程

注:①罗开福:《对基层先进文化建设的思考》,《四川行政学院学报》2005年第5期,第102~104页。

(四)第四阶段:全面深化阶段(2012年至今)

2012年9月26日召开的"全国文化体制改革工作表彰大会"指出,中央确定的文化阶段性改革任务已基本完成,文化建设的新局面初步形成,开辟了一条中国特色的文化发展道路。中共十九大报告指出,我国新时代的主要社会矛盾转变为人民日益增长的美好生活需要和不平衡不充分的发展之间的矛盾。① 为了更好地保障人民的基本文化权益,应全面提高我国人民的思想道德水平和科学文化水平,不断增强中华文化的国际影响力和号召力(见表9－4)。②

---

① 卫中旗:《我国社会主要矛盾转化与经济发展质量提升》,《中共云南省委党校学报》2018年第2期,第20~23页。
② 《十八大以来重要文献选编》(上),中央文献出版社,2014,第24页。

表9－4　全国文化体制改革第四阶段概览

主要特点	主要进展
(1)文化体制改革全面深化 (2)初步形成了中国特色社会主义文化改革道路 (3)坚持"五位一体"，强调文化自信 (4)坚持文化强国战略同世界文明发展趋势的辩证统一 (5)坚持文化理论层面的创新与文化实践层面创新的统一	(1)强化文化体制改革顶层设计。《关于全面深化改革若干重大问题的决定》指出推进文化机制体制的创新；《深化文化体制改革实施方案》指出文化机制体制改革阶段性的路线图、时间表和任务书；《国家"十三五"时期文化发展改革规划纲要》指出完善现代化文化市场体系和产业体系，对文化体制改革创新等作了系统规划 (2)按照政企分开、政事分开的原则，促进文化管理由"办"向"管"转变。2013年至2017年，文化部取消了3项文化领域的行政审批事项，国家新闻出版广电总局取消了15项文化行政审批事项，国家文物局取消了3项行政审批事项[1]；《关于进一步深化文化市场综合执法改革的意见》指出重视文化市场管理工作，推进文化市场体系的现代化建设 (3)公共文化服务体系的现代化建设。《关于加快构建现代公共文化服务体系的意见》对推进公共文化服务均衡发展、激发公共文化服务的发展动力、提升公共文化产品和公共文化服务的供给力等方面进行了全面规划；中共十八届三中全会总体部署构建现代化公共文化服务体系的战略要求；2017年《中华人民共和国公共文化服务保障法》正式施行[2] (4)实施文化强国战略。《关于加快发展对外文化贸易的意见》指出改善贸易结构，提高文化对外贸易占贸易总额的比重；《关于进一步加强和改进中华文化走出去工作的指导意见》指出向世界阐释中国文化，展示中国特色；《文化部"一带一路"文化发展行动计划(2016—2020年)》指出健全文化对外交流合作机制，打造文化交流品牌；十八大报告更是明确提出要"扩大文化对外开放，吸收和借鉴国外的优秀文化成果"[3]

注：[1]国务院审改办：《2013年以来国务院已公布的取消和下放国务院部门行政审批事项》，《人民日报》2017年2月10日。

[2]陆晓曦：《从全面保障到具体落实：〈公共文化服务保障法〉和〈公共图书馆法〉重点内容比较分析》，《图书馆》2018年第4期，第1～6页。

[3]《十八大以来重要文献选编》（上），中央文献出版社，2014，第24页。

四　四川文化体制改革的进程

碍于体制性因素、政策性因素等诸多因素，传统文化体制成为川蜀文化发展和繁荣的桎梏。作为文化大省，基于四川社会、经济的发展需求以及川蜀文化自身发展的需求，文化体制改革对四川省而言显得尤为重要。党的十一届三中全会以后，四川省文化领域的体制改革开始转入一个新的发展时期。以"振兴川剧"为起点，四川文化活力得到充分释放，川蜀艺术作品日趋繁荣，文化市场越发壮大；以三星堆遗址发掘为突破点，文化遗产的抢救保护工作更为有力，带动了四川文物保护工作的全面进步。改革开放后，四川文化体制改革的环境和条件不断完善，与全国文化体制改革的进程相一致，大致经过了释放文化活力阶段、增强文化实力阶段、解放文化生产力阶段以及扩大文化影响力阶段四个进程。

（一）第一阶段(1978～1992年)

这一阶段，根据中央提出的文化体制改革目标和改革任务的指示，四川省文化体制的改革工作逐步启动。改革的主要着力点在于全面启动遗产保护工作，实现文化艺术新突破，激发艺术创作的活力，不断满足居民日益增长的精神文化需求，完善文化市场。同时，率先探讨文化市场、文化产业以及文化经济等理论，为文化体制改革提供理论支撑和决策意见（见表9-5）。

表9-5　四川省文化体制改革第一阶段概览

时间	改革策略及成果
1978～1992 年	(1)我国第一部文物保护工作地方性法规——《四川省文物保护管理办法》出台，并于1985 年修正，峨眉山和乐山大佛被列入世界文化与自然遗产名录,四川文物保护工作率先启动[1] (2)1983 年政府工作报告指出："文化部门、艺术部门、新闻部门、出版部门、广播部门以及电视部门等机构要以不断提高文化产品的质量为中心，有领导、有步骤地进行改革。"这一阶段中央明确文化体制改革的重点是艺术院团的改革。[2]四川省根据文件精神指示，全面调查省内艺术表演团体的演出情况，并提出改革意见 (3)"文化市场"这一概念提出后，四川省两次召开"文化市场理论研讨会"，大批结合全国文化市场背景的理论应运而生，为解决文化发展中的新问题提供了支撑

注：①郑晓幸：《四川文化繁荣发展与西部文化强省建设》，《四川戏剧》2009 年第5 期，第4～11 页。

②历年政府工作报告。

（二）第二阶段（1992～2002年）

随着全国文化体制改革进入深化阶段，四川省的文化体制改革也进一步深化。作为邓小平的故居，邓小平理论在四川省文化体制改革中具有重大的指导意义。在邓小平南方谈话精神的引领下，四川省率先制定和执行文化经济政策及文化娱乐税返回政策。四川省以电影发行放映机制的改革助推全省文化体制改革的全面展开，成为全国文化体制改革的领跑者（见表9-6）。

表9-6 四川省文化体制改革第二阶段概览

时间	改革策略及成果
1992~2002年	（1）1993年，《四川戏剧》杂志开辟"文化经济政策研究"专栏，率先开展文化经济方面的研究，为全省乃至全国文化体制改革工作的进行提供了成功借鉴 （2）1993年，全国电影发行机制改革工作启动，电影发行权向市场开放。四川省电影公司转变电影垄断发行的方式，面向市场发行。1995年，四川省电影公司又联合中影公司成立了西南影业有限责任公司，这是中国电影行业第一家以资本为纽带组建的公司，为四川省电影产业寻找到了新的发展方向

（三）第三阶段（2002~2012年）

四川省先行试点建立文化产业集团，改革取得重大突破，文化体制改革工作全面深化。同时，按照中央下达的文化体制改革的指令，借鉴全国市场经济体制的改革经验，打破传统的文化发展模式，领导新兴产业业态发展，推动四川文化实现大跨步、大繁荣、大发展（见表9-7）。

表9-7 四川省文化体制改革第三阶段概览

时间	改革策略及成果
2002~2012年	（1）2003年6月，新华发行集团被确定为全国文化体制改革试点企业集团，四川省委省政府旋即从体制、机制等方面进行全方位转变，将省内新华书店持有的国有资产授权于集团公司经营。2004年，四川省被确定为"不是试点的综合改革试点省份"。《关于加快我省文化体制改革和文化产业发展的意见》的出台为试点工作提供了政策支持，同时四川省文化体制改革和文化产业发展领导小组成立① （2）2004年底，投资2000多万元打造了锦里民俗休闲股份公司。一改传统政府财政包揽的投资模式，开创了政府、民间资本和员工共同持股的先河 （3）2008年6月，成都宽窄巷子宣告开街；2011年9月，我国第一家主题音乐公园——东郊音乐公园开园，四川省的新兴文化产业不断绽放

注：①李忠鹏：《四川文化体制改革：挑战与选择》，《经济体制改革》2006年第3期，第44~48页。

（四）第四阶段（2012年至今）

四川省把握文化体制改革全面深化的发展机遇，全面贯彻中央精神，发力文化体制改革，促进文化体制改革工作不断推进。这一阶段四川省主要致力于加快体制创新、促进产业融合、提高国际知名度以及强化知识产权建设等，促进全省文化在创新中呈现出良性发展的局面（见表9－8）。

表9－8 四川省文化体制改革第四阶段概览

时间	改革策略及成果
2012年至今	（1）《四川省深化文化体制改革实施方案》从9个方面着手对2014～2020年省内文化体制改革工作进行了全面系统规划，并明确了2017年取得的阶段性改革成果，计划2020年全面完成各项改革工作 （2）贯彻《关于推动国有文化企业把社会效益放在首位,实现社会效益和经济效益相统一的指导意见》的精神,建立健全"管人、管事、管资产、管导向"的国有文化资产管理体制①,实行股份制改造,推动国有企业向现代化企业转变,加大文创、金融合作,拓宽文创企业的融资渠道 （3）加快产业融合。打造"三城三都"城市品牌,培育一批包括成都传媒集团、成都市广播电台在内的国有和域上和美、浓园等在内的民营文化企业。打造文创全产业链,成立了天府文化研究会,并拥有10家国家级文化产业示范园区、23省省级文化产业示范园区以及15家市级文化产业示范园区② （4）全力打造国际化品牌。举办中国成都博物馆博览会、成都国际音乐诗歌季、成都国际非物质文化遗产节等文化创意品牌节（会）活动,并于2017年在香港地区和波兰举办"成都建设国家西部文创中心"专场活动,提升四川省的知名度和品牌吸引力 （5）强化知识产权保护及交易。推动建立四川省知识产权服务促进中心和四川省成都市知识产权交易中心,保护和推广本省的文化商标

注：①曾登地：《深化文化体制改革 加快建设全国重要的文创中心》，《先锋》2018年第4期，第43～45页。
②曾登地：《深化文化体制改革 加快建设全国重要的文创中心》，《先锋》2018年第4期，第43～45页。

五 四川文化体制改革的现实依据

当前，四川正处于文化消费的快速升级期，但四川省的文化产品和服务供给与人民日益增长的精神需求之间存在不平衡的关系。只有进一步深化文化体制改革，才能为西部经济发展高地的建设提供软实力支撑，应"从四川省全局的战略层面研究部署文化改革与发展，保证文化建设与全省的经济建设和社会发展状况协调统一"。①

（一）文化产业管理体制僵化，发展观念固化

四川虽然在综合指数、生产力指数、影响力指数上位居前列，但在反映政府推动文化产业发展的态度和力度的驱动力指数上却是中等偏后②，这主要源于四川的文化管理体制和文化产业发展观念不够先进。在四川省有重要位置的四川报业集团、四川广播电视集团、四川新华发行集团等主要采取的仍旧是集团式、事业制的管理模式，领导岗位众多，体制相对臃肿，新生力量相对较弱，缺乏活力。尤其，四川文化集团的组建更是行政撮合的结果，有的甚至是"拉郎配"，大而不强。③ 体制性障碍和旧有的产业发展观念成为制约四川省文化产业的主要因素，导致割裂文化产业发展与经济、政治发展的内在机理。文化产业的发展应该置于当前的经济、政治背景之下，摈弃计划经济模式下单一的事业型管理体制，向产业型转变；文化发展观念应随时代更新，关注其商品属性，依靠竞争繁荣文化市场。

（二）文化产业发展地区性失衡

文化产业失衡主要体现为文化产业的市场失衡、文化产业资本失衡以及经济指标悬殊。成都、德阳、自贡、绵阳、南充五市占四川省文化单位总量的51.1%，而成都更是占据了全省实收资本的57%，成都市文化单位平均资产总量是全省平均规模的2.6倍。④ 经济指标悬殊在前面章节的指数分析

---

① 《中共四川省委关于深化文化体制改革加快建设文化强省的决定》，四川新闻网，2011年11月7日，http://scnews.newssc.org/system/2011/11/18/013370531.shtml。

② 刘彦武、李明泉：《四川文化强省建设与文化产业发展实践与探索》，《新西部》2018年第19期，第55~56、61页。

③ 李忠鹏：《四川文化体制改革：挑战与选择》，《经济体制改革》2006年第3期，第44~48页。

④ 贾敏：《文化体制改革与四川文化强省建设初探》，《经济师》2006年第2期，第269~270页。

中也有明显体现，成都市文化经济发展指数 93.5，远超四川省内其他地区，高居榜首，占有四川省绝大部分的文化资源和文化发展优势。出现这种情况的首要原因是，社会资本在与国有资本的较量中，国有资本具备完全的强势地位。四川省各市县的文化机构设置和改革不够充分，成都作为四川省的省会和政治中心，占据了政府投入的主要部分，拥有四川省最为完善的市县机构设置和职能体系配置，而周边各市县的文化机构体系建设执行力与成都相比处于弱势地位。因此，国有文化单位主要位于成都且占据了四川主流文化领域，其他地市分散的小企业无法与之比肩，甚至还有被兼并的风险。

（三）文化企业类型单一、规模偏小

目前，四川省的文化产业仍旧依靠传统的文化制造业、文化批发零售业带动，而文化创意产业和设计服务业处于劣势。受传统文化体制的约束，国有资本占据了文化发展的主要地位，社会资本很难进入文化领域之中。这就导致有社会资本注资的文化企业起步较晚，且大部分是中小企业。而且，由于文化体制僵化，政府更多的是注重文化的政治功能，对文化产业属性的认识有待加强，政府投入不够，导致四川文化产业总体规模较小，文化产业增加值占 GDP 的 4.02%，比全国低 0.12 个百分点，仅居全国第 11 位[①]，没有充分发挥四川省的文化市场潜力。

（四）文化产业融资渠道单一

虽然，四川省初步形成了国家资本和集体资本积极参与的多元化文化市场资本格局，非公有制的比重不断提高，但从整体来看，政府资金扶持和银行贷款是四川省文化产业融资的主要渠道和方式，且由于目前四川文化企业的资产仍旧是以版权为主的无形资产，自有资金缺乏，银行抵押不足，社会资本注入文化产业领域的渠道未能打通，难以发挥出文化市场的作用。因

---

① 　四川省统计局：《产业规模稳步发展，创意产业引领强——2017 四川文化产业"成绩单"》，《四川省情》2018 年第 3 期，第 30 ~ 32 页。

此，要深化文化体制改革，打通社会融资渠道，采取股票融资、资产证券化、众筹等多种融资方式，全面激发文化市场的资金活力。

六　四川文化体制改革的政策依据

深化文化体制改革是十六大做出的重要战略部署，随着文化体制改革的不断深化，党中央、国务院以及相关政府机构多次出台与文化体制改革相关的配套政策、意见，逐步形成了我国文化体制改革领域专门性的政策体系，为文化体制改革的全面展开提供了有力保障。四川省按照党中央文件精神的指导，结合本地实际，在文化体制改革的道路上不断尝试（见表9-9至表9-17）。

表9-9　《中华人民共和国国民经济和社会发展第十一个五年规划纲要》

发布机关	主要内容	关键词
国务院	(1)建立完善的文化管理体制,保证党委的领导和政府的管理,同时带动行业自律以及企事业单位的依法运营。打造富有活力的文化生产经营体制 (2)改善政府对公共文化单位的扶持方式,增强其活力 (3)进一步推进经营性文化事业单位的转制,形成一批有较强自主文化创新能力、市场核心竞争能力的文化企业和大型集团 (4)完善文化产业政策,促进民族产业发展,形成以公有制为主体、多种所有制共同发展的文化产业格局和以民族文化为主体、外来有益文化为辐射的文化市场格局 (5)加强对文化市场的综合执法和对互联网的管理,积极倡导企业文化建设	活力体制 文化事业转制 自主创新 文化市场 企业文化

表9-10　《国家"十一五"时期文化发展规划纲要》

发布机关	主要内容	关键词
中共中央办公厅 国务院办公厅	(1)优先发展公共文化服务建设,大力推进公益性文化事业 (2)明确公有制在文化产业发展中的主体地位以及文化领域产业化和市场化的体制性界限 (3)提倡文化创新,突出内容创新的核心地位,助推科技与文化的融合,提升文化领域的自主创新能力和核心竞争力	公共优先 体制界限 文化创新

表9-11　《文化产业振兴规划》

发布机关	主要内容	关键词
国务院	(1)作为第一部文化产业专项规划,文化产业开始成为国家的战略性产业 (2)发展文化创意、影视制作等重点文化产业,加大对重点文化产业领域的扶持力度,实现跨越式发展 (3)着力建设一批具有强大示范效应和巨大拉动作用的重大文化产业项目 (4)推进文化产业园区建设,完善文化产业基地布局 (5)利用数字、网络等高新技术,大力发展新兴文化业态 (6)扩大文化产业融资渠道	专项规划 文化创意 重大文化产业项目 示范园区/项目 新业态

表9-12　《关于深化文化体制改革推动社会主义文化大发展
大繁荣若干重大问题的决定》

发布机关	主要内容	关键词
中共中央办公厅	(1)努力推进社会主义文化强国建设 (2)落实"二为"方向,贯彻"双百"方针,为人民供应更多、更好的精神食粮 (3)大力支持公益性文化事业建设,进一步维护人民的基本文化权益 (4)促使文化产业成为国民经济支柱性产业 (5)壮大文化的人才资源建设,为我国文化发展繁荣提供智力支撑	文化强国 文化权益 支柱性产业 人才建设

表9-13　《国家"十二五"时期文化改革发展规划纲要》

发布机关	主要内容	关键词
中共中央办公厅 国务院办公厅	(1)推进公共文化服务体系进一步完善 (2)实现文化产业体系化建设,完善文化产业的发展格局,加大文化的科技建设和创新发展 (3)培育文化市场的主体,健全现代化市场体系,促进文化产品和服务在全国范围内合理流动 (4)加快对文化产品创作生产的引导 (5)加强传播体系建设 (6)加强文化遗产保护传承与利用 (7)加强文化对外交流与合作 (8)加强文化人才队伍建设	科技创新 文化消费 产品流动 保护传承 对外交流

表9-14　《关于加快推进文化创意和设计服务
与相关产业融合发展的若干意见》

发布机关	主要内容	关键词
国务院	（1）统筹各类资源，推动文化创意产业和设计服务产业实现专业化、品牌化、集约化发展，推进重点文化领域的深度融合 （2）培养高素质人才，培育一批拥有自主文化知识产权的文化企业，打造具有国际影响力的品牌 （3）拓展物质和非物质文化遗产的利用渠道，通过产业与市场相结合实现文化遗产的体系化传承和可持续发展 （4）加快内容产业的数字化发展，助推文化产品、文化服务的生产、传播和消费的数字化和网络化	融合发展 国际品牌 可持续 数字内容

表9-15　《关于推动特色文化产业发展的指导意见》

发布机关	主要内容	关键词
文化部 财政部	（1）明确了特色文化产业的概念，特色文化产业的建设要依托各地独特的文化资源，通过创意转化、科技提升和市场运作来实现 （2）实现中华传统优秀文化的创造性转化和创新性发展，建设有地域特色和历史记忆的特色街区、特色村镇 （3）坚持培育特色文化品牌，实施"一地一品"战略 （4）建设区域性特色文化产业带和特色文化产业示范区	特色文化产业 传承创新 一地一品 产业带、示范区

表9-16　《四川省深化文化体制改革实施方案》

发布机关	主要内容	关键词
四川省文化厅	（1）加快完善文化管理体制和加深文化生产经营机制建设 （2）保证公共服务体系的现代化、市场体系的现代化、传统文化传承体系的系统化 （3）提高文化产品和服务的质量 （4）拓宽我省特色文化走出去的渠道	现代化 走出去 特色文化

表 9 - 17　《国家"十三五"时期文化发展改革规划纲要》

发布机关	主要内容	关键词
中共中央办公厅 国务院办公厅	(1)坚持文化发展的创新化、协调化、绿色化、开放化以及共享化,将新发展理念贯穿于文化发展全过程 (2)活跃繁荣精神文化产品创作,建立现代传播体系,促进文化设施网络基本形成 (3)做优做大做强一批文化产业和文化品牌,尽快使文化产业成为支柱性产业 (4)完善文化的开放格局,进一步传播好中国声音,讲好中国故事 (5)拓展群众的精神文明建设活动,深入推进公民道德建设工作 (6)繁荣文化产品生产创作,推动文化内容形式创新,发展网络文艺等新型文化产品	新发展理念 文化设施网络 文化品牌 中国故事、声音 群众性 文化形式创新

七　四川文化体制改革的经验依据

(一)国外发展经验借鉴

国外对于文化体制改革并没有一个明确的规定和概念,但是国外文化产业发展起步较早,发展更为深入,其发展模式值得深入学习。国外的文化产业发展模式主要包括竞争 - 保护模式、集约化经营模式、产业综合模式以及特色产业推动模式。

1. 竞争 - 保护模式

竞争 - 保护模式的发展要点有两个。第一,国内市场采取"鼓励市场竞争"和"政策资金支持"的双向发展政策。比如,澳大利亚文化市场巨大,行业内部和相近行业竞争激烈,政府便把工作重心向引导文化产品增强市场竞争力、吸引力方向倾斜,扶持各类文化组织。第二,利用国家力量积极提升文化产业在国际竞争中的市场地位,保护本国文化产业和市场。

2. 集约化经营模式

随着经济全球化，文化产业的集约化经营发展日益明显，通过跨行兼并或重组，整合更优质的资源、设备、人才和信息，集中众多分散的生产要素发展文化产业。迪士尼、时代华纳、环球等文化巨头公司垄断了全球 90%以上的文化市场，这些媒体娱乐公司的产业范围涉及方方面面，并非单一的文化产业业务，且不停地寻找新的经济增长点，因此其文化产业的国际霸主地位不断巩固。

3. 产业综合模式

产业综合模式与集约化模式在一定程度上会产生混淆，集约化更多的是指调动一切人力、物力、财力资源发展文化产业，而产业综合模式则是把文化产业镶嵌在不同的行业甚至国家背景之中，主要包括三种方向的发展模式。第一，行业内部的强强联合，实现资源共享、优势互补，例如美国论坛公司与时代镜报公司的合并。第二，跨行业发展模式。多领域的发展比单一领域的风险小且机遇大，也可促使文化企业获得更大的效益，进而拓展文化产业的发展空间，如微软与 NBC 共同组建 MSNBC，创造性地开设了 24 小时网络新闻，与其他竞争者拉开优势。第三，跨国发展模式。为提高品牌的国际影响力，很多文化产业开始转向国际市场，如默多克新闻集团收购多个国家的卫星广播系统，建立起了庞大的全球电视网络。

4. 特色产业推动模式

文化产业的发展是国家发展、社会进步的表现，文化的发展会影响整个地区政治、经济和社会的发展。国外众多国家都非常重视培育自己的文化产品、打造专属的文化品牌，如意大利米兰的时装秀、美国的大片、丹麦的童话以及日本的动漫。一个文化品牌的影响力能够反映整个国家和地区的软实力，因此应该重视特色文化产业的发展和专属文化品牌的建立，以点带面，推动整体文化产业的发展。

5. 启示

国外文化产业的发展模式对于我国文化体制的进一步改革具有很强的借鉴意义，也与我国文化体制改革的大方向相一致，通过借鉴竞争 -

保护模式可以协调四川省文化事业和文化产业的发展矛盾，通过借鉴集约化经营模式可以转换四川省事业单位转企的模式，通过借鉴产业综合模式可以促进文化走出去，通过借鉴特色产业推动模式可以促进各个地区建立自己的文化品牌。

（二）国内发展经验借鉴

1. 北京经验：多元主体优势互补

北京不仅是我国的政治、文化中心，同时也是我国文化体制改革的综合性试点城市之一，是我国文化体制改革的先行者，在全国的文化建设工作中发挥着带头性、示范性作用。作为政治中心，北京市陆续开展面向现代化、面向市场、面向国际的创新性改革举措，促进文化体制改革不断深化。北京文化体制改革的重点工作主要包括现代化文化治理体系、文化金融体系以及文化品牌建设三个方面。

第一，现代化文化治理体系。北京市结合自身实践不断探索，注重政府在文化治理中的指导作用，以政府的保护和扶持为抓手推动现代化体系的建设。同时，发挥市场在文化资源配置中的作用，及时有效地将文化资源转化为文化资本，侧重文化主体的多元化建设，培育"民营＋国营"同台竞争的多元化主体格局，鼓励民间资本参与文化市场竞争，进一步激发文化市场的潜力和活力。

第二，文化金融体系。北京市文化发展有着强大的金融支撑，不断创新文化金融的路径与模式。"中央银行与北京市共同建设了文化金融合作区，在合作实验区的建设、金融机构与文化企业平台的对接、文化产业信用体系的健全、合作机制的全方位打通等方面积极探索"[1]，建设与完善北京文化金融体系。目前，北京已经形成了政府财政资金拨款、银行贷款、股权融资、债券融资和民间资本五位一体的金融体系。

---

[1] 金元浦、王林生：《北京：文化治理与协同创新——2013—2014 年人文北京研究综述》，《北京联合大学学报》（人文社会科学版）2014 年第 4 期。

第三，文化品牌建设。2008 年北京举办奥运会以后，与世界接轨的程度不断加深，开始注重品牌的建设，不仅以"京剧"作为自己的名片，而且在后奥运时代打造了鸟巢承办赛事和文艺演出等大型活动，拉动了文化消费，也为北京增加了新的亮点。

2. 上海经验：现代化管理，集约化经营

作为国家的金融、科技创新中心，上海在文化体制改革中具备先天优势。上海文化产业的管理更具现代化色彩，以"高规格、高定位"为原则，注重公共服务体系的打造和公共文化产业供给力的提高，不断丰富和提升公共文化产品和公共文化服务的内容和质量，为上海市民提供更精品的公共文化体验，真正做到文化惠及人民、为人民服务，拓展上海市民的精神空间，推动上海市文化大繁荣。

上海高度重视文化的集约化发展，以 1996 年的"影视合流"为起点，上海市开启了集约化经营的道路，本着"集中力量办大事"的宗旨，充分利用社会主义制度的优势，集中资源发展文化产业，形成规模化的文化产业集团，打造文化产业服务平台，为提高上海的文化竞争力搭建良好的政策和服务环境。同时，上海着力塑造文化市场新主体，"由单个文化单位的转轨改制带动上海市整体的文化系统的转轨改制，进而实现跨行业和跨领域的资产重组以及机制转换，并形成了以上海文广新闻传媒集团、上海大剧院艺术中心、上海城市舞蹈集团等为代表的文化产业或产业集团群体"。[1]

3. 广东经验：坚持市场导向，突出产业属性

作为改革开放的先头兵，广东省在文化体制改革的道路上试点先行，不断探索、创新进取。广东省于 2012 年获得"全国文化体制改革工作先进地区"称号。广东省地处珠三角地区，临近港澳、毗邻东南亚，经济发展迅速，是一个具备成熟市场经济的城市，具有很强的购买力。因此，在文化建设和发展过程中，广东省更关注文化的产业属性，在此基础上坚持文化的市

---

[1] 中共中央党校文史部赴上海调研组：《深化体制改革　增强文化活力——上海文化体制改革调研报告》，《中国党政干部论坛》2009 年第 3 期，第 43～45 页。

场化运作，这是广东省文化体制改革的最鲜明特征。

第一，文化领域实行"放管服"政策，促进文化建设全面开花。目前，广东省文化领域所涉及的行业已经对非公有制企业全面开放，不同类型的企业享受同样的管理政策，引导民间资本进入文化领域。广东省通过不断放宽文化市场准入门槛、简化文化企业的审批流程，激发民间资本的活力。同时，注意加强政府对文化企业的培训力度、鼓励发展行业组织协会和政府购买社会公共文化服务平台等，壮大整体文化企业的发展潜力，以非公有制带动文化市场竞争，刺激自主创新能力的增强。例如，深圳文博会、中山游博会和东莞漫博会，通过各类文化会展平台集聚优质的文化企业，吸引更多的优质民间资金。

第二，推动文化产业供给侧结构性改革，提供更优质、更丰富的文化产品和文化服务体验。我国的市场经济普遍存在"供需错位"的结构性失衡问题，供给侧效率低，无法满足人民的需求。与此同时，文化市场还存在低端文化产品过剩，中高端产品供给不充分的问题。为解决这一根源性问题，广东省从生产和供给入手，调整文化产业的结构。目前。广东省已经形成了门类齐全、产业链条完整的文化产业规模，培育了一批全国领先的优势产业集群，先后有 25 家企业被评为"国家文化示范基地"。[1] 政府着力为消费者提供更多更好的产品和服务选择，如广州市的"文化产业交易季"、惠州市的"文化惠民卡"等项目均取得了明显成效，文化消费成为拉动广州经济的重要支撑点，广州被列入国家第一批扩大城乡文化消费规模的试点城市。

第三，打造"文化＋"新兴产业形态，大刀阔斧搞融合。随着互联网的蓬勃发展，广东省互联网领域的新业态日升月恒，不断创新网络文化产品和服务，培育了大批网络文化产业基地。2016 年，广东省以"互联网＋"

---

[1]　温朝霞：《文化自信与文化强省：广东文化改革发展的先行先试》，《广东社会科学》2018年第 5 期，第 13～20 页。

为主要形式的文化信息服务业增加值高达 505 亿元，新增企业数量 1573
家。① 广东省的"文化＋"不仅体现在互联网领域，还体现在文化与金融、
科技、教育、旅游等领域的深度融合，广东网络广播电视联盟就是其中的重
大举措，更在全国首先试验播出 4K 电视，为文化的发展和文化体制改革的
推进注入了强大的新动能（见图 9－1）。

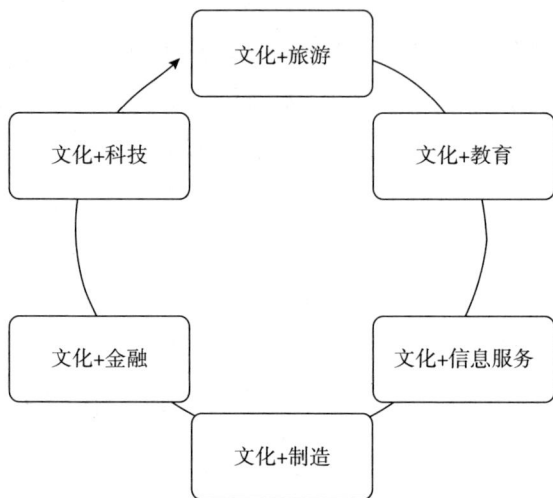

图 9－1　"文化＋"六位一体模式

4. 深圳经验：文化对外建设、文化创新助推可持续发展

深圳市作为建立不久的移民城市，能够汇聚四方文化之精髓，城市
文化处于成长积累期，没有太多的传统制约。而且，作为改革开放的第
一窗口和市场经济发展的"试点区"，深圳市经济发展一直居于我国的领
先地位，强大的经济基础决定了深圳市文化发展的速度和创新的程度。深
圳市的文化体制改革有其特殊背景，但其文化体制的改革经验在其他地区普
遍适用。

首先，坚持对外文化建设，开发文化窗口。深圳市本着"让深圳走向

---

① 温朝霞：《文化自信与文化强省：广东文化改革发展的先行先试》，《广东社会科学》2018
年第 5 期，第 13～20 页。

世界，让世界了解深圳"的文化建设和交流宗旨，持续地推出诸多重大发展举措。2004 年，深圳市人民政府在文化部的指导下，与国家广电总局、国家新闻出版总署以及广东省人民政府联合主办了"中国（深圳）国际文化产业博览交易会"。作为我国唯一一个国家综合性、国际化的文化产业博览交易会，深博会旨在以博览和交易为核心，促进深圳文化进入全国市场，不断走向世界，也为提高我国文化国际影响力贡献了巨大的力量。自 2004 年举办以来，累计成交总额超过 1.3 万亿元，出口成交额超过 1200 亿元。①

其次，坚持"文化立市"原则，主张文化创新，打造城市文化绿洲。不少学者认为深圳目前已经进入"后特区时代"，发展优势已大不如前，应该大力开展文化创新建设工作，稳固自己的发展地位。其实，1988 年深圳就已提出了"文化立市"的概念原则，但并未得到过多重视，经济的不断发展使人们对加强文化软实力的认识进一步加深，文化在地区发展中的重要地位不断得到提高和巩固。而旧有的文化已经无法满足新时代深圳市的发展要求，因此文化创新刻不容缓。深圳市政府把文化产业确认为第四支柱产业，努力建设企业示范基地、孵化基地，推动产业园区建设，初步建立起了以文化产业集团为龙头，多种所有制文化企业共同繁荣的文化产业格局。②深圳市充分利用自己的经济优势，促进文化资源和企业资源融合，把文化建设置于经济发展框架之中，逐渐放宽政府管理，实现了文化的意识形态和产业属性的完美统一。

最后，全民参与文化建设，充分发挥群众的积极性。文化建设和发展的首要任务是为人民服务，满足人民日益增长和变化的精神文化需求。群众参与打造的文化才能更受人民的欢迎，增强文化发展的可持续性。深圳市积极推出全民阅读和其他全民文化活动，激发市民的热情、提高市民的文化素养

---

① 赵蕾:《哈尔滨市文旅融合发展研究——深圳文化发展对哈尔滨的启示》,《知与行》2018 年第 3 期, 第 95～99 页。

② 吴俊忠:《深圳经济特区文化创新功能的生成与发展》,《深圳大学学报》（人文社会科学版）2006 年第 4 期, 第 18～24 页。

和文化自觉。自 2001 年起，深圳市就发出了全民阅读的倡议，推出"深圳读书月活动"，被联合国评为"全球全民阅读典范城市"。同时，深圳市以"月月有主题，全年都精彩"为发展宗旨，举办"名著新编短剧大赛""华文创作大赛"等多主题、多层次的文化活动，提高了深圳市的整体文化自信和文化自觉。

5. 启示

与借鉴国外文化产业的模式相比，北京、上海、广东、深圳几个地区的文化体制改革经验更具有中国特色，更符合我国社会主义经济建设和精神文明建设的特点和规律。但是，也要注意具体问题具体分析，要按照"因地制宜"的原则，根据四川省的特色和具体发展情况制定发展规划。

八　四川文化体制改革的对策建议

（一）创新文化转企模式

我国文化事业单位和文化企业的发展一直奉行"事业化单位、企业化管理"的原则。实施企业化管理后，财政部门对文化单位和文化企业的日常经营活动鞭长莫及，国有资产的管辖权出现了虚置。经营性文化事业单位和文化企业虽然实行企业化管理，但实际上不是真正意义上的企业，这就出现了"两条线都有关，两条线都沾不上"的空白地带。所以单纯的企业化管理已经无法满足文化发展的需求，也不利于激发文化的活力。

要从根本性改革入手，就是要让文化企业变成真正意义上的企业，国务院办公厅《关于印发文化体制改革中经营性文化事业单位转制为企业和进一步支持文化企业发展两个规定的通知》（国办发〔2014〕15 号）也指出要"开展股权激励试点"和"实行特殊管理股制度"。允许有条件的国有文化企业向真正的上市文化公司蜕变，让国有资本在持股较低的情况下担当战略投资者的角色，释放更多的空间给民间资本，承担起财务投资者的重任，实现股东控制权和收益权的分离。同时，允许文化企业通过资产并购、业务重组等方式实现业务经营的更新，以强强联合的优势，整合优质资源，实现集约式发展（见图9-2）。

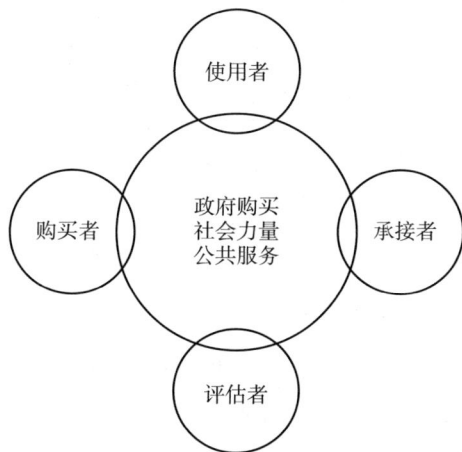

图9-2　政府购买社会公共服务的"四元一体"模型

（二）创新公共服务机制

2002年十六大首次明确了文化事业和文化产业的差异，2005年指出要构建公共文化服务体系，而文化事业是提高公共文化服务质量的主体。长期以来，我国的公益性文化事业都以政府为主导，这就导致在为人民提供文化服务的时候存在同质化的现象。诚然，公共服务体系的建设需要加大政府投入，建设一批重点公共文化工程，夯实公共服务的基础。但另一方面，为了更加有效地回应和满足公民对于精神文化的客观诉求，四川省政府可以主动选择通过招标等方式过渡公共文化产品和服务的生产权，保证文化产品生产和文化服务供给的相对优势，为受众提供更多文化精品和服务体验。同时，还可以通过"售卖生产权"的方式收取租金，提高财政收入，为公共文化提供更稳固的资金支持。

（三）优化文化机构设置

四川省的文化机构一直都立足于宏观层面进行改革，缺乏微观上的调整和优化。而市县机构改革是深化一个地区改革的重要推动力，以部分推动整体发展能够更充分地调动各部分的资源，从而达到上下贯通，执行更为有力的效果。

文化管理机构改革应该把握"统一指导，因地制宜"的原则，合理划分权责，构建科学的机构职能体系。首先，确保从上至下统一设置，保证党对重大文化工作的领导，统筹宏观层面的领导。例如，湖南省改革新闻出版和电影工作，将其划入党委宣传部下，实行统一管理。其次，通过理顺职能事权，整合相关部门，缩减冗余机构，在省政府统一规划领导的基础上，限定各市县的文化机构设置，确保以最优的体系实现最高效的管理，同时，一定程度放宽各地机构设置的限制，允许各地根据本地的特色自主设置文化机构，保证职能体系建设的科学化。最后，打破机构隔阂，打通各机构之间的合作机制，将过去独立发展模式转变为"N＋发展"的融合模式，以旅游、广电、体育带动文化发展，形成多种业态的完整管理链（见图9－3）。

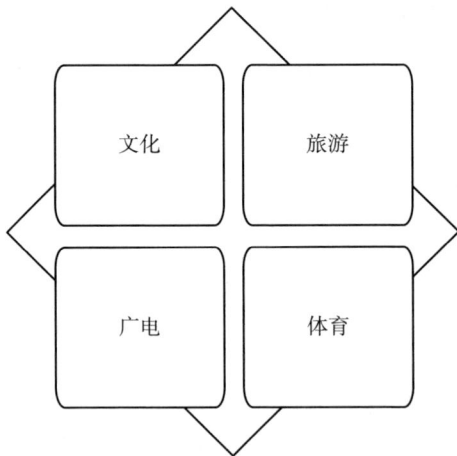

图9－3　机构联动发展模式

（四）改革文化融资体制

近年来，四川文化产业领域的投资规模不断扩大，对资金的需求不断增加。然而，四川省文化产业的融资仍然以政府财政投入为主，投资主体较为单一，社会资本作用发挥不足，文化产业的直接融资渠道较少。现有的融资渠道和融资规模难以支撑文化产业的发展需求，所以改革文化融资体制势在必行。四川省在推进文化产业投融资的道路上不断探索，取得了一定的进展。首先，加强了银行业对文化产业的支持，2018 年 5 月成都银行棕北支行更名为成都银行锦城文创支行，是四川省首家文创支行；国家开发银行四川分行向"试听内容创作"、"公共文化服务"、"支柱产业转型升级"、"传统媒体与新兴媒体融合"以及"产业园区建设"5 个领域 35 个项目提供了400 亿元的金融支持。[①] 其次，融资渠道在一定程度上得到了拓展，博瑞传播和新华文轩完成主板上市，瀚博文化实现 Q 版挂牌上市，并且成立了四川文化产业股权投资基金（见图 9 - 4）。

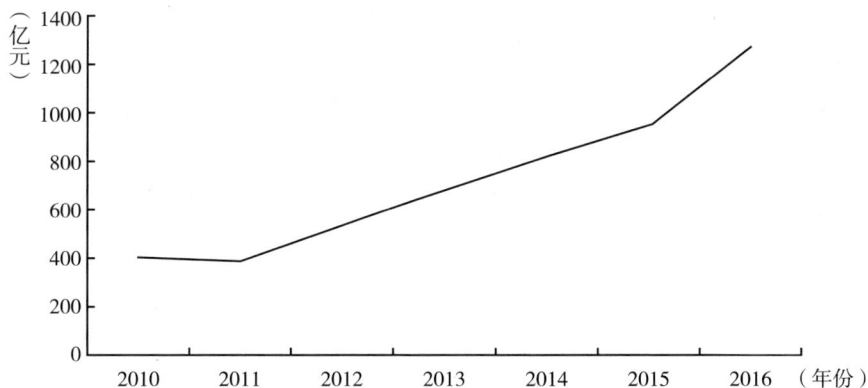

图 9 - 4 四川省文化及相关产业固定资产投资情况

资料来源：《中国文化及相关产业统计年鉴（2017）》。

---

① 余如波：《国家开发银行投入 400 亿助力四川新闻出版广播影视重点项目》，环球网，2016 年 12 月 1 日，https：//m. huanqiu. com/r/MV8w Xzk3NTQ4MDlf OTBf MTQ4MDU0Mj Qw OQ = = ？ _ _ from = Cambrian。

四川省的融资渠道依旧依靠政府推动打通，多元投资主体的格局尚未建立，未来四川省文化融资的着力点应集中在"互联网＋"新型融资和文化咨询担保等中介服务机构的发展上。除以上政策性的融资渠道外，还可以通过股权、证券等方式融资，并且打通"P2P融资、众筹融资、第三方支付融资等新型融资模式的通道"①，借鉴阿里巴巴旗下娱乐宝、余额宝等的运作模式，加大文化推广力度，既能拓展融资渠道，又可群策群力，调动受众参与的积极性。

（五）转变文化产业发展模式

当前四川省的文化体制依旧是以政府为主力军，政府是文化体制改革的主体。实际操作中文化事业单位和文化企业则发挥着更为重要的作用，如此就导致了改革不彻底、不到位的情况。公有制文化经济成分仍然占据文化产业的绝对优势，而非公有制成分则大多是中小规模企业，政企之间的渠道难以打通。

PPP（Public Private Partnership）模式指的是为提供公共产品和服务，政府部门和社会资本建立起一种伙伴关系，政府和社会资本是利益共享、风险共担的长期合作关系。② PPP模应用于文化体制的改革过程之中，能够有效推动文化产业持续健康发展，能够有效解决文化产业发展中的资金不足、人才短缺、政府负担重、经营效率低等制约性问题，成为进一步深化文化体制改革的重要手段。四川省政府可以与民营文化企业建立伙伴关系，通过利用企业间的竞争，创新合作模式，整合公有制和非公有制的资源，进而解决文化领域存在的单一文化产品和单一文化服务体验的问题，提高四川省文化产业的繁荣力和生命力。文化部和旅游部、财政部发布的《关于在文化领域推广政府和社会资本合作模式的指导意见》也明确指出，要"引导社会

---

① 赵宇红、周宝湘：《中小企业融资管理对策探析》，《中小企业管理与科技》2017年第9期，第47~48页。
② 胡钰、王一凡：《文化旅游产业中PPP模式研究》，《中国软科学》2018年第9期，第160~172页。

资本积极参与文化领域政府和社会资本合作（PPP）项目"。[①] 这充分证明 PPP 模式的可操作性和执行的必要性，四川省应按照文件精神的指导，在文化领域大力推进 PPP 模式，全面激活川蜀文化市场（见图 9 - 5）。

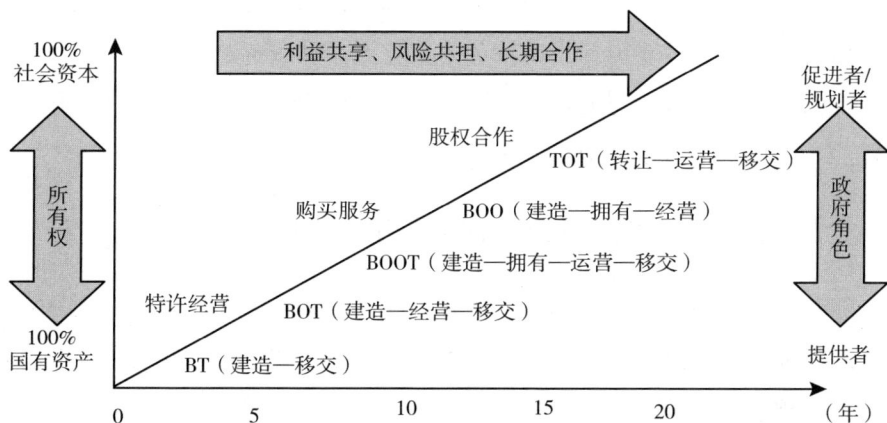

图 9 - 5　PPP 模式

（六）加强品牌建设，发展特色文化产业

《关于推动特色文化产业发展的指导意见》明确提出了特色文化产业这一概念。《国家"十三五"时期文化发展改革规划纲要》也指出要做优做强做大一批文化企业和文化品牌，为了响应政府号召，也为全面振兴四川省的文化产业，依托四川特色文化加强文化品牌建设、发展特色文化产业是目前文化体制改革的重要任务。随着四川省旅游业的深入发展，"旅游城市"的形象为四川省的文化发展提供了动力，四川省却没能够拿出一张文化王牌，未能形成产品和服务的完整品牌产业链。作为四川省特色的熊猫文化未能得到完全的设计和开发，除了熊猫基地的打造外，并未形成相关的衍生产品和服务，没有发挥熊猫文化的核心价值。

[①] 《文化和旅游部 财政部关于在文化领域推广政府和社会资本合作模式的指导意见》（文旅产业发〔2018〕96 号）。

四川省在文化品牌的打造上仍需不断探索，本着"一地一品""打响四个品牌"的战略精神，充分发挥四川传统民间手工艺人、工艺美术大师等在培育川蜀文化品牌中的作用，鼓励川蜀地区特色工艺品、特色演艺娱乐、特色文化旅游以及特色节庆民俗等文化资源与创意转化、科技提升以及市场运作相结合，打造具有川蜀当地特色的文化产品和服务，形成四川省不可替代的特色优势。同时，"加强与地缘相近、文脉相承区域的沟通交流和协调发展"①，打造特色文化产业带，促进品牌的集约化发展。

（七）大力发展新兴业态，促进文化产业转型升级

随着新技术的深入发展和运用的普遍化，传统的文化产业已经无法满足受众的需求，也无法适应新技术时代的发展要求。当前，四川省的文化体制仍旧处于相对传统的阶段，文化的发展主要还是依靠第二产业的带动。借鉴广东模式的发展经验，不断推进"文化＋"建设工作，促进文化领域与其他领域的融合发展，加快文化资源的转化和输出，要着力培育一批拥有自主文化产权、文化创新能力的文化企业，打造四川省新的经济增长点。

四川省要充分借鉴新技术、新业态的发展优势推动文化的发展，利用各种设备、技术与工艺和文化元素相结合，更新文化产品的形式和服务。利用高新技术，为传统文化产业注入新的元素和功能，如博物馆利用 AR、VR等技术更新自己的产品和服务，为群众提供更精美的产品和更真实的服务体验。利用高新技术推动文化产业与其他行业的融合，加强文化与教育、旅游、信息服务、科技和制造的多元融合。

（八）提高国际影响力，推进文化外贸繁荣

"四个品牌"居于第一位的是国家品牌，建设国家品牌，促进国家软实力的提高，四川省具有天然优势，然而，目前四川并未充分发挥这一优势。

---

① 范建华：《中国特色文化与特色文化产业论纲》，《学术探索》2017 年第 12 期，第114 ~ 124 页。

四川省代表国家不断向国际诸多城市输送熊猫，但最后熊猫文化却被美国利用，打造成了"功夫熊猫"。这充分证明四川省有资源有能力建设国际化的文化品牌，只是缺乏品牌建设的催生力。为提高川蜀文化品牌的国际影响力，四川省应该建立一个统一的文化产品和服务"走出去"平台，拓宽特色文化走出去的渠道，充分利用和发挥"一带一路"的政策优势。同时，打造一批骨干文化企业，提高企业的自主研发能力，打造丰富的文化产品和服务品类，占领国际国内市场，促进贸易平衡。

（九）文化供给侧结构性改革助推文化消费

当前，四川省的文化消费需求旺盛，但供给侧不够强大。在文化建设中主要存在以下几个问题：单一供给主体、产品和服务质量不高、供需不匹配、供给不均衡。因此，加强供给侧结构性改革、促进文化产品和服务的供给是当前四川省文化体制改革的主要任务。四川省的文化产品和服务供给主体仍旧是省政府，产品和服务形式同质化现象严重，缺乏创新。不仅无法满足受众的精神需求，得不到受众的认可，而且耗费大量人力资源和物力资源。

采取自下而上的供给方式，精准把握受众需求，建立对接平台，使受众能够充分表达自己的文化诉求，并能及时得到回应，避免出现资源浪费和闲置现象。省政府要整合四川省的文企资源，打造文化多元供应体系，为受众提供多重选择。四川省可以借鉴"阿里巴巴"模式，为供需双方创造新的文化服务交流平台，"群众按单点菜，运用大数据分析，实现高效匹配、无缝对接"。[①] 与此同时，在今后的发展中，四川省要注意均衡高中低档文化产品的供应，保证根据消费者实际需求提供不同层次的文化产品，而非纯粹作坊式的文化产品和同质化的服务体验。

---

① 汪开利：《供给侧改革视域下安徽省公共文化服务模式创新研究》，《淮海工学院学报》（人文社会科学版）2018 年第 5 期，第 96～98 页。

参考文献

蔡武：《筑牢文化自信之基：中国文化体制改革40年》，广东经济出版社，2017。

蔡雪琴、刘斌：《"互联网＋"视角下江西省文化产业融资模式的创新》，《当代经济》2018年第19期。

《国家"十一五"时期文化发展规划纲要》，中国法制出版社，2006。

国家统计局社会科技和文化产业统计司、中宣部文化体制改革和发展办公室：《中国文化及相关产业统计年鉴（2017）》，中国统计出版社，2017。

胡惠林：《关于我国文化产业发展战略研究的思考》，《东岳论丛》2009年第2期。

贾文山、纪之文、刘长宇：《改革开放40年"中国文化"到"文化中国"的演进与挑战》，《西安交通大学学报》（社会科学版）2018年第6期。

李长春：《全面落实科学发展观深入推进文化体制改革》，《求是》2006年第10期。

李长春：《文化强国之路：文化体制改革的探索与实践》，人民出版社，2013。

李长春：《正确认识和处理文化建设发展中的若干重大关系 努力探索中国特色社会主义文化发展道路》，《求是》2010年第12期。

刘仓：《中国文化体制改革探析》，《当代中国史研究》2018年第4期。

阮胜利、毛旭：《解读政府提供图书馆公共服务的过程与内涵——兼谈与图书馆公共管理的区别》，《图书馆杂志》2007年第4期。

施生旭：《自贸区建设背景下政府购买公共服务建设研究》，《福建论坛》（人文社会科学版）2017年第1期。

《四川出台关于繁荣发展社会主义文艺的实施意见》，四川省文化厅官网，2016年1月15日，http://www.sccnt.gov.cn/zwxx/dtxxzwxx/201601/t20160115_21691.html。

魏鹏举：《我国文化产业的融资环境与模式分析》，《同济大学学报》（社会科学版）2010年第5期。

吴光振：《从报业视角解读文化事业单位转企改制政策走向》，《中国报业》2014年第13期。

吴鹤：《民间资本投资文化产业金融体系构建》，《税务与经济》2018年第3期。

夏国锋、吴理财：《公共文化服务体系研究述评》，《理论与改革》2011年第1期。

张芸：《文化的供给侧结构改革》，《品牌研究》2018年第3期。

赵立波：《文化事业单位改革模式选择与推进战略》，《北京行政学院学报》2012年第5期。

赵霞：《关于我国文化体制改革和文化市场发展的思考》，《现代交际》2018年第12期。

《中共中央关于深化文化体制改革推动社会主义文化大发展大繁荣若干重大问题的决定（2011 年 10 月 18 日中国共产党第十七届中央委员会第六次全体会议通过）》，《求是》2011 年第 21 期。

周蔚华：《中国出版体制改革 40 年：历程、主要任务和启示》，《出版发行研究》2018 年第 8 期。

朱习华：《改革大潮中的文化走向——刘忠德谈文化体制改革》，《紫光阁》1995 年第 6 期。

后　记

　　文化对经济的影响是方方面面的，不仅对地区个体劳动力参与、创业选择等产生影响，还会对企业的可持续发展能力、产品创新水平等产生影响。我国文化产业的发展已经度过了最初的起步阶段，呈现出良好的增长态势，但基于文化经济学、文化政策学的相关研究还较为缺乏。

　　2013 年，我们出版了《四川文化经济报告（2013）》，在国内第一次系统地提出了"文化经济"的概念，这个概念的基本内涵是文化事业与文化产业协同发展，文化事业为基础，文化产业为推动，两者相辅相成，都是对文化遗产资源的有效利用，构成了一国、一地区的文化经济。尽管在此之前不少专家学者也提出要"统筹"发展，但是因在内涵、特点、规律和方法上不尽相同，长期以来，两者始终处于对立矛盾之中。《四川文化经济报告（2013）》第一次对区域内文化事业与文化产业协同发展的基本状况做出了指标性描述，为四川省文化产业领域以及各个区域的文化事业与文化产业协同发展战略提供了重要的决策依据。五年来，中国的公共文化事业持续发展，文化产业效益不断提升，从文化经济的角度来讲，四川覆盖城乡的公共文化服务体系已初步建成并投入使用，文化产业投资增长较快，文化产品消费进步明显。显而易见，文化的社会效益和经济效益持续增长。

　　四川是一个文化资源大省，与丰富的资源相比，四川的文化经济发展与文化消费的需求还差距甚远。而我们一直在思考的是，文化经济发展的内核是什么，文化事业与文化产业如何统筹发展，相关的管理机制和运行模式该如何建立，制度上的瓶颈将如何突破，未来发展的进路在哪里。为了回答这些问题，就要到历史和现实中去寻找答案。

在本报告中，我们追踪着四川省文化经济发展的现实动态，通过科学系统的指标体系对区域内各地区的文化经济发展状况做出梳理和描述，研究发现四川省文化经济虽然发展势态良好，但仍存在"一核多高"的结构性问题，发展十分不均衡。在下编的专题报告中，针对四川省的情况，通过文化金融、文化消费、音乐产业、数字创意产业、文化传承与创新、文化建设与城镇化、文化体制改革等九个方面对全省的文化经济发展历史和现状进行了分析和评估。在分析中我们看到，四川省文化经济发展的增长速度让我们感到振奋，其发展潜力和发展前景足可预见。它不仅是四川省文化经济、文化旅游经济即将蓬勃发展的重要动力，也是带动全国各地区发展的一种积极力量。在四川省，我们看到了文化资源的巨大的经济价值，在未来，这种价值必然将成就国家文化经济、文化旅游产业的繁荣发展。

本报告是课题组成员共同工作的成果：我在上一本文化经济报告框架的基础上，参考了大量中西方新近研究成果，设计构建了本报告的框架；王世龙研究员在指数报告部分完成了大量的分析工作，同时完成了部分章节的写作；我的硕士研究生张丹丹、魏天瑶、杨崑、田然、李萌、刘晓芳协助我完成了大量的资料搜集、整理和部分章节的初稿撰写工作。再次对我的研究团队表示诚挚的感谢。

本报告的完成，同时要感谢社会科学文献出版社编辑人员严谨、负责的工作。正因为多方支持，本报告才能及时问世。相信本报告出版之时，四川文化经济和中国文化产业的发展又会有新的变化，希望在不久的将来在下一本系列报告中，我们会有更多的发现！

谢　梅

2019 年 5 月 23 日

图书在版编目（CIP）数据

四川文化经济报告. 2018 / 谢梅主编. -- 北京：
社会科学文献出版社，2019.7
ISBN 978 - 7 - 5201 - 4620 - 3

Ⅰ.①四… Ⅱ.①谢… Ⅲ.①地方文化 - 文化事业 -
研究报告 - 四川 - 2018 ②区域经济发展 - 研究报告 - 四川
- 2018 Ⅳ.①G127.71②F127.71

中国版本图书馆 CIP 数据核字（2019）第 059622 号

四川文化经济报告（2018）

主　　编／谢　梅
副 主 编／王世龙

出 版 人／谢寿光
责任编辑／奚亚男
文稿编辑／刘　翠

出　　　版／社会科学文献出版社·（010）59366556
　　　　　　地址：北京市北三环中路甲 29 号院华龙大厦　邮编：100029
　　　　　　网址：www.ssap.com.cn
发　　　行／市场营销中心（010）59367081　59367083
印　　　装／三河市尚艺印装有限公司

规　　　格／开本：787mm×1092mm　1/16
　　　　　　印张：19.5　字数：295 千字
版　　　次／2019 年 7 月第 1 版　2019 年 7 月第 1 次印刷
书　　　号／ISBN 978 - 7 - 5201 - 4620 - 3
定　　　价／98.00 元